골 때리는 인문학

골 때리는 인문학

humanities

축구로 읽는 40가지 삶의 지혜

명왕성 지음

글의온도

추천의 글

—

"축구 너머의 축구를 보고 싶다면?
이 책이 그 길을 연다."

제자의 제자가 책을 냈습니다. 대견하고 자랑스럽습니다. 무엇보다 저는 명왕성 교수의 성실함을 먼저 칭찬하고 싶습니다.

축구를 다양한 각도에서 바라보고 정의하는 일은 중요하면서도 매우 흥미로운 작업입니다. 기술적, 역사적, 사회학적, 생리학적 관점 등 축구는 그 자체로 수많은 이야기를 품고 있습니다.

명왕성 교수는 여러 관점 가운데서도 드물게 인문학적으로 축구를 해석하려는 시도를 합니다. 그는 현장에서 일어난 사건들, 그 이면의 의도와 맥락을 자신의 선수 경험과 미디어가 전해온 다양한 시각을 바탕으로 풀어내며, 독자에게 새로운 축구 이해의 길을 열어주려 노력해왔습니다.

이 책을 통해 많은 독자가 축구를 또 다른 시선으로 바라보고 더 깊이 이해하는 기회를 얻길 바라며 추천합니다.

축구가 자랑스러운 **차범근**

"이제껏 이런 축구책은 없었다."

'문무겸비'文武兼備라는 말이 있다. 예로부터 글과 무예를 함께 갖춘 인재는 드물었다는 뜻이 담겨 있다. 체육계도 마찬가지다. 선수 경험과 학문적 소양을 모두 갖춘 이는 손에 꼽힌다. 요즘 스포츠인들이 TV, OTT, 유튜브 등 다양한 플랫폼에서 활약하고 있지만 출판계에서 만날 수 있는 콘텐츠는 여전히 한정적이었다. 선수 출신의 책은 대개 체험담이나 훈련 지침서이고 비선수 출신의 책은 이론 중심이다. 이 두 세계를 자유롭게 넘나드는 책은 찾아보기 힘들었다.

그런데 K리거 출신의 명왕성 교수가 그 간극을 뛰어넘었다. 축구 용어와 인문학 주제를 결합한 독창적인 발상을 뚝심 있게 밀어붙여 '이제껏 없던' 축구책을 완성한 것이다. 한국에서 이런 책을 쓸 수 있는 몇 안 되는 인물임이 분명하다.

"축구책에 하이데거가?" 처음엔 낯설 수도 있다. 하지만 축구를 좋아하는 독자라면 걱정하지 않아도 된다. 문단과 사유 사이를 드리블하듯 유려하게 풀어내는 명 교수의 글이 새로운 재미를 안겨줄 테니.

서형욱 MBC 축구해설위원 / 유튜브 '서형욱의 뽈리TV'

"축구라는 익숙한 스포츠 경험을
인문학적 사유의 장으로 확장한 보기 드문 저작."

저자는 경기장 안팎에서 체득한 순간들을 철학·윤리학·사회학·교육학의 언어로 깊이 있게 해석한다. 축구가 스포츠를 넘어 인간의 삶을 이해하는 하나의 인식 틀임을 설득력 있게 보여준다.

이 책의 가장 큰 장점은 저자의 경험이 '이야기'에 머물지 않고 앎과 삶을 잇는 성찰로 전환되었다는 점이다. 승부의 압박, 동료와의 관계, 패배의 감정, 공동체의 힘이 인문학적 해석 속에서 다시 의미를 얻고, 독자는 경기 장면을 읽는 동시에 자기 삶의 장면을 함께 돌아보게 된다. 저자의 시선은 스포츠 종사자에게만 필요한 것이 아니다. 복잡한 삶의 문제 앞에서 우리가 어떤 태도를 선택하고, 책임을 지며, 타자와 더불어 성장할 것인지에 대한 통찰을 제공한다는 점에서 그 가치가 더욱 크다.

『골 때리는 인문학』은 스포츠를 인간학적 성찰의 공간으로 재해석한 귀한 시도이며, 독자의 삶을 다시 바라보게 만드는 지적 자극을 선사한다. 이 책이 더 많은 독자에게 힘이 되고 쉼표가 되길 바라는 마음으로 따뜻하게 추천한다.

정현우 서울대학교 체육교육과 교수

"플라톤, 공자, 칸트, 니체…
익숙한 사상가들이 '축구'라는 언어로 새롭게 읽힌다."

이 책은 내가 경험해온 축구를 완전히 다른 시선으로 보게 해주었다. 축구는 "우리 삶을 비추는 거울"이라는 점이 특히 깊이 와닿았다.

개인과 공동체의 기억, 몸의 감각과 주체성, 윤리적 감수성, 말과 몸짓의 품격, 기술과 기후 위기의 시대를 마주하는 태도까지… 축구라는 장면을 통해 삶의 본질을 성찰하게 만든다.

나 역시 축구를 스포츠 이상으로 여겨왔다. 그라운드 위에서뿐 아니라 축구를 통해 삶과 사회, 나 자신에 대해 많은 고민을 해왔다. 이 책은 그러한 생각을 한층 깊게 해주었다. 무엇보다 차가운 자본의 논리 속에서도 끝내 축구의 뜨거운 낭만을 지키려는 저자의 고집은, 축구가 전부인 내 가슴을 뭉클하게 만들었다. 이 책은 내가 사랑하는 축구를 새롭게 정의했고, 그라운드 밖의 내 삶까지 따뜻하게 데워주었다.

이 책은 국내에서 보기 드문, 축구와 철학을 연결한 독창적인 시도다. 축구 관계자는 물론, 축구를 사랑하는 모든 이들에게 자신 있게 추천하고 싶다. 축구를 사랑한다면 반드시 읽어야 할 책이다.

지소연 대한민국 여자축구 국가대표 선수

축구로 여는 사유의 그라운드

현대 사회에서 축구만큼 많은 사람의 시선을 모으는 문화가 또 있을까. 그라운드 위의 작은 공 하나가 수억 명의 감정을 흔들고, 온 세계를 환호와 절망 속으로 몰아넣는다.

내 삶도 언제나 공과 함께 흘러갔다. 어린 시절 골목에서 뛰놀던 순수한 놀이의 시간부터 기록과 성과에 매달린 치열했던 프로 무대까지, 축구는 내 삶이자 일상의 공기였다. 그런 나는 오랫동안 축구를 '기술과 결과로만 움직이는 세계'라 여겼다. 그러던 어느 날, 두 아들과 공을 차던 중 뜻밖의 깨달음이 찾아왔다. 점수도 심판도 코치도 없는 놀이 속에서 아이들은 스스로 규칙을 만들고, 부딪히고 다투며 다시 화해했다. 순간 나는 속으로 중얼거렸다. '이건 그냥 공놀이가 아니구나. 삶의 방식을 몸으로 배우는 학교였구나.'

그때부터 축구는 내게 삶과 사람, 관계를 비추는 렌즈가 되었다. 그것이 내가 축구를 인문학으로 보기 시작한 출발점이었다.

     골 때리는 인문학

잃어버린 사유와 감각의 시대

축구는 19세기 산업혁명기의 영국 노동자 계급 사이에서 여가 문화로 뿌리내렸다. 지역 클럽과 협회FA를 중심으로 규칙이 정비되면서 놀이를 넘어 공동체적 실천이 되었다. 선수와 관중이 함께 문화를 만들어가며 윤리와 감정이 축적되는 과정에서 축구는 하나의 전통으로 자리 잡았다.

그러나 오늘날 축구는 산업이 되었다. 자본과 국가 이익, 상업적 이해관계가 축구를 잠식하며 겉으로는 깔끔한 기술과 규칙이 이끌어가는 듯 보이지만 그 뜨겁던 공동체의 윤리는 서서히 증발하고 있다. 한때 교육적·윤리적·사회적 기능을 수행하던 축구는 대규모 이벤트로 대체되며 본래의 맥락을 잃어가고 있다. 이제 우리는 축구를 '소비'하는 고객이 되었고 그 안에서 축적되던 경험과 의미는 빠르게 희미해지고 있다.

이것은 축구만의 이야기가 아니다. 현대 사회에서 인간은 점점 '생각하지 않는 존재'가 되어가고 있다. 자본과 산업 시스템이 고도화될수록 우리에게는 사유의 틈이 줄어든다. 기계처럼 학교에 가고 출근하고 반복되는 하루를 살아가는 동안 우리는 '왜 사는가'라는 질문조차 잊어버린다. AI, VR, 모바일 기기 같은 기술은 편리함을 주지만 동시에 우리의 감각과 주체성을 서서히 빼앗아간다. 눈은 화면을 보지만 깊이 '응시'하지 않고, 귀는 소리를 듣지만 온전히 '경청'하지 않으며, 손과 발이 누리던 촉감과 움직임도 점점 줄어든다. 감각이 희미해질수록 생각도 얕아진다.

그래서 사람들은 다시 고전을 찾고 인문학으로 향한다. 조용히 그리고 간절하게 '생각하기 위해서'다. 돈과 효율이 신이 된 세상에서 인문학은 '쓸모없는 것' 취급을 받지만 사실은 무너진 인간성과 관계를 다시 세우는 가장 강력한 통찰의 도구다. 기술과 자본이 삶을 지배하는 시대일수록 인문학은 우리가 "무엇을 위해, 어떻게 살아야 하는가"를 되묻는 가장 본질적인 통로가 된다.

"생각 좀 하고 살아." 누구나 한 번쯤은 들어봤을 말이다. 그러나 정작 우리는 '생각이란 무엇인지', '생각한다는 것이 어떤 행위인지'를 깊이 고민하지 않는다. 속도와 기술에 쫓기며 효율과 결과만을 우선시하는 사회에서 사유의 공간은 점점 더 좁아지고 있다.

선수에서 연구자로, 두 개의 필드

축구는 놀이에서 태어났지만 이제는 제도와 규칙 속에서 굴러가는 대표적 스포츠가 되었다. 동시에 그것은 경쟁과 규범, 감정과 교육이 응축된 복합적 실천이다. 철학자 매킨타이어가 말한 '실천'practice처럼, 결과보다 과정의 가치를 추구하고 협력과 전통 속에서 의미를 나누던 활동, 그것이 과거의 축구였다.

하지만 요즘 아이들 일상에서 축구를 즐기는 모습을 찾기는 점점 더 어려워지고 있다. 놀이터와 운동장이 사라진 자리를 스마트폰과 사교육이 차지하면서 아이들은 놀이 속에서 관계를 익히고 감정을 표현하던 기회를 잃어가고 있다.

나는 열 살 무렵부터 축구공을 따라다니며 15년 동안 선수로 살았다. 먼지 풀풀 날리는 운동장부터 함성이 쏟아지는 스타디움까지, 그라운드 위에서 흘린 땀은 내 치열한 '인생' 그 자체였다. 돌아보면 나

　　　　　　　　　　　　　　　　골 때리는 인문학

는 그라운드에서 뛰는 동시에 그 풍경을 유심히 바라보고 있었다. 아버지 책장에 꽂혀 있던 인문학 서적들 덕분에 나는 선수이면서 동시에 관찰자가 될 수 있었다.

선수 생활을 마친 뒤 나는 연구자의 길을 택했다. 지금은 스포츠사회학자로서 축구가 품은 인간적·사회적·문화적 의미를 탐구하고 있다. 강의 자료 속에서, 연구 인터뷰 현장에서 그리고 더 자주는 일상의 틈에서 축구에 관한 사유가 움텄다. 대중교통 안에서, 동료와 커피 한 잔을 나누며, 깊은 밤 막 잠에서 깨어난 순간에도 메모는 이어졌다.

교회 예배당에서 떠올린 장면, 아들과 공놀이하던 햇살 좋은 오후, K리그 경기장에서 기록해둔 감정, 수강생과의 대화에서 반짝인 통찰, 유럽 도시의 낡은 스타디움 풍경, 무엇보다 선수 시절 일기장 속에 쌓여 있던 언어들이 다시 살아났다. 그 기억들은 다양한 사유의 틀 속에서 새로운 의미를 얻었다.

선수로 15년, 연구자로 15년. 두 삶의 궤적은 이제 하나의 균형점에 닿았다. 이 책은 이러한 삶과 사유가 충돌하고 교차하는 현장에서 자라난 결과다.

축구는 사유의 운동장이다

이렇듯 『골 때리는 인문학』은 연구실 책상 위에서만 쓰이지 않았다. 누군가는 축구에서 승패만을 보지만 나는 그 안에서 인간의 희망과 욕망, 고통과 윤리를 보았다. 인문학이 삶의 언어라면 축구는 그 언어가 가장 선명하게 울리는 순간이었다.

경기는 경기장에서만 끝나지 않는다. 라커룸의 대화, 응원가의 합

창, 경기 종료 직전의 고요 속에도 인문학은 살아 있다. 그렇다면 축구
는 이 잃어버린 '사유와 감각의 자리'를 되찾는 하나의 실마리가 될 수
있지 않을까?

철학과 인문학은 거창한 담론에만 머물지 않는다. BTS는 노래로,
화가는 그림으로, 다큐멘터리 PD는 영상으로, 건축가는 공간으로, 물
리학자는 뇌과학으로 시대를 말한다. 도구는 달라도 결국 묻는 질문
은 같다. 인간과 사회에 대한 성찰이다.

축구도 다르지 않다. 축구는 인간의 조건과 공동체의 미래를 비추
는 사유의 운동장이다. 이 책은 그 지점에서 출발한다. 그렇다면 축구
는 다시 '실천'의 자리로 회복될 수 있을까? 우리는 축구를 통해 인간
과 공동체에 대해 새롭게 사유할 수 있을까?

삶과 사유를 잇는 하나의 패스

『골 때리는 인문학』은 축구와 인문학이라는 두 흐름을 연결하려는
시도다. 익숙한 장면인 '축구'를 통해 다소 낯선 '인문학'의 사유를 소
개하고, 동시에 인문학의 시선을 통해 우리가 이미 잘 안다고 믿는 축
구를 새롭게 바라본다.

이 책은 축구를 '차고 보고 즐기는' 스포츠로만 다루지 않는다. 오
히려 축구라는 실천을 매개로 인간 조건을 성찰하고 공동체를 비판적
으로 바라보며, 삶의 본질을 되묻는 인문학적 사유를 확장하고자 한
다. 철학, 윤리학, 미학, 언어학, 기호학, 미디어 비평, 기술철학, 생태
담론 등 다양한 학문적 시선을 빌려 축구라는 실천을 입체적으로 탐
색한다.

이 책 속에는 선수 시절 함께 뛰었던 동료들의 이야기도 녹아 있다. 누군가는 먼저 은퇴했고 누군가는 여전히 현장을 지키며, 또 다른 이는 각자의 삶 속에서 조용히 축구를 살아낸다. 그들은 함께 웃고 뛰고 견뎌낸 내 축구 인생의 동지들이었다. 나의 문장은 그들의 땀과 호흡, 실패와 인내 속에서 태어났다.

축구와 인문학을 갈라놓지 않으려 했던 시간, 삶과 사유가 공처럼 오가던 순간 속에서 이 책은 쓰였다. 이 책이 당신의 필드에서도 또 다른 킥오프로 이어지길 바란다. 나의 드리블이 누군가에게 결정적인 패스로 연결되듯, 이 책에 담긴 사유가 당신의 가슴으로 날아가는 묵직한 킥이 되기를.

축구는 실천이고, 그래서 축구는 인문학이다.

일러두기

1. 본문에 인용된 글 가운데 일부는 독자의 이해와 흐름을 돕기 위해 표현을 다듬었다. 원문의 핵심 의미는 훼손하지 않고 가독성을 높이는 범위에서 수정했다.
2. 본문 내에서 『 』는 단행본, 「 」는 학술논문, 《 》는 예능, 드라마 등의 프로그램명과 영화 제목을, 〈 〉는 곡명이나 프로그램의 에피소드 한 편을 가리킨다.

차
례

추천의 글 · 004

들어가는 글 | 축구로 여는 사유의 그라운드 · 008

1부 ──────────────────── 존재

01 골목 축구: 놀이하는 인간 · 021

02 노 룩 패스: 지각하는 몸 · 030

03 마르세유 턴: 물아일체(物我一體) · 038

04 발리슛: 지금-여기 · 045

05 드리블: 불안과 선택 · 052

06 실패와 우연의 그라운드: 부조리 · 060

07 마에스트로: 무위(無爲) · 068

08 양발잡이: 장인정신 · 074

기억

2부

09 첫 축구장: 무의지적 기억 · 083

10 광화문광장의 카타르시스: 디오니소스 · 090

11 종료 휘슬 이후의 남겨짐: 해체 · 099

12 원클럽맨과 영구결번: 서사 철학 · 105

13 동대문운동장 '창갈이 아저씨': 공간 생산 · 114

14 축구는 시각적 서사다: 이미지론 · 120

15 축구 팬덤은 밈이다: 문화 유전자 · 127

16 패배의 주범: 희생양 메커니즘 · 134

품격

3부

17 승패의 미덕: 예(禮) · 145

18 이상과 현실 사이: 정의론 · 152

19 전술의 권모술수: 현실주의 · 158

20 축구의 덕목: 실천 전통 · 163

21 선수 이적은 배신인가, 자유인가: 도덕적 딜레마 · 170

22 오프사이드 속 자유: 정언명령 · 176

23 베테랑과 언성 히어로: 수기치인(修己治人) · 182

24 팀워크: 무지의 베일 · 189

4부 　　　　　　　　　　　　　　　　　　　　　**상징**

25 라커룸의 말: 전술적 실천 • 199

26 SNS의 글: 자기 커뮤니케이션 • 204

27 언어와 해석의 경기: 해석학적 순환 • 212

28 축구장의 전쟁 담론: 은유 수사학 • 219

29 사커인가, 풋볼인가: 언어 게임 • 225

30 골 세리머니: 기호학 • 231

31 파란색과 빨간색의 대립: 구조주의 신화론 • 238

32 제국의 공: 오리엔탈리즘 • 243

5부 　　　　　　　　　　　　　　　　　　　　　**미래**

33 전술 혁명: 패러다임 전환 • 253

34 낭만이 사라진 경기: 탈마법화 • 259

35 축구 아우라의 소멸: 기술복제 시대 • 267

36 데이터가 된 몸: 감각의 산업화 • 275

37 메시의 아디다스 vs 호날두의 나이키: 시뮬라크르 • 282

38 알고리즘과 함께 뛰는 사람들: 인간과 기술의 공진화 • 292

39 사이보그 선수: 정체성과 경계의 유동성 • 299

40 뜨거운 지구 위의 월드컵: 위험사회 • 306

나가는 글 | 호모 사커엔스: 차는 인간, 사유하는 공동체 • 314

미주 • 318

· 1부 ·
존재

축구는 몸으로 존재를 말하는 언어다. 공을 차는 순간 인간은 가장 인간다워진다. 몸의 리듬과 흐름, 불안과 실패, 감정의 폭발까지… 삶을 이루는 모든 요소가 경기장 위에서 날것 그대로 드러난다. 그렇기에 축구는 철학이자 자유이며, 일상을 벗어나는 해방의 행위다. 공을 앞에 두고 뛸 때, 나는 과연 어떤 모습으로 '존재'하고 있는가?

골목 축구: 놀이하는 인간

나에게 축구는 어린 시절의 기억으로 시작된다. 시골 마을 좁은 골목 길, 흙먼지가 날리던 그곳에서 낡은 축구공 하나가 하루를 이끌었다. 유니폼도 심판도 정해진 규칙도 없었다. 그저 친구들과 해 질 때까지 공을 차며 놀았다. 누가 몇 골을 넣었는지는 중요하지 않았다. 누가 이 겼는지 기억도 나지 않는다. 내일도 이 골목에서 다시 만나 뛸 수 있다 는 사실, 그거면 충분했다.

그때의 골목은 세상에서 가장 큰 운동장이었고 우리는 그 안에서 자유로웠다. 지금 생각해보면 그 순간들은 가벼운 유희가 아니었다. 목표도 계산도 없던 그 몰입의 시간, 그것이야말로 진짜 '놀이'였고 그 안에서 나는 '나다운 나'로 존재하고 있었다.

'놀이'는 문화보다 먼저 온다

축구는 인간이 가진 '놀이하는 본성'을 가장 생생하게 보여주는 문화적 활동이다. 정해진 규칙 속에서 자유롭게 뛰고 경쟁 속에서도 웃음을 나누는 이 경험은 우리 안에 깊이 자리한 본능을 깨운다. 역사학자 요한 하위징아는 인간을 '놀이하는 존재'(호모 루덴스)로 불렀는데, 축구야말로 그 말의 의미를 가장 잘 보여주는 예라 할 수 있다.

『호모 루덴스』[1]에서 하위징아는 인간 문명의 씨앗은 차가운 이성이나 도구가 아니라 뜨거운 '놀이' 속에서 싹텄다고 말한다. 인간은 생각하는 존재이기도 하지만 무엇보다 스스로 즐기고 몰입할 줄 아는 존재라는 것이다.

그는 놀이를 오락이나 여가로만 보지 않는다. 법, 예술, 정치, 심지어 전쟁까지도 모두 놀이의 성격을 가지고 있으며, 인간은 놀이를 통해 세계를 이해하고 관계를 만들고 삶의 의미를 구성해왔다고 본다. 놀이 없이는 문명도 없다는 해석이 여기에 담겨 있다.

놀이의 네 가지 특징도 인상 깊다.

첫째, 놀이는 자발적인 행위다. 누가 시켜서 하는 게 아니라 하고 싶어서 하는 일이다.

둘째, 놀이 자체가 목적이다. 결과나 보상은 중요하지 않다. 그냥 그 시간을 즐기는 것 자체가 목적이다.

셋째, 놀이는 일상의 공간과 시간을 벗어난다. 놀이에는 그만의 규칙과 분위기가 있고, 그 안에 들어가는 순간 우리는 현실에서 살짝 벗어난다.

넷째, 놀이는 집중과 진지함을 요구한다. 가벼워 보이지만 몰입과 긴장이 필요하고 그 지점에서 우리는 진짜 즐거움을 느낀다.

철학자 로제 카이와도 『놀이와 인간』에서 비슷한 이야기를 한다.

놀이는 자발적이고 자유로운 활동이며 그 안에서 우리는 즐거움을 느낀다고 말한다.[2] 중요한 건 '이기기 위해서'가 아니다. '지금 하고 있다'는 사실 그 자체만으로 즐겁다는 것이다.

내가 기억하는 골목 축구도 그랬다. 누가 이기고 졌는지는 금세 잊혔지만 함께 뛰고 웃던 순간은 오래 남았다. 놀이는 그렇게 일상을 잠시 벗어나 우리 삶에 작은 축제를 만들어준다. 축구는 그 축제의 가장 익숙한 얼굴이었다.

축구는 사람을 잇는다

놀이는 혼자 즐기는 시간이 아니다. 누구와 어떻게 놀았는지가 더 중요하다. 특히 축구는 함께해야만 가능한 놀이이며 그 안에는 공동체의 기초가 녹아 있다. 이는 규칙을 지키고 서로를 조율하며 함께 살아가는 방식을 배우는 과정이기도 하다.

최근 몇몇 학교에서 '자치 축구 수업'을 운영하는 이유도 여기에 있다. 아이들은 스스로 규칙을 만들고 심판을 정하고 팀을 나눈다. 어른의 개입 없이 스스로 길을 찾는 과정에서 자율성과 책임, 협동심을 자연스럽게 익힌다. '규칙 있는 자유', '몰입 속의 집중'은 하위징아가 말한 놀이의 본질과 맞닿아 있다.

경기 중 공을 두고 다투다가도 금세 웃으며 함께 달리는 아이들의 모습을 보면 알 수 있다. 축구는 함께 웃고 부딪히며 신뢰를 만들어가는 장이다. 하위징아는 놀이를 '공동체의 씨앗'이라고 했다. 승패는 곧 잊히지만 그 안에서 생긴 유대감은 오래 남는다. 그래서 축구에는 사람과 사람을 잇는 힘이 있다.

축구는 놀이가 가진 본질을 가장 생생하게 보여주는 실천이다. 특히 어린 시절의 축구는 하위징아가 말한 '놀이하는 인간'(호모 루덴스)의 모습과 거의 겹친다. 공을 차는 순간의 즐거움에서 비롯된 자발적인 움직임이기 때문이다.

친구와 주고받는 패스는 눈빛으로 나누는 대화이고, 질주하는 드리블은 억눌린 감정을 몸으로 써 내려가는 언어다. 공이 골대를 흔드는 순간의 벅찬 감격은 점수나 전술로 설명할 수 없는 말 그대로 본능적인 기쁨의 폭발이다. 축구는 그 안에 놀이의 규칙과 자유를 함께 담고 있으며 감정과 상상력을 끌어내는 '살아 있는 몸의 언어'다.

그래서일까. 많은 축구선수가 인터뷰에서 이렇게 말하곤 한다. "즐겨야 잘할 수 있다." 이는 축구를 온몸으로 살아낸 사람들이 전하는 진심에 가깝다. 경기 중 웃으며 뛰는 모습, 예상치 못한 재치 있는 플레이, 저절로 나오는 세리머니. 이 모든 장면은 축구의 본질을 보여준다. 축구는 그 자체로 충분한 놀이다.

우리는 여전히 기억한다. 골목길에서 발끝으로 하루를 보내던 시간. 동네 아이들 서너 명만 있으면 언제든 경기가 시작되던 그 시절. 그 안에 진짜 축구가 있었고, 진짜 놀이가 살아 있었다.

골목이 사라진 자리, 인간다움도 조금씩 사라졌다

나에게도 그런 시간이 있었다. 골목이 첫 번째 경기장이었고 돌멩이 두 개만 있으면 골대가 됐다. 발끝에 공이 닿는 순간 세상이 멈춘 것 같았고, 해가 질 때까지 친구들과 뛰고 웃는 게 하루의 전부였다. 감독도 관중도 심판도 없었다. 오직 '함께 노는 것'만이 중요했다.

골 때리는 인문학

이제는 또 다른 장면이 떠오른다. 두 아들이 공 하나에 온몸을 실어 달리며 웃고 소리치는 모습을 보면서, 나는 다시 '놀이하는 인간'을 떠올린다. 장난처럼 보이지만 결코 가볍지 않은 몰입, 웃음 속에 깃든 집중. 그 모습은 유희를 넘어 삶을 살아가는 또 하나의 방식처럼 보인다. 그 안에는 기쁨과 좌절, 실패와 회복이 함께 들어 있다. 문득 깨닫는다. 아이들의 그 놀이 안에 내가 어릴 적 골목에서 누렸던 세계가 아직도 살아 있다는 것을. 세대는 바뀌었지만 인간이 여전히 '놀이하는 존재'라는 사실은 변하지 않았다.

하지만 현실은 조금 다르다. 그런 놀이의 공간은 점점 사라지고 있다. 골목은 도시개발로 점차 사라졌고 학교 운동장은 입시와 바쁜 일정에 밀려 텅 비어 있다. 놀이터는 점점 작아졌으며 공터엔 아파트가 들어섰다. 그사이 거리의 공놀이는 어른들의 눈총과 규제의 대상이 되었다. 집 안에서도 층간소음 걱정에 마음껏 뛰놀 수 없으니 아이들의 몸은 점점 더 갈 곳을 잃고 갇히고 있다. 초등학교에 들어가기 전부터 시험 대비와 과외가 시작되고 공놀이는 문제집에 밀려났다. 그 결과 우리나라 10대 청소년의 신체 활동량은 세계에서 가장 낮은 수준에 머물러 있다.[3] 이 지표는 OECD 국가 중 가장 낮은 주관적 행복 지수, 가장 높은 청소년 자살률과 무관하지 않다.[4]

놀이는 인간다움을 드러내는 가장 자연스러운 행위다. 그 안에서 우리는 질서를 배우고 타인과 어울리며 실패 속에서도 다시 일어서는 법을 익힌다. 그러나 윤리와 규범을 자연스럽게 체득하던 장소, 그 놀이의 자리를 하나씩 잃어가면서 결국 인간다움마저 놓치고 있다.

사실 이는 아이들만의 문제가 아니다. 어른들의 놀이터도 함께 사라지고 있다. 공을 차던 자리, 마음껏 웃던 순간 삶의 균형을 되찾던 공간들이 기억에서 멀어지고 있다. 우리는 너무 오랫동안 '하고 싶은 일'을 잊은 채 '해야 할 일'의 노예로 살아온 것은 아닐까? 축구는 그 질문을 다시 던진다. 마지막으로 마음껏 뛰어놀았던 때가 언제였나? 그리고 지금 우리의 삶은 얼마나 인간적인가?

놀이의 언어를 되살려야 한다

주 5일제가 도입된 2005년, 문화심리학자 김정운은 『노는만큼 성공한다』[5]에서 '놀면 불안해지는 병'에 걸린 한국인의 심리를 진단했다. 그는 일하는 능력은 세계 최고지만 노는 법은 배우지 못한 사회의 구조적 결핍을 지적하며 "창의성과 행복은 결국 잘 노는 데서 비롯된다"고 강조했다. 그로부터 10년 뒤, 2015년 「국민여가활성화기본법」이 제정되던 시기, 사회심리학자 허태균은 『어쩌다 한국인』[6]에서 또 다른 경고를 내놓았다. 그는 과잉노동과 불안의 악순환을 비판하며 사람들이 더 많이 놀아야 지역 상권이 살아나고 일자리가 늘며, 가족과 함께하는 시간—특히 아이와의 공놀이—이 회복될 수 있다고 말했다.

하지만 제도가 바뀌어도 우리의 일상은 크게 달라지지 않았다. '주 5일제'를 도입하고 '놀 권리'를 법으로 보장했지만 쉼과 놀이의 시간은 오히려 더 희미해졌다. 아이와 부모 모두 경쟁에 내몰린 채 마음껏 놀 수 없는 구조 속에 갇혀 있다.

그리고 지금, 또다시 10년이 흘러 「스포츠기본법」[7] 시대를 맞은 우리는 같은 질문 앞에 서 있다. "놀이를 잃어버린 우리의 삶을 어떻게 회

                                        골 때리는 인문학

복할 것인가?" 나의 대답은 분명하다. 아이든 어른이든 축구를 통해 몸을 움직이고 함께 뛰고 격려하며 관계를 다시 세워야 한다. 이제는 축구, 더 나아가 스포츠가 지닌 놀이의 언어를 잊지 않고 우리의 일상에서 되살려야 한다.

우리가 공을 차는 진짜 이유

성인이 된 지금도 나는 축구공을 보면 발끝이 먼저 반응한다. 몸이 기억하는 리듬, 절묘한 패스의 타이밍, 슈팅 뒤에 밀려오는 짜릿한 감각… 그 순간 나는 세상과 연결되고 나 자신과 다시 연결된다.

이제는 안다. 우리는 현실에서 잠시 벗어나고 싶을 때, 오롯이 한순간에 몰입하고 싶을 때, 아무 계산 없는 즐거움을 느끼고 싶을 때 다시 그라운드를 찾는다. 그때의 기억, 공 하나로 모든 게 이어지던 감각은 여전히 우리 안에 남아 있다.

손흥민 선수도 자신의 에세이에서 이렇게 고백했다.

"나는 둥근 물체를 보면 무조건 발로 찼다. 집에서든 골목에서든 운동장에서든 늘 공차기를 하며 놀았다. 공을 차고 놀 때가 제일 재미있었다. 지금 생각해 보면 뭐든지 차고 노는 꼬마가 될 수밖에 없는 환경이었다. (…) 초등학교 2학년 때까지 내가 아버지에게 들었던 말은 '나가 놀아'뿐이었다. 하고 싶은 대로 내버려두고 관찰하면 무엇을 잘하는지, 무엇을 재미있어 하는지 자연스레 알게 된다는 지론이다. 내가 프로축구선수가 된 걸 보면 그 교육관이 꽤 신빙성이 있지 않나 생각한다."[8]

이 회고에는 놀이가 어떻게 한 사람을 만들고 삶을 이끄는지가 담겨 있다. '나가 놀아'라는 말은 신뢰의 언어였고, 아이는 공을 통해 세상을 배우며 자기 자신을 찾아갔다. 놀이의 자발성과 자기 목적성이 손흥민의 골목과 운동장 속에서 분명히 살아 있었던 것이다.

하위징아가 말한 '놀이하는 인간'은 결과나 성과로 자신을 정의하지 않는다. 중요한 것은 그 순간에 온전히 몰입하고 서로 부딪히며 나누는 감정이다. 그런 의미에서 축구는 우리가 일상에서 자주 잊고 지내는 것들—함께 움직이고 실수하며 다시 이어지는 관계의 감각—을 일깨운다.

오늘날 우리는 성과와 효율, 경쟁에 둘러싸여 살아간다. 하지만 축구는 그 바깥의 세계를 보여준다. 함께 웃고 다투다가도 다시 어깨동무 하는 경험. 그 속에 우리가 다시 돌아가야 할 이유가 있다.

놀이가 사라진 시대, 질문은 다시 시작된다

오늘의 대학 캠퍼스에서 나는 또 다른 결핍을 본다. 고민하지 않고 질문하지 않으며, 주어진 진로를 그저 따라가는 청년들. 성공이라는 이름의 좁은 트랙 위에서 방향을 잃고 흔들리는 모습이다. 80년대에 태어난 나에겐 당연했던 놀이터가, 지금 아이들에게는 허락되지 않는 그런 시대의 풍경이다.

입시 경쟁, 도시개발, 어른들이 미리 짜놓은 진로 계획 속에서 축구같은 공놀이는 점점 사라지고 있다. 건강과 체력, 협동과 존중, 실패를 견디는 힘, 웃음과 몰입의 기억도 함께 밀려났다. 정해진 궤도에서 자란 아이들은 사유하고 비판하며 선택할 여유를 빼앗겼고, 그 결과는 '주체성의 상실'로 이어진다.

골 때리는 인문학

손흥민의 회고는 단지 한 축구선수의 성공담이 아니다. "나가 놀아"라는 말에 담긴 신뢰의 교육, 놀이의 자발성과 자기 목적성이 어떻게 인간을 형성하는지를 보여주는 중요한 증언이다. 물론 손흥민은 애초에 재능이 있었기에 가능했던 이야기라고 누군가는 반문할 수 있다. 대부분의 아이가 '나가 놀기만' 하다 보면 문제아가 되거나 경쟁에서 낙오하지 않겠느냐고 말이다.

유아와 아동, 특히 초등학생 시기의 아이들에게는 정답을 주입받는 것보다 자신의 감각과 기호를 스스로 탐색하는 '가능성의 시간'을 갖게 해주는 것이 무엇보다 중요하다. 축구는 그러한 가능성을 가장 잘 담아내는 문화적 실천이다.

이 책 『골 때리는 인문학』은 그 지점에서 출발한다. 축구는 인간의 본성을 드러내는 놀이이자 공동체의 기억이며 삶의 태도이자 공존의 윤리다.

오늘도 공은 우리를 기다리고 있다. 경쟁 대신 함께 거친 숨을 몰아쉬는 연대를, 차가운 성과 대신 뜨거운 몰입의 즐거움을, 그리고 그 안에서 비로소 '나'로 존재할 수 있는 눈부신 가능성을.

02

노 룩 패스 : 지각하는 몸

우리는 축구를 볼 때, 정교한 발기술이나 번개 같은 판단에 감탄하곤 한다. 날카로운 패스, 재빠른 드리블, 예상을 깨는 슈팅… 이 움직임은 그저 연습으로만 완성된 기술일까? 어떤 선수는 공과 함께 춤을 추듯 움직이고, 또 어떤 선수는 리듬을 타며 상대를 압도한다. 이때 기술은 몸의 감각과 타이밍이 빚어낸 하나의 '표현'이 된다.

가끔 우리는 "몸이 먼저 반응했다"고 말한다. 이는 오랜 경험 속에 스며든 감각과 직관이 작동하는 순간이다. 축구는 이런 몸의 감각이 가장 먼저 작동하는 스포츠다. 머리가 계산하기 전에 몸이 먼저 상황을 읽고 움직인다. 그래서 축구는 인간 존재의 출발점이 사유보다 감각과 움직임에 있음을 일깨운다.

축구선수의 몸은 생각보다 먼저 세계를 인식하고, 그 감각으로 타인과 교감한다. 이 지점에서 축구는 몸을 통해 세상과 마주하고 사람들과 소통하는 살아 있는 경험이 된다.

몸으로 세계를 읽는다

철학자 모리스 메를로퐁티는 『지각의 현상학』에서 인간을 세계 속에 던져져 지각하며 살아가는 '몸의 존재'로 이해했다.[9] 몸은 스스로 느끼고 반응하며, 움직임을 만들어내는 능동적 주체라는 것이다. 우리가 세계를 인식하고 살아가는 방식은 머릿속 계산만으로 이루어지지 않는다. 걷고 만지고 움직이며 반응하는 몸의 감각을 통해 우리는 현실과 마주하고 세계와 연결된다.

메를로퐁티에게 몸은 자신을 배치하고 타인과 관계를 맺으며 끊임없이 의미를 만들어내는 살아 있는 주체다. 그는 이를 '살아 있는 몸' *le corps propre*이라 불렀다. 이 몸은 끊임없이 움직이며 존재의 조건을 실현하는 방식으로 세계 안에 놓여 있다. 말하자면, 몸은 우리가 세상과 연결되는 첫 통로이자 삶의 감각이 시작되는 출발점이다.

신체문화 이론가 다비드 르 브르통도 『근대성과 육체의 정치학』에서 비슷한 통찰을 전한다. "몸 없이 인간은 존재하지 않는다. 산다는 것은 세계가 육체에 부여한 상징 체계를 통해 세계를 자신의 몸으로 환원시키는 과정이라고 할 수 있다. (…) 몸은 개인적인 차원에서 뿐만 아니라 집단적인 차원에서 진행되는 인간 행위의 중심이며 사회적 가치를 표현하는 상징주의의 중심에 있기 때문에 현대사회를 분석하는 데 가장 중요한 개념 중의 하나이다."[10]

몸으로 생각한다: 노 룩 패스

축구는 메를로퐁티의 철학이 가장 생생하게 드러나는 무대 중 하나다. 그의 관점에서 몸은 세계를 스스로 감지하고 반응하는 '살아 있는 주체'다.

축구선수의 몸 역시 마찬가지다. 선수의 몸은 경기 중 끊임없이 변화하는 공의 속도, 동료의 움직임, 상대 수비의 압박, 경기장의 분위기 등을 실시간으로 감지하고 즉각적으로 반응한다. 이처럼 감각과 반응이 융합된 플레이는 타자와 관계를 맺고 상황에 응답하는 하나의 소통 행위라 할 수 있다.

'노 룩 패스'no look pass는 이러한 몸의 지각 능력을 가장 잘 보여주는 장면이다. 선수는 직접 보지 않아도 동료의 위치를 느끼고 빈 공간을 직관적으로 읽어낸다. 시선은 다른 곳을 향하지만 몸은 이미 경기의 흐름과 리듬 속에 들어가 있다.

브라질의 호나우지뉴는 이런 '몸의 철학'을 가장 아름답게 구현한 선수였다. 그의 노 룩 패스는 온몸으로 공간을 느끼고 감각으로 타이밍을 계산하며, 리듬 속에서 새로운 상황을 창조해내는 예술 행위였다.

그가 관중석을 바라보며 내민 패스가 정확히 동료의 발 앞에 도달했을 때 관중은 환호와 경외가 섞인 탄성을 쏟아냈다. 여기서 중요한건 패스의 정확도보다 살아 있는 몸이 세계와 교감하며 빚어낸 그 감각적인 리듬이다.

이 순간 선수는 눈이 아닌 '몸으로' 세계를 본다. 몸의 지각은 의식이나 계산보다 먼저 작동하며 신체 전체로 확장된다. 선수의 몸은 상황을 이해하고 타인의 움직임을 예측하며 공간과 능동적으로 관계 맺는 감각의 주체다. 이는 이성보다 빠른 직관이며 계획보다 앞선 감각의 흐름이다. 결국 축구는 메를로퐁티가 말한 '몸의 철학'과 만난다.

 골 때리는 인문학

몸으로 안다, 내가 누구인지

'지각하는 몸'의 철학은 전문 선수들에게만 해당하는 이야기가 아니다. 일상에서 축구를 경험하는 보통 사람들의 몸에서도 그대로 드러난다. 작가 김혼비는 『우아하고 호쾌한 여자 축구』[11]에서 어른이 된 뒤 처음 축구화를 신으며 오랜만에 몸의 감각이 되살아나는 경험을 풀어놓는다. 얼떨결에 축구팀에 들어간 그녀는 발은 빠르지만 생각이 많고 실력은 입문자 수준인 '왕초보 신입'으로 경기에 나선다.

"한 번만 꺾어도 될 걸, 왜 세 번씩 꺾냐"는 남자 선수들의 말에 내재된 무의식과 마주하면서, 그라운드 위에서 여성으로 존재한다는 것의 복잡미묘함을 온몸으로 부딪히며 겪는다.

하지만 그 몸으로, 그녀는 골키퍼를 맡고 리바운드를 노리며 공격에 가담하고, 언니들의 눈치를 살피고 동생들의 말을 들어주며 '함께 뛰는 존재'로서 자신을 새롭게 알아간다. 발야구와 피구만 경험해봤던 어린 시절의 몸에서, 인사이드킥을 연습하고 오버래핑을 시도하는 현재의 몸으로 이행하는 여정… 이는 철학적 전환의 이야기다.

그녀에게 축구는 감각을 깨우고 타인과 관계를 맺으며, 스스로를 재구성해나가는 살아 있는 경험이다. 메를로퐁티가 말한 '지각하는 몸'은 김혼비의 일상에서, 로빙슛을 상상하는 순간순간 살아 숨 쉰다.

이러한 경험은 작가 이지은의 『취미로 축구해요, 일주일에 여덟 번요』[12]에서도 확인할 수 있다. 숨차게 뛰는 것도 악을 쓰는 것도 질색하던 그녀가 어느 날 축구라는 늪에 빠져버렸다. 초보자로서 필드를 헤매고 숨이 턱까지 차오르면서도 땀으로 샤워하며 원초적인 자유를 만난다. 그 과정은 말 그대로 '몸이 기억하는 삶'이다.

조기축구회에서 아저씨들과 공을 차고, 물리치료사에게 "축구 잘하세요?"라고 묻는 엉뚱함 속에서 그녀는 몸이 감각을 통해 세계를 이해하고 감정을 표현하며, 사람들과 관계를 맺는 새로운 언어가 될 수 있음을 체험한다.

두 작가의 이야기는 메를로퐁티의 철학을 책 속 이론이 아닌 생활 속 체험으로 구체화한다. '지각하는 몸'은 잘 훈련된 엘리트 선수에게만 주어지는 것이 아니다. 국가대표처럼 잘하지 않아도 괜찮다. 함께 거친 숨을 몰아쉬고 땀 흘리며 부딪히는 그 몸이야말로 철학의 진짜 주체다. 축구는 그렇게 우리 안에 잠든 감각과 몸의 주체성을 다시 깨우는 운동이다.

몸으로 먼저 배운다

유소년 축구에서 아이들이 처음 배우는 건 전략이나 사고법이 아니다. '몸이 어떻게 반응해야 하는가'를 먼저 배운다. 지도자들은 아이들이 몸으로 상황을 느끼고 감각으로 공간과 타이밍을 익히도록 반복 훈련을 유도한다. 이는 메를로퐁티가 말한 '몸을 통한 세계 이해'와 맞닿아 있다.

예를 들어 어떤 선수는 경기 중 코치의 지시보다 팀 동료의 움직임이나 상대 수비의 발끝을 먼저 읽고 반응한다. 이때 그는 머리로 계산하지 않는다. 몸이 먼저 반응하고 생각은 그 뒤를 쫓았다.

축구에서 신체 훈련은 몸의 감각을 깨우고 그 몸이 세계와 소통할 수 있도록 만드는 작업이다. 이때 몸은 상황을 읽고 선택하며, 판단하

 골 때리는 인문학

고 움직이는 주체가 된다. 결국 축구는 기술 이전에 몸의 철학이며 감각을 통해 세상을 이해하고 표현하는 예술이기도 하다.

디지털 시대, 몸을 잃어버린 우리에게

오늘날 우리는 점점 몸으로부터 멀어지고 있다. 언어학자 나오미 배런은 『쓰기의 미래』[13]에서 AI와 효율성 중심 기술이 인간의 감각과 쓰기를 위축시키며, 자기감정과 신체 경험으로부터 우리를 소외시킨다고 경고한다. 그녀는 말한다. "스마트 기기가 건강을 추적하면, 우리는 몸을 스스로 살피려는 노력을 잃고 결국 살과 피가 아니라 일련의 수치가 된다."[14] 삶은 편리해졌지만 우리는 조용히 살아 있는 몸의 리듬과 감각에서 멀어지고 있다.

AI, VR, IoT, 로봇, 웨어러블 기기. 이 모든 4차 산업기술은 신체를 보완하거나 대체하는 듯 보이지만 정작 우리는 '내 몸'을 통해 세계를 경험하는 능력을 잃어가고 있다. 손끝의 촉각은 진동 알림으로, 땀의 느낌은 데이터로 대체된다. 세계는 여전히 존재하지만 우리는 그것을 살아 있는 몸으로 겪지 못한다.

이러한 흐름은 소비트렌드 담론에서도 포착된다. 『트렌드 코리아』 시리즈의 저자인 김난도 교수는 두 해에 걸쳐 '물성매력'[15]과 '건강지수'[16]를 이 시대의 핵심 키워드로 제시했다. 서로 다른 개념처럼 보이지만, 두 키워드는 몸을 삶의 중심으로 호출한다는 점에서 맞닿아 있다. 디지털 환경 속에서 사라져가던 촉각과 리듬, 그리고 수치로 관리되던 건강을 다시 '느끼고 살아내는' 과정으로 되돌리려는 시도다. 스포츠는 이 흐름이 가장 밀도 높게 실천되는 공간이며, 그중에서도 축구는 감각과 건강이 동시에 작동하는 몸의 사회적 훈련장이다.

그렇기 때문에 지금 우리는 축구장을 찾아야 한다. 축구는 무뎌진 감각을 되살리는 의식이며 빼앗긴 몸의 주권을 되찾는 치열한 훈련이다. 골목에서 뛰놀던 기억처럼, 운동장에서 공을 차는 순간 우리는 다시 공간을 발로 느끼고 타인의 움직임을 온몸으로 읽으며 리듬에 맞춰 호흡한다. 축구는 기술보다 앞서는 몸의 실천이며 인공지능이 대신할 수 없는 감각의 예술이다.

축구는 단지 '하는 것'에 그치지 않는다. '보는 축구' 또한 감각을 깨운다. 선수의 시선을 따라가는 눈, 골대를 향한 슛에 반사적으로 뻗는 팔, 판정에 터져 나오는 함성. 몸은 보는 동시에 반응하고, 경기장의 리듬은 관중석으로, 관중의 감정은 다시 필드로 되돌아온다.

특히 모든 것이 화면으로 중계되는 시대일수록 우리는 더 자주 현장으로 가야 한다. 스마트폰 너머의 정지된 이미지가 아닌, 살아 있는 움직임과 함성이 있는 그라운드에서 직접 경기를 보는 일은 감각을 되살리는 행위다. 현장에서 직관한다는 것은 나의 몸을 집단적 열광과 감정의 리듬 속에 놓는 경험이다.

기술이 삶을 정밀하게 측정할수록 우리는 더 집요하게 물어야 한다. '나는 오늘, 온전한 내 몸으로 이 세계를 살아냈는가?' 메를로퐁티가 말했듯 존재는 생각보다 먼저 감각으로 성립된다. 축구는 이 사실을 다시 일깨운다. 그라운드를 누비는 몸, 함성으로 호흡하는 몸, 패스에 반응하는 눈과 심장. 우리는 축구를 통해 다시 몸으로 존재하기 시작한다.

몸으로 사는 존재

결국 축구는 몸으로 세상을 경험하는 일이다. 넓게 펼쳐진 필드, 빠르게 움직이는 공, 팀원과의 템포, 상대의 압박까지… 이 모든 요소는 선수의 몸을 통해 즉각적으로 감지되고 반응된다. 축구를 하거나 지켜보는 순간 우리는 자신이 얼마나 몸으로 살아 있는 존재이며 그 몸이 얼마나 섬세하고 지혜롭게 세계에 반응하는지를 깨닫게 된다.

이 감각은 축구장 안에만 머물지 않는다. 일상의 흐름 속에서도 우리는 몸의 신호를 감지하고 무의식 중의 긴장과 리듬을 느끼며 살아간다. 몸을 알아차리는 일은 곧 삶을 더 깊고 예민하게 살아내는 일이 된다. 몸은 우리가 세계와 연결되는 방식이자 우리 존재 그 자체다.

당신은 오늘, '몸'으로 세상을 느꼈는가?

03

마르세유 턴 : 물아일체(物我一體)

경기장 한쪽에서 수비수가 다가온다. 공을 다루는 발끝이 아주 미세하게 방향을 틀고, 몸은 반 박자 먼저 회전한다. 관중석의 숨이 멎는 찰나, 선수의 몸이 공과 함께 완전히 돌아선다. 마치 몸과 공, 공간이 한 덩어리가 되어 흐르는 듯하다. 마르세유 턴Marseille turn. 기술의 이름은 분명하지만 그 순간에는 이름보다 '흐름'이 먼저 느껴진다. 계산된 동작이 아니라 상황이 이끌어낸 자연스러운 회전. 그 안에 억지스러운 힘은 없고 오직 감각이 빚어낸 자유만이 있다.

축구는 이렇게 규칙 속에서 완전히 풀려나는 순간을 만들어낸다. 시간과 포지션, 오프사이드와 파울이라는 촘촘한 그물망 속에서도 선수들은 물고기처럼 유연하게 헤엄친다. 어떤 장면은 예측을 벗어나고, 또 어떤 장면은 물결이 이어지듯 부드럽게 흘러간다. 멈추지 않는 이 몸의 흐름이야말로 축구에서만 가능한 움직이는 자유다.

흐름에 몸을 맡기다

이 자유는 고대 중국 철학자 장자의 사유와 닿아 있다. 장자는 인위와 억지를 벗어나 자연의 흐름에 몸을 맡기고 자아를 잊는 순간이 진정한 자유라고 말했다. 그가 말한 '무위자연'無爲自然은 아무것도 하지 않는 게 아니라 억지 부림 없이 감각이 이끄는 흐름에 온전히 몸을 던지는 경지다. 축구에서도 감각이 판단을 앞서고 리듬이 논리를 압도할 때 플레이는 비로소 자연스러움을 얻는다.

이런 감각의 정점을 보여주는 선수가 리오넬 메시다. 그의 드리블은 기술을 넘어선 하나의 흐름이다. 그는 공간의 압력을 피부로 '느끼며' 수비수들을 흘려보낸다. 공은 몸의 일부처럼 움직이고, 발끝은 경기장의 결을 따라 미끄러진다. 수비수 김민재 역시 마찬가지다. 그는 눈앞의 움직임뿐 아니라 아직 열리지 않은 공간의 흐름을 미리 감지한다. 이들의 플레이는 '지각하는 몸'이 만들어내는 생생한 순간이다.

이처럼 무의식에 가까운 감각과 흐름 속에서 이루어지는 플레이는 자연과 하나 되어 움직이는 본능이다. 그 순간 축구는 장자의 철학처럼 몸과 마음이 하나로 이어지는 예술이 된다.

장자는 『장자』[17]의 소요유逍遙遊 편에서 진정한 자유란 무엇인가를 묻는다. 그에 따르면 인간은 세상이 정한 규격과 타인의 시선, 끝없는 비교라는 감옥에 갇혀 산다. 더 빨라야 하고 더 높아야 하며 더 잘해야 한다는 강박 속에서 우리의 사고는 점점 경직되고 몸은 뻣뻣해진다.

장자가 말한 자유는 그 반대편에 있다. 무위無爲, 즉 억지로 무엇인가를 하려 하지 않는 상태. 이것은 게으름이 아니라 흐름에 올라타는 지혜다. 억지로 조작하려 들지 않고 거대한 파도에 몸을 싣듯 자연의 리듬에 나를 맡기는 것이다. 그는 이를 물아일체物我一體, 즉 '세상과 내가 하나가 되는 상태'라고 설명한다. 강물에 몸을 맡기듯 흐름을 거스르지 않고 자연스럽게 나아가는 삶, 그것이 장자가 말한 자유다.

축구로 풀어보면 이렇다. 매 순간을 통제하려 할수록 몸은 굳어진다. 하지만 상대의 움직임을 감지하고 공의 흐름에 자신을 맡길 때 오히려 더 창의적이고 유연한 움직임이 나온다. 힘을 뺄수록 강해지고 억지를 버릴수록 정교해지는 역설. 이것이 바로 장자가 말한 자유의 감각이다.

마르세유 턴: 흐름을 따르는 리듬

축구에는 어떤 순간들이 있다. 설명보다 직관이 먼저 작동하고 몸은 계산 없이 움직이며 공은 흐름 속에서 반응한다. 이때 몸은 하나의 리듬이 되고 그 리듬이 곧 내가 존재하는 방식이 된다.

메시가 골대를 향해 유려하게 드리블할 때, 이니에스타가 원터치로 공간을 열어줄 때, 김민재가 상대의 침투를 감지해 먼저 자리를 잡을 때 우리는 하나의 철학적 장면을 목격한다.

이 장면은 소를 잡는 백정의 칼놀림, 즉 '포정해우'庖丁解牛를 떠올리게 한다. 뼈와 살의 틈새를 따라 칼이 춤추듯 흐르듯 선수의 움직임도 힘이 아닌 리듬으로 결정된다. 머리는 멈추고 감각이 이끄는 대로 몸이 반응하는 것이다.

이런 유려한 흐름을 가장 완성도 높게 구현한 선수가 지네딘 지단이다. 그의 대표 기술인 '마르세유 턴'은 몸이 흐름에 반응하는 움직임의 정수다. 지단은 공을 축으로 회전하며 달려드는 수비수를 흘려보

　　　　　　　　　　　　　　　골 때리는 인문학

낸다. 그것은 계산되지 않은 리듬에 몸을 맡긴 결과다. 장자의 말처럼 지단은 '자기를 잊고 흐름 속에 녹아든 존재'였다.

그의 움직임은 마치 포정해우의 칼날처럼 물 흐르듯 부드러웠다. 수비수가 그를 막으려 애쓸수록 그는 더 유연하게 공간을 빠져나갔다. 이 순간 선수는 움직임을 통제하는 존재라기보다 움직임 그 자체로 현존한다. 지단의 마르세유 턴은 축구가 몸과 세계가 하나 되어 흐르는 예술임을 보여준다.

장자가 말한 자유는 이런 순간에 드러난다. 통제와 계산이 무의미해지는 흐름 속에서 존재를 발견하는 것이다. 축구는 그렇게 다시, 장자의 철학과 만난다.

크루이프 턴: 흐름을 바꾸는 지혜

마르세유 턴이 몸 전체를 회전시켜 수비를 흘려보내는 움직임의 예술이라면 '크루이프 턴'Cruyff turn은 흐름의 방향을 바꾸는 깨달음의 순간에 가깝다. 요한 크루이프가 즐겨 사용하던 이 기술은 1974년 서독 월드컵에서 전 세계인의 눈앞에 선명히 각인되었다.

크루이프 턴은 앞으로 전진할 듯 착시를 주다가 공을 발 안쪽으로 끌어 디딤발 뒤로 접으며 반대 방향으로 회전하는 기술이다. 수비수는 계속 나아갈 것이라 믿고 쫓지만 흐름은 순간적으로 반대편으로 전환된다. 그러나 이 동작은 흐름을 끊지 않고 오히려 리듬을 이어가며 새로운 길을 연다.

이 기술은 '흘러가는 흐름 속에서 어디에 균열을 낼 것인가'를 감지하는 지각의 예술이다. 크루이프는 공으로 공간을 읽고 리듬을 끊지 않으면서도 새로운 흐름을 만들어낸다.

'마르세유 턴'이 흐름을 따라가는 기술이라면 '크루이프 턴'은 흐름의 결을 바꾸는 지혜다. 전자가 압박을 부드럽게 흘려보낸다면 후자는 압박을 반전시켜 경로를 재구성한다. 두 기술 모두 몸의 자유로운 반응에서 비롯되지만 각각 '회전의 리듬'과 '방향의 전환'이라는 차이가 있다.

크루이프의 철학은 이후 수많은 선수에게 계승되었다. 특히 이니에스타는 이를 현대 축구에서 가장 우아하게 구현했다. 그는 좁은 공간에서도 순간적으로 크루이프 턴을 사용해 리듬과 방향을 동시에 바꾸었다. 그의 움직임은 물처럼 유연했고 공과 몸, 공간은 마치 처음부터 하나였던 것처럼 연결되었다. 장자의 말처럼 그는 '자기를 잊고 흐름 속으로 스며든' 존재였다.

마르세유 턴과 크루이프 턴은 우리에게 묻는다. 축구는 계산의 게임인가, 감각의 흐름인가? 그 짧은 동작 속에는 세계를 인위적으로 통제하기보다 흐름을 읽고 균형을 조율하려는 지혜가 담겨 있다.

흐름이 이끄는 순간 나는 사라지고 축구만 남는다

장자는 진정한 자유를 '자기 자신을 잊는 경지'로 설명한다. 자유란 자아에 대한 집착을 내려놓고 흐름 속으로 자연스럽게 스며들 때 비로소 찾아온다는 것이다.

이러한 몰입 상태는 현대 심리학에서 말하는 '플로우'flow 개념과도 닮아 있다. 심리학자 미하이 칙센트미하이는 『몰입』에서 플로우를 다음과 같이 설명한다.

골 때리는 인문학

"최적 경험이란 주어진 도전을 잘 해결할 수 있는 능력이 있고, 목표가 명확하고, 분명한 규칙과 즉각적인 피드백이 있는 상태를 말한다. 우리가 플로우를 경험할 때 집중의 정도가 매우 높아지므로 다른 것을 생각할 여지도 없고 걱정도 사라진다. 또한 그 순간에는 자의식이 사라지고 시간이 흘러가는지도 인식하지 못한다."[18]

축구에서도 이와 같은 몰입의 순간이 있다. 선수는 자기 자신을 잊고 흐름에 완전히 녹아든다. 더 이상 경기를 '뛰는 사람'이 아니라 경기 그 자체가 되는 순간이다. 그러나 장자가 말한 자유는 몰입 그 이상의 것이다. 존재 전체가 해방되는 상태, 자아의 무게로부터 벗어나 자연과 하나가 되는 삶을 말한다.

축구 또한 성과와 통제를 넘어서 유희로 이어질 때 그 자체로 자유로운 실천이 된다. 그 유희 안에서 우리는 흐름에 몸을 맡기고 존재의 본래 리듬을 회복한다.

장자는 말했다. 삶은 강물처럼 흘러야 한다고. 억지로 거슬러 올라가지 않고 모든 것을 움켜쥐려 애쓰지 않으며, 흐름에 자신을 맡기되 방향을 잃지 않는 그런 삶이야말로 유연하고 자연스럽다. 축구도 다르지 않다. 무리해서 잘하려고 할수록 움직임은 경직된다. 하지만 흐름에 따라 몸을 맡기면 오히려 더 나은 플레이가 자연스럽게 나온다.

자유는 통제의 바깥에 있다. 축구에는 규칙 안에서 솟아나는 유연한 움직임, 그 미묘한 자유의 미학이 살아 숨 쉰다. 장자가 말한 '자연스러운 존재'는 지금도 그라운드 위에서 생생히 재현된다. 그렇기에 축구는 굳어진 삶을 다시 흐르게 만드는 유연한 철학이기도 하다. 이 철학은 축구에만 머무르지 않고 우리 삶 전체로 확장된다.

우리는 일상에서 종종 계획과 통제에 얽매여 자유를 잃는다. 하지만 장자의 말처럼 나를 놓아주고 흐름에 몸을 던질 때 우리는 비로소 더 깊은 '나'와 마주한다. 그 순간 우리는 어떤 목표를 달성하기 위한 주체로서의 나를 내려놓고, 지금-여기에서 살아 있음을 온전히 감각하는 존재로서의 나를 만난다. 마르세유 턴이 압박을 자연스럽게 흘려보내는 몸의 지혜이듯, 삶 역시 맞서 통제하기보다 스스로를 내어줄 때 한층 더 깊은 차원으로 열릴 수 있다.

발리슛: 지금-여기

후반 45분, 경기 종료 직전. 스코어는 여전히 0-0이다. 양 팀 모두 숨을 죽인 채 마지막 기회를 노린다. 추가 시간이 뜨고, 코너킥이 날아오른다. 누군가의 머리가 공을 스친다. 그리고 다음 순간 골망이 출렁이며 경기장은 뒤집힌다. 한순간에 경기장의 공기는 뒤집히고 관중석은 환호로 폭발한다. 그 찰나가 모든 것을 바꾼다.

축구는 이렇게 시간의 흐름 속에서 의미가 응축되는 스포츠다. 전반의 1분과 후반의 1분은 절대 같지 않다. 같은 60초라도 맥락이 다르면 그 무게는 전혀 다르다. 축구는 순간의 절정을 향해 긴장과 흐름이 응축되는 예술이다.

특히 후반 추가 시간에 터지는 골은 그저 하나의 득점이 아니다. 철학자 마르틴 하이데거의 표현을 빌리면 그것은 카이로스Kairos, 즉 질적으로 도약하는 기회의 시간이다. 그 순간에는 시간의 흐름이 멈춘 듯 응고되고 존재가 찬란히 드러나는 틈이 열린다.

그 순간 내가 살아 있다는 느낌

2002년 월드컵 이탈리아전에서 안정환이 터뜨린 골든골이 그랬다. 온 국민이 숨을 멈추고 바라보던 그 장면은 한 골 이상의 사건이었다. 존재가 말없이 드러났고 그 순간 우리는 모두 지금-여기에 있었다. 마찬가지로 승부차기 직전의 정적, 키커가 한 걸음을 내딛는 찰나는 타자와 존재가 정면으로 마주하는 응시의 시간이다.

축구는 이렇게 시간이 응축되고 터지는 결정적 순간들로 우리를 사로잡는다. 그 순간은 승부를 떠나 우리가 얼마나 숨을 죽이고 그 한 장면을 기다렸는지를 그대로 보여주는 순간이다. 축구는 시간과 존재가 교차하는 살아 있는 장면이다.

하이데거는 『존재와 시간』[19]에서 시간을 직선적인 흐름으로 이해하지 않았다. 그에게 인간 존재Dasein는 과거·현재·미래를 각각 따로 사는 존재가 아니다. 우리는 '지금-여기'hier und jetzt에 몰입하며, 그 속에서 삶의 의미를 만들어간다. 시간은 외부에서 주어진 틀이 아니라 우리가 삶을 살아가는 태도와 방식 속에서 형성된다.

하이데거에 따르면 인간은 미래를 향해 가능성을 열어가고 과거의 경험을 끌어안으며 그 사이에서 현재를 창조한다. 이 시간성은 물리적 흐름이 아니라 삶의 구조이자 존재의 양식이다. 인간은 자신의 죽음을 자각할 때 비로소 자기 삶의 유한성과 실존의 진정성을 인식하고 진짜 존재로 깨어날 수 있다고 그는 특히 강조한다.

철학자 찰스 테일러도 말한다. 우리가 삶의 무게를 실감하는 순간은 과거와 미래의 의미가 중첩된 '깊은 시간' 속에 있을 때이며 그때 비로소 우리의 존재는 흔들리고 각성한다.[20]

골 때리는 인문학

축구장의 결정적 장면들 또한 그런 '깊은 시간' 속에서 피어난다. 그 시간은 감정과 의미가 응축된 찰나다. 우리는 그 순간 '지금-여기'를 응시하며 살아 있는 존재로서 자신을 체험한다.

이러한 몰입 철학은 네덜란드 축구에서 특히 뚜렷하게 드러난다. 작가 데이비드 위너는 『브릴리언트 오렌지*Brilliant Orange: The Neurotic Genius of Dutch Football*』[21]에서 네덜란드 축구를 공간 감각의 철학으로 해석하며, 그것이 공간 인식과 순간 창조의 예술적 표현이라고 설명한다. 좁은 국토, 물의 흐름에 따라 설계된 도시 구조, 개인의 자율성을 중시하는 문화는 선수들에게도 즉흥적 판단과 위치 유동성을 요구한다.

하이데거가 말한 '현존재'는 지금 이 순간에 깨어 있으며 의미를 향해 끊임없이 움직이는 존재다. 이는 토탈 축구total football에서 끊임없이 자리를 바꾸며 비어 있는 공간을 찾아 나서는 플레이와 닮아 있다. 요한 크루이프는 이렇게 말했다. "축구는 공을 가지고 있을 때보다 공이 없을 때 무엇을 하느냐가 더 중요하다." 그의 말은 경기 전략을 넘어 존재의 시간에 몰입하는 태도를 가리킨다. 이처럼 축구는 공간과 시간을 동시에 창조하는 실천이자 철학적 행위가 된다.

발리슛: 한순간에 모든 걸 담는다

2004년, 독일과의 친선경기를 보자. 오른쪽 측면에서 올라온 크로스가 수비수의 머리에 맞고 튕겨 나왔다. 공은 이동국의 앞에 떨어졌고 그 순간 그는 마치 시간이 멈춘 듯한 정적 속에서 몸을 비틀어 완벽한 터닝 발리슛volley shoot을 날렸다. 공은 골문 깊숙이 꽂혔고 경기장의 모든 시선은 그 한 동작에 멈춰 섰다.

이 골은 대한축구협회가 선정한 '올해의 골'로 기록되었고, 이동국 본인도 은퇴 인터뷰에서 23년간 넣은 344골 중 가장 기억에 남는 골로 회상했다.[22] 그 발리슛은 '지금-여기'에 완전히 몰입한 존재의 구현이었다. 과거도 미래도 없었다. 오직 그 찰나에 그는 자신의 모든 감각을 한 점에 집중했고 한 번의 동작에 응축시켰다.

하이데거는 인간이 자신의 유한성을 자각할 때 비로소 진정한 몰입이 가능하다고 말했다. 축구에서 골이 터지기 직전의 찰나, 선수와 관중 모두는 존재의 끝자락에 선다. 이동국의 발리슛은 그 몰입과 집중의 순간을 정제된 형식으로 드러낸 상징적 장면이었다.

축구는 90분 내내 기억되는 스포츠가 아니다. 기억은 단 몇 개의 장면에 응축된다. 역습이 시작되는 순간, 라인을 가르는 패스 한 번, 골망이 흔들리는 찰나. 이 장면들엔 공통점이 있다. 생각보다 몸이 먼저 반응하고 감각이 시간보다 빠르다는 것.

그 몰입은 하이데거가 말한 '현존재'의 시간 감각과 닮아 있다. 선수는 실수했던 과거에 머물지 않고 결과가 어떻게 될지 미리 걱정하지도 않는다. 오직 지금, 오직 이 순간 눈앞의 공과 경기장에만 온전히 집중한다. 진짜 시간은 몸이 반응하는 그 순간에 있다.

하이데거가 말했듯 시간이 끝에 가까워질수록 경기는 더 뜨거워진다. 후반 추가 시간, 마지막 한 걸음, 마지막 한 호흡. 그 순간 선수들은 마치 인생 전체를 걸고 뛰는 듯한 몰입을 보여준다. 그 몰입이야말로 진짜 존재하는 방식이다. 그리고 그 순간이, 우리가 축구를 사랑하는 이유다.

　　　　　　　　　　　　　　　　골 때리는 인문학

페널티킥 앞의 불안: 정적과 응시

발리슛이 아름다운 이유는 그것이 순간의 결단이기 때문이다. 공은 땅에 닿을 틈도 없이 허공을 가르고 선수는 망설임 없이 반응해야 한다. 주저할 여지 없는 이 찰나에 준비와 예측, 감각과 훈련이 한 점에 응축된다. 그 결정의 순간은 곧 존재의 시간이다.

노벨문학상 수상자 페터 한트케는 『페널티킥 앞에 선 골키퍼의 불안』[23]에서 이 순간을 문학적으로, 철학적으로 심화시켰다. 페널티킥은 정적 속에서 인간이 외부 세계와 내면의 불확실성 사이에 고립된 장면이다. 작품 속 골키퍼 요제프 블로흐는 공의 방향보다 자신의 불안을 응시한다. 그는 움직이지도 멈추지도 못한 채 '예측'이라는 선택을 강요당하고, 그 압력은 그라운드 위에서 현실의 혼란으로 번져간다.

하이데거가 말한 '지금 – 여기'는 과거와 미래가 겹쳐 응축된 존재의 지점이다. 한트케가 그려낸 골키퍼의 페널티킥 순간은 그 깊은 현재이며 실존적 불안을 응시하는 장면이다. 움직이는 순간도, 멈추는 순간도 선택이며 결과는 되돌릴 수 없다. 인간은 그 자리에서 '던져진 존재'로서 자신을 직면한다.

축구장에서 터지는 발리슛처럼 페널티킥 역시 멈춘 시간 위에서 작렬하는 결정의 행위다. 다만 발리슛이 즉흥적 반응이라면 페널티킥은 응시 끝의 결단이다. 그래서 발리슛이 몸의 예술이라면 페널티킥은 존재의 철학이다. 우리가 그 순간 앞에서 숨을 멈추는 이유는 그 안에 삶의 불안과 선택이 비치는 거울 같은 진실이 숨어 있기 때문이다.

우리는 함께 그 시간을 견뎠다

축구장에서 흐르는 시간은 선수만의 것이 아니다. 팬들 또한 그 시간을 함께 살아낸다. 골이 터진 직후의 숨 막히는 정적, 추가 시간의 긴장감, 연장전의 절박함. 팬들은 경기에 직접 참여하지 않아도 그 리듬 안에서 같은 심장으로 뛴다.

2018 러시아 월드컵, 한국과 독일의 경기. 후반 추가 시간, 골키퍼 노이어가 하프라인을 넘었고 주세종이 공을 빼앗아 길게 찼으며 손흥민이 그 공을 마무리했다. 그 짧은 일련의 장면을 팬들은 숨조차 쉬지 못한 채 지켜봤다. 그것은 전적인 몰입이었다.

2022년 카타르 월드컵 포르투갈전에서도 팬과 선수는 시간을 함께 견뎌냈다. 경기에 승리했지만 16강 진출 여부는 다른 경기 결과에 달려 있었다. 선수와 팬 모두 경기장을 떠나지 못한 채 그라운드를 바라보며 운명의 결과를 기다렸다. 시간이 멈춘 듯한 정적 속 모두가 한 감정 안에 있었다. 그리고 한국의 16강 진출이 확정되던 순간 그들은 함께 긴장했고 함께 폭발했고 함께 존재했다.

하이데거는 인간을 '세상에 던져진 존재'라고 했다. 우리는 타자와의 관계 속에서 존재를 실감한다. 이처럼 팬과 선수가 시간을 함께 공유하는 그라운드는 공동체의 감각이 교차하는 장이다.

축구는 순간을 붙잡는다

하이데거는 인간이 존재를 망각한 채 살아간다고 말했다. 그러나 축구는 잊힌 존재를 다시 불러낸다. 실수한 과거도, 오지 않은 미래도 잠시 내려놓고 지금 이 순간에 몰입할 때 우리는 비로소 존재한

 골 때리는 인문학

다. 축구는 순간을 붙잡는 예술이며, 존재가 드러나는 실존의 장場이
다. 발리슛이 날아가는 찰나, 응시가 멈추는 그 순간이야말로 하이데
거적 의미에서 '존재의 시간'이다. 우리가 축구에 열광하는 이유도 어
쩌면 그 속에서 잃어버린 자기 자신을 다시 마주하기 때문일 것이다.

축구는 삶의 구조를 고스란히 닮았다. 위기 뒤에 기회가 찾아오고,
기회 다음에는 곧장 위기가 닥친다. 득점은 종종 실점을 가까스로 넘
긴 직후에 터지고, 실점은 결정적인 기회를 놓친 직후에 발생한다. 축
구의 흐름은 늘 예상을 깨뜨리고 그 안에서 우리는 인생이 얼마나 흔
들리는지를 체감한다. 마치 죽음을 직면했을 때 비로소 진짜 삶이 시
작된다는 하이데거의 통찰과 같다.

당신은 지금 어떤 순간을 기다리고 있는가? 과거에 붙잡혀 있거나
아직 오지 않은 미래를 두려워하고 있는가? 삶은 지금 - 여기에 몰입
할 때 비로소 열린다. 축구가 우리에게 그 순간을 보여주듯 당신의 일
상도 집중과 몰입을 통해 다시 살아날 수 있다. 순간에 몰입할수록 시
간과 삶의 의미가 더 또렷해진다.

존재는 멀리 있는 게 아니다. 지금, 이 순간 안에 있다.

드리블: 불안과 선택

경기 종료 3분 전, 동점 상황. 공격수가 드리블을 시도하다 수비수 앞에서 잠깐 멈춰 선다. 오른발로 공을 짧게 끌다 왼쪽으로 접고 패스를 줄지, 슛을 할지, 돌파할지를 머릿속에 빠르게 그려본다. 2초도 안 되는 찰나지만 그 안에 수많은 선택이 응축되어 있다.

드리블은 기술이기 전에 선택의 몸짓이다. 불안 속에서 결정을 내리는 몸의 언어다. 실수할까 봐 망설이는 마음, 자신감과 불안이 뒤섞인 순간을 드러낸다. 그럼에도 앞으로 나아가려는 의지, 자기 방식을 믿고 밀어붙이려는 결단도 함께 담긴다. 철학자 쇠렌 키르케고르는 인간을 끊임없이 선택하며 자신이 되어가는 존재라고 말했다. 경기장에서 선수의 망설임은 곧 삶의 갈림길에서 우리가 겪는 실존의 순간과 닮아 있다.

모든 선택은 흔들린다

누구나 중요한 선택 앞에서는 흔들린다. 진로를 고민하거나 관계를 끝낼지 망설일 때 혹은 단순히 '이 길로 걸어갈까?' 하는 순간에도 마음 한켠에는 어김없이 불안이 스며든다. 키르케고르는 이 불안이야말로 인간을 인간답게 만든다고 보았다.

그는 인간을 이성적 존재로 정의하지 않았다. 오히려 끊임없이 자신이 되어야만 하는, 스스로 선택하고 만들어가야 하는 실존적 존재로 보았다. 그리고 그 길목마다 인간을 덮치는 감정이 '불안'angst이다. 불안은 그저 두려움이 아니다. 무한한 가능성 앞에 선 인간이 아무것도 정해지지 않은 자유를 마주할 때 느끼는 어지러움이다.

그는 『죽음에 이르는 병』에서 이렇게 썼다. "가장 깊은 내면의 동요, 불화, 부조화, 불안을 경험하지 않는 사람은 없다. 알 수 없는 어떤 것에 대한 불안, 감히 알고자 하는 것 자체가 두려운 불안, 생존의 가능성에 대한 불안 혹은 자기 자신에 대한 불안. 이러한 불안을 겪지 않는 사람은 한 사람도 없다."[24]

예를 들어보자. 진로를 고민하는 고등학생이 수많은 전공을 조사할 때도 선택지가 넘쳐날수록 오히려 더 혼란스럽다. 모두 가능해 보이지만 어느 것도 확신할 수 없기 때문이다. 자유는 선물처럼 보이지만 동시에 무거운 짐이기도 하다. 철학자 고든 마리노는 『키르케고르, 나로 존재하는 용기』에서 이렇게 표현한다. "불안은 우리가 자신을 파악하는 데 도움을 준다. 불안이란 선택지가 많음에도 결국 '지금의 나'를 선택한 존재임을 일깨워주는 감정이다. (…) 불안을 통해 우리가 자유롭고, 하나부터 열까지 모든 면에서 가능성으로 가득한 피조물임을 깨닫게 된다는 뜻이다. 그런 자유, 즉 끊임없이 어떤 가능성을 선택해서 실현하려 애쓰며 다른 가능성을 포기해야 하는 필연성이 곧 불안의 근원이다."[25]

공을 몰고 전진하는 축구선수도 이와 같은 자리에 선다. 패스를 할지 슛을 쏠지 돌파를 시도할지, 모든 선택지는 자유로워 보이지만 동시에 결과에 대한 책임이 따른다. 가만히 있으면 실수는 없지만 아무 일도 일어나지 않는다. 움직이면 실패할 수 있지만 그 순간 새로운 흐름이 열린다. 결국 우리는 불안 속에서 선택을 내린다. 그것이 실존이다. 실존이란 불안 속에서도 자신만의 길을 택하고, 그 선택에 책임지는 삶이다.

정신분석가 프리츠 지몬은 『축구의 미학』[26]에서 축구를 "불확실성과 창조성이 충돌하는 감각적 시스템"으로 정의한다. 그에 따르면 축구의 진짜 매력은 예측 불가능한 흐름 속에서 순간적으로 이루어지는 감각적 결정에 있다.

드리블은 그 대표적인 장면이다. 뺏길 수도 성공할 수도 있는 불안한 상황에서 선수는 즉흥적인 선택을 통해 공간을 창조하고 경기의 흐름을 바꾼다. 지몬에게 축구는 "우리가 통제할 수 없는 세계를 아름답게 경험하는 방식"이다. 드리블은 불안을 안고 나아가는 예술이며 삶의 복잡성과 가능성을 포용하는 실존의 은유다.

단독 드리블: 전진을 선택하기

축구에서 가장 강렬한 장면 중 하나는 단독 드리블이다. 공을 몰고 상대 진영을 향해 전진하는 그 순간 선수는 누구도 대신할 수 없는 결정을 내린다. 그것이 전술의 일부일 수 있지만 그 찰나는 철저히 개인의 몫이다.

2019년, 손흥민은 번리전을 통해 70미터를 단독으로 돌파해 '프리미어리그 올해의 골'을 만들어냈다. 공을 잡았을 때 앞에는 네 명의 수비수가 버티고 있었지만 그는 주저하지 않고 전진했다. 그 선택은 자기 존재를 실현한 행위였다. 그는 불안을 껴안고 '자신이 되는 길'을 선택한 것이다.

2012년 런던올림픽 동메달 결정전에서는 박주영이 하프라인에서부터 수비수 2명을 제치고 골을 넣었다. 2014년 아시아축구연맹 U-16 챔피언십에서는 이승우가 일본 수비수 5명 사이를 뚫고 60미터를 질주했다. 이들은 중요한 무대에서 전진을 선택한 실존의 주체였다.

이러한 장면은 스타 선수들만의 전유물이 아니다. 지역 유소년팀이나 동네 축구팀의 선수들 또한 그런 순간을 기억한다. 단독 드리블은 실존의 훈련장이며 삶의 중요한 선택을 미리 연습해보는 리허설이 된다.

태클, 위험한 선택의 윤리

공격수가 드리블로 길을 열 듯, 수비수도 선택의 순간을 맞는다. 그중 가장 결정적인 장면이 태클이다. 태클은 상대의 흐름을 끊기 위해 더는 물러설 수 없는 순간에 몸을 던지는 결정이다. 그러나 그 선택에는 언제나 위험이 따른다.

태클이 성공하면 흐름을 바꿀 수 있지만 실패하면 무너진 수비 라인이 곧 팀 전체의 위기로 이어진다. 그래서 태클은 책임의 무게를 감당하는 행위다.

나는 유소년 시절 한 지도자로부터 이렇게 들었다. "태클은 더는 쫓아갈 힘이 없을 때 하는 게 아니야. 그건 책임을 포기한 거야. 정말 최후의 순간에만 하라고." 그에게 태클은 마지막까지 책임을 다한 자만이 선택할 수 있는 행동이었다.

수비의 장면은 곧 실존의 장이다. 공을 향해 달려드는 마지막 지점, 태클을 할 것인가 끝까지 견디며 따라갈 것인가. 판단은 찰나이고 결과는 돌이킬 수 없다. 키르케고르가 말했듯 선택에는 언제나 불안이 따른다. 그러나 불안은 피해야 할 감정이 아니며, 오히려 가능성을 확인하는 자리다.

결국 수비수도 공격수도 같은 질문 앞에 선다. "지금 이 순간 나는 어떤 선택을 할 것인가?" 축구장에서든 인생에서든 그 선택이야말로 우리를 존재하게 만든다.

선택이 만든 존재

많은 사람은 "결과가 모든 것을 말해준다"고 믿는다. 하지만 키르케고르는 달리 말한다. 진짜 중요한 것은 '무엇을 얻었느냐'보다 '어떻게 선택했느냐'이다. 선택은 결과에 앞서 인간 존재의 형식을 결정한다. 설령 실패하더라도 그 선택이 진실했다면 우리는 더 깊이 '나 자신'이 될 수 있다.

축구의 드리블도 그렇다. 그것은 존재에 대한 물음이다. 나는 어떤 방식으로 이 경기에 참여할 것인가? 나는 어떻게 살아갈 것인가? 드

  골 때리는 인문학

리블은 이 질문들을 몸으로 던진다. 패스를 할 수도 있고 멈출 수도 있고 돌파할 수도 있다. 그리고 그 결정의 지점에서 우리는 어떤 인간이 될지를 스스로 선택하게 된다.

축구는 끊임없이 그런 선택을 요구한다. 패널티킥을 앞둔 숨죽이는 찰나, 교체 직전 벤치에서의 침묵, 추가 시간 종료 직전의 마지막 움직임. 이 모든 순간은 선택의 순간이다. 그리고 우리는 그런 순간들 속에서 조금씩 진짜 나 자신을 알아간다.

불안해도 드리블은 계속된다

모든 선택 앞에는 늘 불안이 따른다. JTBC 드라마《서울 자가에 대기업 다니는 김 부장 이야기》의 도 부장 역할로 주목받은 배우 이신기 역시 그랬다. 그는 유소년 시절부터 청소년 대표팀에 발탁될 만큼 유망한 축구선수였다. 빠른 발과 저돌적인 움직임으로 또래들보다 한 걸음 앞서 있었고, 모두가 그의 미래를 기대했다. 그러나 대학 진학 후 찾아온 큰 부상은 그 경로를 무너뜨렸다. 기대와 현실 사이의 간극은 점점 벌어졌고 끝내 그는 프로의 문턱 앞에서 멈춰야 했다.

이후 긴 방황이 이어졌다. 그러던 어느 날 우연히 걷던 대학로에서 한 소극장이 그의 발길을 붙잡았다. 그리고 그곳에서 그는 또 다른 '공'을 만난다. 무대라는 새로운 경기장에서 그는 주저하지 않고 다시 드리블을 시작했다. 낮에는 무대 뒤에서 허드렛일을 하고, 밤에는 연습실에서 홀로 땀을 흘렸다. 결국 그는 뮤지컬 보컬 대학원에도 진학하며 연기를 향해 구체화해 나갔다.

"그라운드가 아닌 무대는 너무도 낯설고 불안한 곳이었어. 나는 그

럴 때마다 내 선택을 믿었고, 그 선택이 틀리지 않았다는 걸 보여주고 싶었어." 그가 내게 조용히 건넨 이 말 속엔 불안을 껴안은 채 자신만의 길을 선택해 나가는 사람의 태도가 고스란히 담겨 있다.

무려 10년이 넘는 무명의 시간을 그는 축구에서 익힌 체력과 인내, 실패를 되풀이하지 않겠다는 각오로 버텼다. 그리고 마침내 그는 배우로서 이름을 알리기 시작한다. 《보좌관》, 《런온》, 《감사합니다》, 《이토록 친밀한 배신자》, 《최악의 악》에 이르기까지, 그는 무대 위에서 카메라 앞에서 점차 자신의 존재를 증명해 나갔다. 그리고 2021년, 그리메상 신인연기자상을 받으며 그 이름을 확실히 각인시켰다.[27]

드리블은 앞으로만 나아가는 기술이 아니다. 때로는 방향을 틀고 멈추고 돌아서는 행위이기도 하다. 이신기의 삶은 실패 앞에서도 끊임없이 다른 가능성을 향해 나아간 실존의 드리블 그 자체였다.

백패스: 뒤로 가야 앞으로 간다

백패스는 흔히 소극적인 행위로 오해받는다. 하지만 그 판단 속에는 지금은 나아갈 수 없다는 명확한 인식과 흐름을 바꾸기 위한 전략적 선택이 담겨 있다. 무턱대고 전진하기보다 잠시 멈추고 돌아섬으로써 경기 전체의 리듬을 조율하고 새로운 구조를 만들어내는 것이다.

키르케고르는 인간 실존의 본질을 '불안'과 '선택'으로 보았다. 백패스는 그 불안의 순간에 이루어지는 실존적 선택이다. '지금은 아니다'라고 판단하고 불확실함을 견디며 더 나은 찬스를 위해 현재를 유보하는 태도다. 때로는 그 유보가 확실한 패배를 막고 더 큰 가능성의 문을 여는 가장 용기 있는 선택이 된다.

축구에서 백패스는 현재의 흐름을 의심하고 다시 구조를 읽으며, 다음을 준비하는 능동적인 움직임이다. 무모하게 전진하는 것보다 스스로 멈출 줄 아는 태도 속에서 더 깊은 통찰과 진짜 용기가 드러나기도 한다.

축구장의 드리블과 백패스는 삶의 축소판이다. 인생 역시 수많은 갈림길 앞에서 망설이고 때로는 실패하고 때로는 과감히 전진한다. 완벽한 판단은 없다. 중요한 건 불안 속에서도 '내 길'을 선택하는 용기다.

우리의 일상에도 그런 순간이 있다. 진학을 고민하거나 새로운 직업을 선택할 때 혹은 관계를 정리해야만 할 때다. 망설임은 나약함이 아니라 더 깊은 자기 이해의 출발점이다. 그 안에서 우리는 더 진짜 나다운 자신이 되어간다.

그러니 기억하자. 드리블의 한 걸음은 삶을 다시 쓰는 시작이고, 백패스의 망설임은 진짜 선택이 시작되는 순간이다.

06

실패와 우연의 그라운드 : 부조리

축구는 때때로 잔혹하리만큼 냉정하다. 완벽한 타이밍의 패스, 무너지지 않은 밸런스, 정확한 슈팅. 모든 조건이 완벽하게 맞아떨어졌는데도 공은 골대를 때리고 튕겨 나간다. 관중석에서는 탄식이 터지고 선수는 고개를 떨군다. 그때 우리는 묻는다. 왜 실패했을까?

이유는 없다. 공이 살짝 벗어났기 때문일 수도, 잔디의 미세한 굴곡이나 순간적인 바람 때문일 수도 있다. 축구는 때로 인간의 의도와 무관한 요소로 결정된다. 그래서 더 매혹적이다. 모든 걸 통제할 수 없기에 예측 불가능한 흐름 속에서 드라마가 탄생한다. 그 자체가 축구의 본성이며 그것이 곧 '부조리'다.

축구는 실패와 우연이 지배하는 경기다. 아무리 완벽한 전략과 기술을 갖췄어도 결과는 뜻밖에 허망하게 흘러갈 수 있다. 그런데도 우리는 축구를 사랑한다. 그 안에서 스스로 의미를 만들어내는 인간의 능력 덕분이며 이는 철학자 장 폴 사르트르가 말한 부조리한 실존과

　　　　　　　　　　　　　　　　　　골 때리는 인문학

닮아 있다. 축구는 오롯이 우리가 의미를 창조하는 무대다.

부조리 속에서도 우리는 선택해야 한다

우리는 공정한 결과를 기대한다. 실력 있는 팀이 이기고 규칙을 지킨 선수가 보상받기를 바란다. 그러나 현실은 그렇지 않다. 심판의 오심, VAR 판독의 한계, 시간 끌기, 과장된 행동, 단 한 번의 실수. 이 모든 요소는 축구를 불투명하고 불합리하며 논리로는 설명되지 않는 경기로 만든다. 그 모순된 순간들이 사르트르가 말한 '부조리'와 맞닿아 있다.

사르트르는『구토』[28]와『존재와 무』[29]에서 인간 존재를 설명하면서 인간은 이 세계에 우연히 던져진 존재라고 보았다. 다시 말해 인간은 어떤 이유도 목적도 없이 태어났다는 것이다. 세계는 애초에 의미를 지니지 않으며 오직 인간의 해석을 통해서만 이해 가능한 곳이 된다. 신이 설계한 계획도, 보장된 행복도 없다. 그렇기에 인간은 매 순간 스스로 선택하며 의미를 만들어야 한다.

실존주의는 인간을 철저히 고립된 자유인으로 본다. 누구도 대신 살아줄 수 없고 어떤 규칙도 우리의 삶을 결정할 수 없다. 우리는 누군가가 써준 각본을 따르는 배우가 아니라 무대 위에서 직접 각본을 써 내려가는 존재다. 어떤 사람은 안전을 택하고, 또 다른 사람은 모험을 택한다. 그러나 어떤 선택도 결과를 보장하지 않는다. 때로는 최선의 선택이 최악의 결과를 낳기도 한다. 그럼에도 우리는 선택해야 한다. 그것이 자유다.

사르트르는 이처럼 부조리한 조건 속에서 우리가 감당해야 할 자유를 직시했다. 그는 이 부조리를 비관하거나 회피하지 않았다. 오히려 그 안에서 살아가려는 인간의 결연한 태도에 주목했다. 의미 없는 세계 속에서 의미를 만들어내려는 존재, 그것이 그가 말한 '실존하는 인간'의 모습이다.

축구는 전략과 분석, 반복된 훈련으로 다져진 경기다. 그러나 그 완벽함 속으로 늘 우연이 끼어든다. 예측하지 못한 공의 바운드, 심판의 오심, 바람의 흐름 하나가 모든 것을 바꾼다. 축구는 완벽을 준비하면서도 완벽을 허락하지 않는 스포츠다.

이 불확실한 조건 속에서 선수는 매 순간 결정을 내린다. 패스할 것인가, 돌파할 것인가, 슛을 때릴 것인가. 그 선택이 경기의 흐름을 가르고 때로는 치명적인 실패로 이어진다. 완벽한 슈팅이 골대를 맞고 사소한 실수가 자책골이 된다. 월드컵 결승전에서의 한 걸음, 한 번의 방심이 모든 것을 무너뜨린다.

그럼에도 선수는 다시 일어난다. 훈련장으로 향하고 다음 경기를 준비한다. 이것은 사르트르가 말한 '자유의 실천'이며 인간 존재의 조건이다. 우리는 실패를 알면서도 선택하고 그 결과를 감당하며 다시 나아간다. 축구는 그런 실존적 용기를 요구한다.

사르트르는 인간을 '자신이 아닌 것'에 맞서 싸우며 자신이 되어가는 존재라고 했다. 축구에서의 실패는 존재가 구성되는 과정이며 고통과 동시에 깊은 자기 성찰의 기회다. 우리는 패배 속에서 진정한 나를 마주한다. 축구는 완벽을 추구하지만 완벽에 다다를 수 없다. 승리는 기쁨을 남기고 실패는 질문을 남긴다. 그 점에서 축구는 하나의 철학이며 인간 존재를 사유하게 만든다.

     골 때리는 인문학

경기는 끝나도 삶은 계속된다

사르트르적 부조리의 세계를 한 걸음씩 버텨낸 축구선수가 있다. K리그 수비수 김준엽은 프로에 입단한 뒤 줄곧 성공과는 거리가 멀었다. 오히려 실패에 가까웠고 그의 일상은 빛이 들지 않는 긴 터널 같았다. 2010년 제주유나이티드(현 제주SK)에 입단했지만 3년 동안 좀처럼 출전 기회를 얻지 못했다. 그럼에도 그는 좌절하지 않았다.

2013년, K리그2로 강등된 광주FC로 이적한 그는 29경기에 출전해 5골 2도움을 기록하며 자신의 존재를 증명해냈다. 2부리그에서 가치를 입증한 그는 1년 만에 경남FC를 통해 다시 K리그1 무대로 돌아왔고 이후로도 여러 팀에서 묵묵히 제 몫을 다했다. 마침내 2025년, 인천유나이티드 홈구장에서 팬들의 기립박수를 받으며 은퇴했다.[30]

김준엽의 커리어는 결과 중심의 스포츠 세계에서 성공의 의미를 다시 묻는다. 수많은 실패와 2군 생활, 반복된 이적과 도전 속에서도 그는 포기하지 않았다. 이 긴 여정은 사르트르가 말한 부조리 속에서의 선택을 온몸으로 실천해낸 과정이었다. 정해진 의미 없이 던져진 세계 속에서도 끝까지 자신만의 의미를 만들어간 존재… 김준엽은 그 투쟁의 증거로 남았다.

그리고 그의 이야기는 이렇게 속삭인다. "진짜 성공은 잠깐 반짝이는 성과가 아니라 거친 바람 속에서도 꺼지지 않는 불꽃 같은 삶의 태도다." 초심을 잃지 않은 채 자기 몫의 시간을 차곡차곡 쌓아 올렸고, 실패 속에서도 흔들리지 않았다. 끝내 자신을 모두 태워낸 뒤 한 사람으로서 완성된 모습으로 은퇴의 순간을 맞았다.

그라운드는 때로 인생의 경계선이 된다. 승패 이전에 선수는 자신의 몸과 마음 그리고 생존을 걸고 싸운다. K리그 최연소 득점왕이자 국가대표 공격수였던 유병수는 그 경계를 넘어서 돌아온 사람이다.

2024년, 화성FC에서 뛰던 그는 혈액암 진단을 받았다. 시즌이 끝나기도 전에 병원 침대에 누워야 했고, 여섯 차례에 걸친 고된 항암 치료가 이어졌다. 그의 시간은 경기의 리듬에서 벗어나 생존을 향한 싸움으로 옮겨갔고, 그는 그 모든 순간을 묵묵히 견뎌냈다. 그리고 2025년 그는 기적처럼 다시 그라운드에 섰다.[31]

그의 투병 소식이 알려지자 한국은 물론 러시아, 사우디, 태국 등 그와 함께 뛰었던 동료와 팬들이 SNS를 통해 응원의 메시지를 보냈다. 이 연대는 축구가 삶의 복원력을 공유하는 공동체임을 보여주는 장면이었다.

유병수의 복귀는 '복귀' 그 이상의 사건이었다. 절망 속에서도 삶을 포기하지 않는 의지, 폐 깊숙이 들이마신 희망의 호흡, 살아 있음으로써 다시 달리고자 하는 존재의 존엄함이 담긴 순간이었다.

포기하고 싶었던 수많은 밤, 그를 버티게 한 것은 결국 축구였다. 다시 뛰는 모습을 그리며 견딘 시간 동안 그를 움직인 것은 '뛰고 싶다'는 순수하고도 강한 열망이었다. 그는 다섯 번째 항암 치료를 마치고 내게 이렇게 말했다.

"다 포기해도 축구만큼은 절대 포기 못 하지."

끝까지 놓을 수 없는 그 무엇, 당신에게도 그런 게 있는가. 모든 것을 잃어도 다시 일어서게 만드는 단 한 가지. 유병수에게 그것은 축구였다. 그에게 복귀는 단절된 시간을 잇고 삶을 다시 움직이게 하는 내면의 킥오프였다.

예외가 만든 순간들, 축구와 삶의 부조리

축구의 '이변'은 인간 존재의 예측 불가능성과 맞닿아 있다. 강팀은 전술, 통계, 자본으로 경기를 설계하지만 경기장 위에서는 언제나 예외가 발생한다. 2004년 유로 대회에서 무명의 그리스가 우승 트로피를 들어 올렸고, 2018년 러시아 월드컵에서는 한국이 디펜딩 챔피언 독일을 2-0으로 꺾으며 세계를 놀라게 했다. 2022년 카타르 월드컵에서는 사우디아라비아가 아르헨티나를 2-1로 제압했고, 모로코는 스페인과 포르투갈을 꺾고 아프리카 국가 최초로 4강에 올랐다.

이변은 '강자가 이긴다'는 합리와 상식의 신화를 무너뜨리며 우연성과 실패, 부조리의 얼굴을 드러낸다. 사르트르의 말처럼 삶은 본래 계획되지 않기에 진실하다. 축구도 마찬가지다. 진정한 축구는 결과보다 그 결과가 어떻게 깨어졌는지를 통해 말한다. 한 골, 한 수비, 한 실수가 예상치 못한 감동을 낳는다. 그 감동은 불확실성과 파괴 속에서 피어나는 '인간적인 아름다움'이다.

그래서 우리는 약팀의 반란에 열광한다. 이변은 삶의 진실을 대변하는 장면이기 때문이다. 모든 것이 예측되고 분석되는 시대에도 축구는 여전히 묻는다. "계획된 승리만이 진실인가?" 이변은 말한다. "당신의 삶에도 예외의 순간이 있었는가? 그 불확실성을 외면했는가, 아니면 기회로 받아들였는가?"

부조리 속에서도 다시 공을 차는 용기

우리는 매 순간 선택하지만 그 결과는 알 수 없다. 완벽을 꿈꾸지만 늘 그 어귀에서 미끄러진다. 실패는 예고도 없이 들이닥친다.

그럼에도 우리는 다시 공을 찬다. 축구는 실패할 줄 알면서도 완벽을 향해 나아가는 몸짓이며 끝없이 반복되는 부조리 속에서 아름다움을 길어 올리는 행위다.

사르트르는 실존을 고독하고 불안한 자유라 말했다. 그러나 그 불안한 자유야말로 인간 됨의 본질이다. 축구도 마찬가지다. 아무도 결과를 보장하지 못하는 경기에서도 우리는 계속 '공을 차는 사람'으로 살아간다.

실수는 반복되고 기회는 다시 온다. 선택하고 책임지고 다시 일어서는 과정 속에서 우리는 조금씩 자기 자신이 되어간다. 축구는 단지 이기고 지는 게임이 아니다. 어떤 자세로 뛰는가, 어떤 태도로 패배를 마주하는가, 그것이 곧 우리 삶의 진짜 훈련이다.

삶도 축구와 다르지 않다. 실패와 우연은 피할 수 없지만 중요한 건 그 이후다. 다시 공을 향해 몸을 기울이고, 다음 킥을 준비하려는 마음. 그 작은 결심이 우리를 인간답게 세운다. 부조리한 세계에서 다시 공을 차는 용기, 그것이 우리가 존재하고 있다는 증거다.

그러나 지금의 아이들은 부모의 걱정과 간섭이 뒤섞인 울타리 안에서 좌절과 실패를 직접 경험할 기회를 잃고 있다. 인지심리학자 김경일과 소아정신과 의사 류한욱은 우리 사회의 문제로 '적절한 좌절의 부재'와 '분리-독립의 실패'를 꼽는다.[32] 아이들이 성장 과정에서 실패와 좌절을 겪지 못한다면 자기 삶을 탐색하고 설계하는 능력뿐 아니라 감정을 조절하고 다루는 기술도 충분히 배울 수 없기 때문이다.

축구는 이 부조리를 '안전하게' 체험할 수 있는 장場이다. 공이 예상과 다르게 튕기고 전략이 어긋나며 뜻하지 않은 상황이 벌어질 때 아

 골 때리는 인문학

이들은 실패를 견디고 다시 일어서는 법을 배운다. 응원하는 팀이 경기에서 지고 하위 리그로 강등될 때도 서로 격려하고 책임을 나누며 다음을 준비하는 자세를 배운다. 이러한 경험은 우리가 인간으로서 살아간다는 증거이자 끝까지 삶을 포기하지 않는 힘이 된다.

07

마에스트로 : 무위(無爲)

경기를 보다 보면 쉴 새 없이 뛰어다니는데도 오히려 팀의 흐름을 끊는 선수가 있다. 반면 특별히 눈에 띄는 동작 없이도 경기를 매끄럽게 풀어가는 선수도 있다. 이 차이는 기술력 자체보다는 흐름을 읽고 자연스럽게 반응하는 감각, 즉 '억지로 하지 않는 태도'에서 비롯된다.

축구는 흐름을 읽는 스포츠다. 억지로 이기려 하기보다 공간과 어우러지는 움직임이 중요하다. 이 자연스러운 플레이 속에는 철학자 노자의 무위無爲 사상이 고요히 스며들어 있다. 정말 잘하는 선수는 공을 오래 쥐고 있지 않아도, 눈에 띄는 기술을 부리지 않아도 자연스럽게 경기를 이끈다. 그들은 흐름에 녹아들고 공간과 하나가 된다.

축구의 상황은 의지만으로 통제할 수 없으며, 오히려 리듬에 자신을 맡기는 예술에 가깝다. 흐름 속에서 자신을 잊고 그 흐름에 몸을 맡기는 춤과 같은 예술이다.

골 때리는 인문학

억지로 하지 않기: 도와 무위

노자는 『도덕경』[33]에서 말한다. 진짜 지혜는 애써 하려 하지 않고 자연에 따르는 것이라고. 그는 흐름을 억지로 통제하려 들수록 더 어긋나며, 흐름에 자신을 맡길 때 조화가 이뤄진다고 보았다. 노자가 강조한 핵심 개념은 도道다. 도는 만물의 근원이자 자연스럽게 작동하는 세계의 질서다. 도는 인위적인 지배, 즉 억지로 만들어지지 않으며 '스스로 그러한'自然 흐름 속에서 드러난다.

노자는 또 상선약수上善若水, 즉 가장 좋은 것은 물과 같다고 말했다. 물은 가장 낮은 곳으로 흐르고 부드럽지만 막힘이 없다. 강하게 부딪치지 않아도 결국 단단한 것을 이긴다. 노자는 이 부드러움이야말로 진정한 강함이라고 보았다.

무위 역시 마찬가지다. '아무것도' 하지 않음이 아니라 '억지'로 하지 않음이다. 힘으로 밀어붙이기보다는 자연을 거스르지 않고 필요할 때 자연스럽게 반응하는 태도, 그것이 노자가 말한 진정한 조화의 방식이다. 그는 인간이 세상을 지배하려 들기보다 그 흐름에 자신을 섞을 때 비로소 균형이 생긴다고 강조했다.

무위의 플레이: 드러나지 않지만 흐름을 지배한다

축구라는 맥락에서 '무위'는 결코 가만히 있는 소극적인 태도가 아니다. 오히려 정반대다. 무위는 흐름을 읽고 공간과 조화를 이루며, 타인과 충돌하지 않으면서도 경기의 핵심을 꿰뚫는 날카로운 감각이다. 예컨대 무리한 드리블이나 억지스러운 돌파는 피하고, 상황을 있는 그대로 받아들이며 가장 자연스러운 해법을 고르는 태도다.

2010 남아공 월드컵과 유로 2008·2012에서 스페인 대표팀은 이 무위의 축구를 가장 우아하게 실현했다. 개인기의 힘이나 화려한 돌파보다는 짧고 끊임없이 이어지는 유기적 패스로 경기를 풀어갔다. 이른바 '티키타카'로 불린 그들의 축구는 기술의 과시보다 리듬, 타이밍 그리고 전체의 움직임이 만들어내는 조화에 집중했다. 강제로 컨트롤하지 않아도 자연스럽게 흐름을 장악했고, 그 자연스러움이야말로 그들의 가장 강력한 무기였다. 이는 마치 노자가 말한 "자연과 하나 된 움직임"을 그대로 옮겨놓은 듯했다.

특히 세르히오 부스케츠는 무위의 미학을 가장 잘 보여주는 선수다. 겉보기에 그는 특별한 기술도, 눈에 띄는 플레이도 하지 않는다. 그러나 그는 누구보다 먼저 흐름을 감지하고 최소한의 움직임으로 경기를 바꾼다. 부드럽고 절제된 그의 움직임은 억지 하나 없이 경기장 전체를 조율한다. 드러나지 않지만 중심을 이루는 존재, 그것이 노자가 말한 '작용하되 드러나지 않는' 무위의 모습이다.

K리그와 J리그에서 활약한 김성준 역시 그런 무위의 감각을 보여주는 선수다. 오랜 시간 중앙 미드필더로 활약해온 그는 유소년 시절부터 '축구천재'라는 별명을 얻었는데 이는 요란한 기술보다 보이지 않는 흐름을 읽는 능력에서 나온 것이었다. 그는 드리블을 길게 끌지 않고 감정을 과하게 드러내지도 않는다. 흐름에 스며들듯 움직이며 자연스러운 타이밍에 정확한 패스로 팀의 리듬을 연결한다. 그가 있는 중원은 출렁이지 않고 잔잔하게 흐른다. 눈에 띄지 않지만 전체를 조율하는 그의 플레이는 노자가 말한 '비움의 작용' 자체다.

진짜 축구는 힘으로 밀어붙이는 기술 싸움이 아니다. 최소한의 개

　　　　　　　　　　　　　　　　골 때리는 인문학

입, 가장 자연스러운 움직임, 리듬으로 확장되는 플레이가 무위의 본질이고 축구의 정수다. 무위를 아는 자만이 흐름을 지배할 수 있다.

축구에서의 몰입은 하이데거가 말한 '지금 − 여기 있음'과 닮아 있다. 그는 인간이 존재를 진지하게 바라보고 그 안에 깊이 몰입할 때 비로소 본래성을 회복한다고 보았다. 존재를 의식하고 그 의미를 되새기는 과정에서 삶의 방향을 다시 찾는다는 것이다.

하지만 노자의 철학은 결이 다르다. 노자는 존재를 붙잡고 해석하기보다 그 안에 스며드는 태도를 말한다. 하이데거가 몰입을 통해 존재를 '드러내려' 한다면 노자는 흐름에 맡김으로써 존재와 '하나가 되려' 한다. 전자가 집중을 통한 파악이라면 후자는 비움을 통한 일치다.

축구는 이 두 철학을 함께 품는다. 전방 압박을 뚫는 순간에는 하이데거식 몰입이 필요하다. 그러나 전술과 흐름이 조화를 이루는 구간에서는 노자의 무위가 빛을 발한다. 억지로 경기를 지배하려 하지 않고 흐름에 자신을 맡길 때 플레이는 더욱 유연하고 깊어진다.

스루패스: 흐름을 읽고 맡기다

스루패스through pass는 아직 오지 않은 움직임을 미리 읽고, 존재하지 않는 공간을 믿으며 공을 보내는 감각이다. 아무리 정확한 패스라도 받는 이가 제때 도착하지 않으면 그 공은 허공에 멈춘다. 그래서 스루패스는 예측이 아닌 신뢰의 행위다.

대부분의 패스는 동료의 발 앞을 정확히 겨냥한다. 안정적인 소유를 위해서든 위험을 피하기 위해서든 현재를 기준으로 한 선택이다. 반면 스루패스는 '아직 아무도 없는' 공간으로 공을 찔러 넣는다. 거기에 누군가 도달하리라는 믿음과 함께 공은 시간을 앞서간다. 이는 시공간을 가로지르는 상상력과 직관의 발현이다.

노자는 무위를 흐름에 거스르지 않는 행위라고 말했다. 스루패스는 그 철학을 축구장에서 구현하는 움직임이다. 힘으로 밀어붙이기보다 빈 곳을 찾고 가장 자연스러운 길을 허용한다. 억지로 뚫기보다 비워주고 보내는 행위인 것이다. 스루패스는 그렇게 길을 여는 축구다. 이런 패스를 성공시키려면 시야와 판단력, 공간 감각이 조화를 이뤄야 한다. 보이지 않는 곳을 향해 공을 보낼 때 선수는 결과보다 가능성에 공을 건네는 셈이다. 무위는 그런 가능성의 실천이다. 스루패스가 아름다운 이유는 그 안에 통제가 아닌 연결이 있고, 지배가 아닌 흐름이 있기 때문이다.

느림이 만든 리듬: '속도의 시대'에 남겨진 지혜

오늘날 축구는 데이터로 분석되고 전술로 구조화되며, 피지컬 훈련을 통해 통제되는 스포츠가 되었다. 전방 압박의 각도, 수비 라인의 간격, 패스 성공률까지 모든 요소가 수치로 계산되고 판단된다. 그러나 그럼에도 축구는 여전히 흐름의 예술로 살아 있다.

좋은 선수는 움직임의 맥락을 읽고 억지로 통제하지 않으면서도 자연스럽게 흐름을 조율한다. 그 조율은 명령보다 감각에서 비롯된다. 자신을 비우고 공간과 타자의 움직임에 자연스럽게 스며드는 감각 말이다. 노자의 철학은 이 장면에 닿아 있다. 좋은 경기는 애써 만들지 않아도 자연스럽게 흐르고, 좋은 선수는 눈에 띄지 않아도 경기를 움직인다. 무위란 움직이지 않음 속의 작용이고 말하지 않음 속의 조화이며 드러나지 않음 속의 영향력이다.

현대 축구는 점점 더 빨라지고 있다. 압박은 치열해졌고 전환은 순식간에 일어난다. 속도는 무기가 되었고 선수들은 한순간의 지체도 허용되지 않는 전장에서 싸우고 있다. 이런 흐름 속에서 '느린 선수'는 종종 시대에 뒤처진 존재처럼 보인다.

하지만 속도가 전부는 아니다. 피를로, 리켈메, 부스케츠 같은 선수들은 결코 빠르지 않았지만 누구보다 경기를 깊이 읽고 지배했다. 그들의 힘은 발의 속도보다 타이밍을 감지하고 공간을 조율하는 감각에서 나왔다. 느리기에 더 멀리 보았고 조급하지 않기에 더 깊이 파악할 수 있었다.

패스 타이밍, 시야 확보, 공간 장악은 모두 두뇌의 속도와 감각의 민첩성에서 비롯된다. 한국 축구에서도 기성용은 대표적인 사례다. 빠른 스프린트는 아니지만 경기장을 조망하는 시야와 안정적인 빌드업 능력으로 팀의 중심이 되었다. 그의 '느림'은 템포를 지배하는 무기였고 상대의 압박을 무력화하는 리듬이 되었다.

축구는 '빠름'만을 겨루는 스포츠가 아니다. 진정한 지배는 속도보다 타이밍에 있다. 언제 멈추고 언제 기다리며 언제 흐름을 바꿀지를 아는 자가 경기를 이끈다. 느림은 약점이 아니라 리듬을 창조하는 힘이다. 그 느림 속에서 기술은 철학이 된다.

그래서 오늘을 살아가는 우리에게도 이 질문이 남는다. 모두가 달리는 시대에 나는 어디에 서 있는가? 속도를 향한 경쟁 속에서 나는 어떤 리듬으로 나를 지켜내고 있는가?

양발잡이 : 장인정신

우리는 종종 프로선수를 타고난 재능이나 뛰어난 체격으로만 이해한다. 하지만 진짜 차이는 눈에 보이지 않는 반복과 습관, 그 안에서 형성된 몸의 리듬에 있다. 한국에서 초등학교부터 대학교까지 축구를 한 선수 중 실제 프로가 되는 경우는 1퍼센트 남짓. 수백 명 중 단 몇 명만이 남는다.

재능은 출발선일 뿐이다. 청소년 대표까지 올라도 성인 무대에서 무너지는 선수가 많다. 그들은 타고난 감각은 좋았지만 훈련의 중요성을 과소평가했다. 반면 오랜 시간 프로 세계에 남는 선수들은 남모르게 남들보다 몇 시간 더 훈련장에 남아 묵묵히 연습을 반복해온 이들이다.

이 과정은 결코 평탄하지 않다. 매일이 실패와 좌절의 연속이며 재능보다 끈기가 더 중요하다는 진실을 몸으로 체득해야 한다. 프로가 되려면 실력뿐 아니라 육체적 한계와 정신적 압박을 동시에 이겨내야 한다. 이 지점에서 프로와 아마추어는 갈린다. 그 모든 시간을 통해 선수의 몸은 자신만의 감각과 리듬을 만들어낸다. 존재한다는 것은 어쩌면 끝없이 몸을 단련하고 스스로를 조율하는 일일지도 모른다.

장인이란 무대 밖에서 완성되는 존재

사회학자 리처드 세넷은 『장인』[34]에서 자기 기술을 완전히 통제할 수 있을 때까지 반복하는 존재를 장인이라고 정의한다. 그가 말하는 진짜 장인은 능숙함을 넘어선다. 끊임없는 반복과 성찰을 통해 기술을 다듬고 매 순간 자신의 한계를 갱신하는 사람이다. 탁월함보다 중요한 것은 완전함을 향해 가는 과정 자체다.

작가 말콤 글래드웰은 『아웃라이어』[35]에서 이 개념을 '1만 시간의 법칙'으로 설명했다. 어떤 분야든 전문가가 되기 위해서는 최소 1만 시간의 집중 훈련이 필요하다는 이야기다. 축구의 슈퍼스타들 역시 모두 이 법칙 안에 있었다. 훈련장에서 수천 번의 터치와 패스를 반복했고 단 하나의 기술도 가볍게 넘기지 않았다.

예를 들어 이강인은 유소년 시절 하루 6시간 이상을 오로지 킥 훈련에 쏟았다. 그 결과 정교한 왼발 킥 능력을 얻게 되었다. 이는 타고난 감각이 아닌 반복이 만든 숙련이다. 몸이 기술을 기억하게 된 것이다. 기술은 몸이 하는 철학이고, 반복은 몸이 수행하는 실존이다. 장인은 그 실존의 시간을 견디는 사람이다.

프로선수의 성장 과정은 도자기를 빚는 일과 닮았다. 흙을 빚고 불에 굽는 반복 속에서 도자기는 비로소 형태를 갖춘다. 선수도 수없는 실패를 거듭하며 자신만의 감각을 만들어낸다.

유소년 시절부터 축구선수들은 매일 체력 훈련, 전술 반복, 슈팅 드릴을 수행한다. 반복은 지루하고 고통스럽지만 그 속에서 몸은 리듬을 익히고 기술을 흡수한다. 대표적인 예가 K리그 605경기에 출전한 골키퍼 김영광이다. 그는 고교 시절 작은 키를 극복하기 위해 매일 수백 번씩 점프 훈련을 반복했다. 그는 현역 시절 이렇게 말했다. "어렸을 때부터 '하루하루 후회 없이'와 '안 되면 될 때까지'를 새기고 선수 생활을 하고 있다."[36]

90분의 경기만으로는 선수의 하루를 알 수 없다. 진짜 시간은 관중 없는 훈련장, 조용한 구석에서 흘러간다. 그곳에서 선수는 몸과 마주하고 자신을 단련해간다. 이는 존재를 빚는 과정이다. 장인정신은 무대 위가 아니라 무대 밖에서 완성된다.

프로페셔널의 절정: 양발잡이

프로축구선수 중에서도 양발을 자유롭게 쓸 수 있는 이는 손에 꼽을 정도다. 대부분 한쪽 발에 의존하고 반대편 발의 훈련은 소홀히 한다. 하지만 양발잡이는 다르다. 비주력 발의 어색한 감각을 견디며 끝없는 반복으로 자신을 밀어붙인다. 낯설고 불편한 몸의 영역을 끝없이 파고든다.

대표적인 예가 프리미어리거와 국가대표 주장으로 활약했던 기성용이다. 나는 초등학교 시절 그와 함께 축구를 하며 자연스레 그의 훈련을 지켜볼 수 있었다. 그는 팀 훈련이 끝난 뒤에도 혼자 남아 익숙하지 않은 왼발로 수백 번씩 슈팅과 패스를 반복했다. 처음에는 동작이 부자연스러웠지만 시간이 흐르며 두 발을 자유자재로 구사하게 되었다.

기성용은 훈련장 밖에서도 훈련을 멈추지 않았다. 오른손잡이였지만 왼손으로 젓가락질을 시도했고 일상에서도 의식적으로 왼손을 사용하며 감각을 길렀다. 이는 몸 전체의 균형을 맞춰가는 전인적 훈련이었다.

축구선수들이 진짜 양발잡이를 구별할 때 주목하는 기준은 단순히 양발로 공을 찰 수 있느냐가 아니다. 코너킥이나 프리킥 같은 결정적인 상황에서 양발로 정확하게 공을 다룰 수 있느냐가 관건이다. 기성용은 결국 양발로 코너킥을 처리할 수 있는 선수로 성장했다. 그는 이렇게 말했다.

"나는 원래 오른발잡이다. 하지만 왼발로도 공을 찰 수 있어야 했다. 더 나은 선수가 되고 싶었기 때문이다."

양발잡이는 재능보다 훈련의 산물에 더 가깝다. 반복이 몸에 새겨진 자유의 문법이며, 스스로를 불편한 영역으로 밀어 넣는 용기의 흔적이다. 그것은 몸의 가능성을 확장한 철학이며 훈련된 자유의 상징이다. 축구장에서 가장 고된 노력으로 만들어낸, 가장 완성된 몸의 방식이다.

보이지 않는 반복, 진짜 프로를 만들어낸 조용한 힘

장인은 아무도 보지 않는 시간 속에서 자신을 단련하는 사람이다. 축구에도 그런 장인이 있다. 국가대표 출신 K리거 김민우다. 그는 어릴 적부터 공을 잘 찼지만 작은 체구 탓에 주목받지 못했다. 그러나 신체 조건을 핑계대지 않고 누구보다 일찍, 더 치열하게, 더 오래

운동장에 남아 자신을 단련했다.

고등학생 시절, 후배 김민우의 훈련 장면을 기억한다. 모두가 잠든 새벽, 불 꺼진 운동장에서 그는 초시계를 들고 혼자 왕복달리기와 계단 뛰기를 반복했다. 그것은 보이지 않는 시간을 견디며 한계를 극복하는 존재의 훈련이었다. 그 반복 속에서 그는 '90분 내내 뛰는 선수', '쉼 없이 운동장을 누비는 박지성 같은 선수'로 성장했다.

그의 노력은 2009년 FIFA U-20 월드컵 4강, 2010년 광저우 아시안게임과 2018년 러시아 월드컵 국가대표 발탁과 같은 성과로 이어졌다. 화려한 기술보다 꾸준한 태도로 증명한 결과였다. 김민우는 축구라는 기술을 통해 자신을 빚어낸 조용한 장인이었다. 세넷의 말처럼 장인은 자기 일을 잘하고 싶어 하는 사람이다. 그는 그 마음으로 매일을 훈련장에 바쳤다. 박수도 보상도 없는 새벽, 그는 묵묵히 자신을 훈련하며 살아남는 법을 배웠다.

기성용이 양발 훈련으로 균형을 다졌다면 김민우는 작은 체구를 체력과 정신력으로 재구성해냈다. 그는 재능보다 반복을 선택했고 그 반복은 결국 자신만의 축구를 만들어냈다.

장인정신은 타고나는 것이 아니라 선택하는 것이다. 김민우는 매일 그 선택을 새기며 살아왔다. 보이지 않는 시간 속의 반복, 그것이야말로 진짜 프로를 만들어내는 가장 조용한 힘이다.

가능성은 불편함 속에 있다

양발잡이의 철학은 삶을 대하는 태도이며 존재를 훈련하는 방식이다. 양발잡이는 우리에게 낯선 것을 마주할 준비가 되어 있는

골 때리는 인문학

지, 익숙함을 버릴 용기가 있는지를 묻는다.

우리는 종종 노력을 피하고 행운이나 우연에 기대려 한다. 하지만 진짜 성취는 그렇게 오지 않는다. 양발잡이 선수들이 보여주듯 성장과 성취는 불편하고 미숙한 방향으로 발을 내딛는 데서 시작된다. 익숙한 움직임을 포기하고 새로운 감각을 몸에 새기는 일이다.

일상에서도 우리는 안락함과 습관에 안주하기 쉽다. 그러나 발전은 언제나 낯설고 불편한 곳에 있다. 기성용이 오른발 대신 왼발을 단련했듯 우리도 자신 안의 낯선 가능성과 마주해야 한다. 낯선 손으로 숟가락을 드는 일부터 익숙하지 않은 방향으로 발걸음을 옮기는 데까지, 그 실천이 몸으로 삶을 다듬는 시작이다.

프로선수는 타고난 재능보다는 몸에 새겨진 반복과 인내의 리듬으로 완성된다. 양발잡이는 그 훈련된 자유의 정점이며 익숙함을 버리고 낯선 감각을 택하는 실존적 결단이다. 그 과정을 통해 우리는 몸으로 실현되는 장인정신과 삶의 태도를 다시 생각해보게 된다.

나는 익숙한 것에만 의지하고 있지는 않은가? 낯선 감각을 삶에 들일 용기가 있는가? 내 안의 가능성을 얼마나 진지하게 마주하고 있는가?

· 2부 ·

기억

경기가 끝나도 기억은 쉽게 사라지지 않는다. 함성과 눈물, 세리머니와 전광판의 숫자는 오래도록 마음에 남는다. 축구는 개인의 추억이자 집단의 기억이며 때로는 한 시대를 관통하는 정서가 된다. 기억은 과거의 흔적에 머무르지 않고 현재와 미래를 잇는 감정의 다리다. 그렇다면 나는 지금, 어떤 축구의 기억을 품고 살아가고 있을까?

첫 축구장: 무의지적 기억

1998년 가을, 열한 살이던 나는 생애 첫 K리그 경기를 보기 위해 광양 축구전용구장을 찾았다. 입구엔 포장마차가 길게 늘어서 있었고, 매운 닭발볶음 냄새가 강하게 코를 찔렀다.

관중석에 앉자마자 눈앞에 펼쳐진 풍경이 깊이 각인되었다. 해 질 녘 붉게 물든 하늘 위로 제철소의 연기가 경기장 너머로 피어올랐다. 그날의 열기와 함께 타오르는 또 하나의 상징처럼 느껴졌다.

골대 뒤편 서포터즈는 북과 꽹과리를 쉬지 않고 울렸고, 전광판 아래에선 선수들이 어린이들에게 사인볼을 던졌다. 그 인조가죽 공의 미끄러지는 감촉이 아직도 손끝에 남아 있다. 전남의 노상래 선수가 강한 슈팅을 날렸고 관중석은 일제히 일어났다. 그 순간의 함성, 운동화 밑창 아래 전해지던 진동, 장내 아나운서의 외침. 그날의 감각은 지금도 생생하다.

촉각과 소리, 냄새로 기억되는 나의 첫 축구장

요즘도 운전하다가 공장 굴뚝의 연기를 보면, 그날 광양의 하늘이 떠오른다. 마포역 뒷골목을 걷다 포장마차 앞을 스치면 그 닭발 볶음 냄새가 되살아나고 마음은 자연스레 그날의 축구장으로 향한다. 기억은 머리보다 몸과 감각에 더 깊게 새겨진다. 축구는 내 삶의 냄새와 소리, 빛과 감촉을 기억하게 만든 최초의 예술이었다.

이런 감각의 기억은 나만의 경험이 아니다. 누구나 마음속 어딘가에 소박한 골목길이나 운동장 냄새로 남은 첫 축구의 기억을 간직하고 있다. 축구의 기억은 때로는 역사적 승부보다 작고 평범한 순간으로 우리 삶에 남아 있다.

1990년대 오락실을 기억한다면 누구나 한 번쯤 '세이부 컵 축구', 일명 '김주성 축구'를 떠올릴 것이다. 동전을 올려놓고 차례를 기다리며 화면 속 김주성의 움직임을 따라 했던 기억은 그 시절의 정서와 함께 선명하다. 1998년 프랑스 월드컵 즈음, 김병지의 꽁지머리는 초등학교 교실 곳곳에서 목격됐다. 공을 찰 때마다 그의 이름을 외쳤고, 왼발잡이 친구들은 고종수를 흉내냈다. 누군가는 다리 사이에 공을 끼고 멕시코의 블랑코를 외쳤고, 프리킥을 독점하던 골키퍼 친구는 파라과이의 칠라베르트를 꿈꿨다.

이 모든 기억은 단지 축구에 관한 추억이 아니다. 우리가 누구였고 어떻게 살았는지를 보여주는 작은 역사다. 축구는 기억 속에서 시간과 시간, 사람과 사람을 이어 붙이며 어린 시절의 우리를 다시 만나게 한다.

기억은 감각으로 돌아온다

축구를 처음 본 순간을 기억하는가. 누군가는 주말 오후, 아버지의 손을 잡고 들어섰던 경기장을 떠올릴 것이다. 또 누군가는 친구들과 소리 지르던 TV 앞을, 혹은 운동장에서 처음 유니폼을 입던 순간을 기억할지 모른다. 대부분의 기억은 점수나 결과로 남아 있지는 않을 것이다.

비 오는 하늘, 철제 관중석의 차가움, 손에 전해지던 따뜻한 온기, 처음 들은 응원가의 떨림. 어떤 장면은 잊히지만 어떤 냄새와 소리, 손끝의 감촉은 수년이 지나도 우리를 다시 그 자리로 데려간다. 감정이 감각을 타고 되살아나는 것처럼 말이다. 이 경험을 가장 섬세하게 포착한 소설가가 바로 마르셀 프루스트다.

프루스트는 기억을 감각의 귀환으로 보았다. 『잃어버린 시간을 찾아서1』에서 그는 마들렌 케이크를 홍차에 적셔 먹던 어느 날, 오랫동안 잊고 있던 유년의 기억이 한순간에 되살아나는 장면을 그린다.[37] 프루스트는 이러한 기억을 '무의지적 기억'involuntary memory이라 불렀다. 머리로는 떠올릴 수 없던 과거의 장면이 맛이나 냄새, 소리 같은 감각을 통해 불쑥 되살아나는 것이다.

예컨대 길을 걷다 트럭에서 흘러나오는 옛 응원가를 듣고, 어린 시절 아버지와 갔던 경기장의 풍경이 떠오른 적은 없는가. 운동장에서 흙냄새를 맡던 순간 초등학교 시절 어느 날이 생생히 떠오른 경험은? 그것이 무의지적 기억이다. 기억은 머릿속에 있지만 감각이 닿을 때에야 비로소 열린다.

프루스트에 따르면 과거는 사라지는 것이 아니다. 다만 그것을 깨울 감각의 자극이 닿지 않았을 뿐이다. 이 통찰은 현대 뇌과학에서도 확인된다. 노벨상 수상자 에릭 캔델은 감각이 감정과 결합할 때 해마와 편도체에 더욱 강하게 저장된다고 말한다.[38] 그는 『기억을 찾아서』에서 이렇게 설명한다.

"기억은 언제나 나를 매혹했다. 생각해보라. 당신은 고등학교에 입학한 날, 첫 데이트, 첫사랑을 얼마든지 떠올릴 수 있다. 그리고 그때의 분위기—광경, 소리, 사회적 배경, 대화, 감정의 색조—까지 함께 회상한다. 과거를 떠올리는 건 일종의 시간 여행이다. 우리는 시간과 공간의 제약을 벗어나 전혀 다른 차원으로 이동한다."[39]

그래서 많은 축구 팬들은 '그날의 점수'보다 '그날의 공기'와 '함성의 떨림'을 더 또렷이 기억한다. 기억은 숫자보다 감정이고, 감정은 감각을 타고 돌아온다. 프루스트 역시 감각을 통해 과거를 다시 살려냈다. 그 기억은 논리보다 몸과 마음의 결로 남는다.

축구도 마찬가지다. 경기 결과는 잊히지만 그날의 하늘, 손에 쥔 표, 함께 외치던 목소리는 오래도록 기억에 남는다. 이 모든 기억은 감각이 살아 있는 시간이다.

감각의 기억이 이어주는 삶

많은 축구 팬은 '자신이 축구를 사랑하게 된 순간'을 정확히 기억하지 못한다. 그러나 어떤 장면만은 유독 선명하다. 비 오는 날 처음으로 걸었던 야외경기장의 길, 조명이 밝게 켜진 스타디움 앞에서 두근거리던 가슴, 골이 터지는 순간 등줄기를 타고 올라오던 전율. 그것은 통계도 스코어도 아니다. 냄새, 소리, 촉감, 심장박동처럼 감

　　　　　　　　　　　　　　　골 때리는 인문학

각의 충위에 깊이 새겨진 기억이다.

한 K리그 관중은 이렇게 말했다. "아버지랑 처음 갔던 경기장에서 먹은 오징어 냄새가 아직도 기억나요. 축구보다 그 냄새와 사람들 목소리가 더 강하게 남았어요." 또 한 유소년 선수는 회상한다. "첫 경기 때 너무 긴장해서 유니폼을 거꾸로 입었어요. 경기는 졌지만 바람의 감촉, 잔디의 미끄러움, 라커룸의 소독약 냄새는 아직도 또렷해요."

이런 기억은 그저 스쳐 지나가는 추억에 머물지 않는다. 오랜 시간이 흐른 뒤에도 현재의 감정에 영향을 미치는 정서적 기반이며 우리가 축구를 다시 찾게 만드는 원동력이다. 어떤 위로의 순간에 문득 떠오르는 내면의 정체성이기도 하다.

기억은 지금의 나를 이루는 바탕이다. 특히 감각과 연결된 기억은 그 순간의 감정과 의미를 생생히 되살린다. 축구는 그런 기억을 만들어주는 특별한 공간이며 삶의 한 시기를 통째로 봉인해두는 정서의 아카이브다.

프루스트에게 무의지적 기억은 예술이 수행할 수 있는 가장 깊은 기능이었다. 감각을 통해 불쑥 되살아나는 기억은 이성적 설명보다 더 정직하게 우리를 되돌아보게 한다. 축구장에서의 기억—그날의 날씨, 관중의 함성, 유니폼에 밴 땀 냄새—은 그 순간의 나를 오롯이 저장하고 있다.

결국 축구의 기억은 지금의 나를 이루는 감정의 조각들이며 우리가 왜 다시 축구장을 찾게 되는지를 설명해주는 가장 감각적인 이유다.

삶을 함께 기억하는 법

어느 봄날, 나는 일곱 살 첫째 아들을 처음으로 수원FC 홈경기장에 데려갔다. 수만 명의 함성, 잔디 냄새, 전광판 아래 쏟아지는 응원가… 짧은 외출 같았지만 그날의 장면은 아이에게는 전혀 다른 차원의 경험으로 새겨졌다. 놀랍게도 그날 이후 아이는 일주일 내내 양 팀의 응원가를 흥얼거렸다. 아침에 눈을 뜰 때도, 등원을 준비하며, 잠들기 전에도 혼잣말처럼 리듬을 반복했다.

프루스트가 말했듯 기억은 의지를 기다리지 않는다. 응원가의 리듬은 감각을 타고 들어와 언어보다 먼저 몸에 새겨졌다. 아이는 그날 경기장의 열기와 감정을 되새기며 스스로를 '수원FC 팬'이라 불렀다. 기억은 사진이나 기록보다 소리, 냄새, 리듬으로 더 선명하게 되살아난다.

언젠가 수십 년 뒤, 아들이 우연히 축구장을 지나거나 TV에서 익숙한 응원가를 듣는 순간이 올지도 모른다. 그때 그는 다시 그 봄날을 떠올릴 것이다. 아빠 손을 잡고 처음 들어섰던 경기장, 터져 나오던 함성과 리듬, 함께 웃고 소리치던 장면이 조용히 되살아날 것이다.

요즘 아이들은 공보다 문제집을, 놀이터보다 학원 책상을 먼저 만난다. 그러나 성적표보다 오래 남는 것은 기억이고, 문제집보다 깊이 각인되는 것은 놀이의 리듬이다. 축구장은 경쟁에 앞서 관계를 배우는 교실이며, 그라운드를 함께 바라보는 시간은 삶을 함께 축적하는 소중한 의식이다.

아이들과의 축구장 나들이는 서로의 삶을 기억 속에 새기는 방식이자 세대를 잇는 조용한 연대다. 그러니 우리는 아이들과 더 자주 더

 골 때리는 인문학

많이 경기장에 가야 한다. 축구를 보러 가는 일이 아니라 삶을 함께 기억하러 가는 일이기 때문이다.

당신의 기억은 어디에 깃들어 있는가

기억은 머리보다 몸에 먼저 새겨진다. 축구의 기억은 점수보다 냄새, 소리, 촉감으로 더 오래 남는다. 프루스트가 말한 '무의지적 기억'처럼, 냄새와 소리, 촉감이 과거의 감정과 순간을 돌연 소환한다.

첫 골을 넣던 순간의 떨림, 응원가를 처음 따라 부르던 목소리, 패배 뒤 조용히 걸었던 귀갓길. 이 모든 장면은 감정과 감각의 흔적이다. 우리는 그런 기억을 잊고 살아간다. 그러다 문득, 거리에서 흘러나온 옛 응원가 한 소절, 누군가 입은 빛바랜 유니폼 한 벌이 우리를 그날로 데려간다. 그것이 프루스트가 말한 기억의 마들렌이다. 그리고 그 기억은 우리에게 조용히 묻는다.

그날의 나는 어떤 사람이었는가? 그리고 지금의 나는 그 기억을 품고 어떻게 살아가고 있는가?

'첫 축구장'의 감각은 지금의 나를 이루는 정서의 뿌리다. 점수보다 감각이 더 오래 남는 이유다.

10

광화문광장의 카타르시스:
디오니소스

축구장을 찾은 사람들은 경기 시작 전부터 이미 하나의 흐름 속에 들어선다. 응원가가 울려 퍼지고 깃발이 흔들리면, 관중석은 긴장과 기대가 뒤섞인 감정의 진동으로 가득 찬다. 그리고 골이 터지는 순간 그 감정은 더는 억누를 수 없다. 낯선 이들이 서로를 껴안고, 누군가는 눈물을 쏟고, 누군가는 목청껏 외친다.

이건 설명하기 어렵지만 분명 그 안에는 강한 에너지가 있다. 축구가 품은 디오니소스적 힘, 억눌린 감정의 핵이 그 순간 터져 나온다. 감정은 제자리를 찾아 흐르고, 일상에 눌려 있던 숨결은 조금씩 풀려난다. 그 짧은 순간만큼은 우리가 살아 있다는 감각을 되찾게 해주는 공간이 된다.

축구는 이성과 본능, 질서와 광기의 경계를 넘나든다. 철학자 프리드리히 니체가 말한 디오니소스의 힘은 그라운드를 흔드는 열광과 감정 속에서 살아 있다. 억눌렸던 감정이 터지고 흐르며 축구는 해방의 리듬을 품은 카타르시스의 예술로 완성된다.

축구장에선 모두 니체가 된다

니체는 『비극의 탄생』[40]에서 예술의 기원을 두 가지 충동으로 설명했다. 하나는 이성과 조화, 형식과 절제를 상징하는 아폴론적 충동, 다른 하나는 본능과 열정, 무질서와 황홀을 이끄는 디오니소스적 충동이다. 니체는 인간 생명력의 원천이 어디에 있는지를 물었고 그의 대답은 분명했다. 진정한 에너지는 디오니소스에게서 온다는 것이다.

디오니소스는 고대 그리스 신화에서 술과 축제의 신이다. 그의 세계는 규칙보다는 즉흥성과 충동, 논리보다는 넘치는 생명력으로 움직인다. 니체에게 디오니소스는 감정에 휘둘리고 황홀에 빠지며 자아의 경계를 잊는 그 지점 자체를 의미한다.

그 지점에 도달하면 우리는 더 이상 자기 안에 갇히지 않는다. 자아는 희미해지고 더 큰 감정의 흐름에 몸을 맡기게 된다. 그때 삶은 예술처럼 느껴진다. 몸이 저절로 움직이고 감정이 벅차오르며 내 안의 무언가가 꿈틀거린다.

축구장이 그런 공간이다. 경기의 열기는 갑자기 솟구치지 않는다. 점진적인 고조와 반복되는 리듬 그리고 마침내 터지는 감정의 폭발이 하나의 흐름을 이룬다. 관중은 어느새 그 흐름 속으로 자연스럽게 젖어들고 축구의 '빌드업'build-up은 디오니소스적 해방을 준비하는 감정의 예열 장치가 된다.

빌드업은 그 자체로 하나의 리듬이다. 골키퍼의 짧은 패스에서 시작된 공이 수비를 거쳐 미드필더의 회전 속으로 흐르고, 공격수의 움직임과 함께 박자를 높여간다. 이 모든 움직임에는 기술과 감정, 질서와 에너지가 정교하게 얽혀 있다. 완급 조절과 순간의 변칙, 예측과 돌파가 어우러져 한 편의 드라마를 만들어낸다.

이 과정에서 아폴론의 형식미와 디오니소스의 광기는 충돌하고 뒤섞인다. 조직된 패스워크는 아폴론의 조화이고, 그 틀을 깨는 돌파와 슛은 디오니소스의 해방이다. 몇 차례의 패스가 이어지며 수비의 균열이 감지되면 경기장은 무언가 터질 듯한 긴장으로 가득 찬다. 그 순간 관중은 숨을 죽인다. 마치 자신이 직접 공을 몰고 있는 듯한 착각에 빠지고 마침내 골이 터지는 순간 감정은 일제히 폭발한다. 디오니소스의 열광이 정점을 찍는 것이다.

니체는 말했다. 삶은 리듬과 조화를 이룰 때 예술이 된다고. 축구도 마찬가지다. 빌드업은 그 조화를 만들어내는 회로이며 기술과 감정이 맞물려 예술로 승화되는 지점이다. 준비 없는 폭발은 공허하고 과정 없는 결과는 감동을 만들지 못한다. 축구는 이성과 감정, 형식과 해방의 긴장 속에서 진짜 예술이 된다.

감정의 정화, 황홀의 순간: 축구 속 카타르시스

카타르시스catharsis는 원래 의학 용어다. 고대 그리스어로 '정화' 또는 '배출'을 뜻하는데 아리스토텔레스는 『시학』[41]에서 이 개념을 예술에 적용했다. 그는 비극을 통해 관객이 두려움과 연민을 느끼고 눈물을 흘리면 마음속 무언가가 풀리며 정화된다고 보았다. 슬퍼서 우는 것이 아니라 안쪽에 응축된 감정이 해소되는 순간일 것이다.

오늘날 우리는 일상에서도 이 말을 쓴다. 슬픈 영화를 보고 울거나

 골 때리는 인문학

노래방에서 고래고래 소리 지르며 스트레스를 날릴 때, 운동 후 온몸이 땀에 젖은 채로 숨을 고르며 사람들은 말한다. "가슴이 뻥 뚫리는 느낌이었다." 그건 감정이 정리되고, 다시 살아갈 힘이 차오르는 순간이다.

축구는 그런 감정의 진폭을 가장 극적으로 품은 스포츠다. 골이 터지는 찰나, 사람들은 자리에서 벌떡 일어나고 누군가는 소리를 지르며 누군가는 눈물을 흘린다. 이건 축적된 감정이 경기를 핑계 삼아 흘러나오는 해방의 순간이다. 마음속 어딘가에서 눌러왔던 감정이 경기를 매개로 일제히 터지는 것이다.

그래서 카타르시스는 축구의 핵심이다. 긴장이 풀리고 감정이 분출되며 다시 일상으로 돌아갈 준비를 갖추는, 정서적 회복의 과정이다. 경기가 끝난 뒤에도 사람들은 쉽게 말을 잇지 못한다. 한바탕 겪어낸 듯 감정이 크게 흔들렸다는 사실만이 여운처럼 남는다.

예컨대 2부리그 팀이 수년의 좌절을 딛고 마침내 1부리그 승격을 확정 짓는 순간을 상상해보자. 종료 휘슬이 울리자마자 관중은 펜스를 넘어 운동장 안으로 달려든다. 깃발을 들고 외치는 이, 무릎 꿇은 채 눈물 흘리는 이도 있다. 이는 버텨온 시간의 감정이 한꺼번에 터지는, 집단적 정화의 장면이다.

일상은 이성과 질서를 요구한다. 그래서 감정의 폭발은 종종 억제되거나 부정된다. 그러나 축구장은 다르다. 여기서는 열광이 허용되고 눈물이 받아들여지며 광기마저 공동체의 몸짓이 된다. 니체가 말한 '삶을 긍정하는 힘'은 이런 순간에 가장 선명히 드러난다.

디오니소스의 그림자: 해방과 파괴 사이의 감정

디오니소스적 열광이 언제나 긍정적으로만 작용하는 것은 아니다. 감정이 제어되지 않으면 해방은 순식간에 파괴로 변한다. 2022년 인도네시아 참사가 그 극단적 사례다.[42] 지역 더비에서 홈팀이 패하자 분노한 팬들이 한꺼번에 경기장으로 난입했다. 경찰이 경기장 안에 최루탄을 쏘면서 출구가 막힌 상태에서 수천 명이 몰렸고, 결국 135명이 압사했다. 감정은 사람을 연결하지만 때로는 무질서한 죽음으로 이어진다. 디오니소스의 황홀은 해방과 파괴, 두 얼굴을 지닌다.

그 이중성은 경기 상황에서도 드러난다. 디오니소스적 감정은 종종 규칙과 충돌한다. 골이 터진 뒤 선수의 상의 탈의 세레머니가 대표적이다. 이는 FIFA 규정상 경고 대상임을 선수들도 알지만 그 순간 이성은 자리를 비운다. 감정이 모든 것을 압도해 규칙조차 순간적으로 힘을 잃는다. 2021년 성남FC의 공격수 뮬리치는 광주FC전 득점 후 상의를 벗고 달렸고 이미 경고를 받은 그는 두 번째 경고로 퇴장당했다. 이는 본능적 폭발의 순간이었고 니체가 말한 디오니소스적 힘— 이성의 질서를 깨뜨리는 열광— 그 자체였다.

그 지점에서 우리는 경계에 선다. 감정은 해방이자 위험이고 황홀은 파괴 직전의 감정과 닿아 있다. 축구장의 카타르시스는 개인의 감정이 공동의 리듬과 조화를 이룰 때 비로소 삶을 긍정하는 황홀로 바뀐다. 물론 디오니소스의 자유가 타인의 생명을 위협해서는 안 된다. 감정의 힘은 뜨겁지만 빛과 그림자를 함께 지닌다. 진정한 해방은 질서와 조화 속에서만 오래 머문다. 축구장에서의 감정 해방은 공동체를 지키며 삶을 긍정할 때 비로소 진정한 축제가 된다.

우리는 왜 함께 소리 지를 때 감동하는가

축구장에서 터지는 감정은 니체가 말한 디오니소스적 순간과 꽤 닮았다. 파도타기가 이어지고 응원가는 경기장을 뒤덮는다. 깃발과 연기가 어우러지고 손짓은 점점 커진다. 이 모든 퍼포먼스는 몸에서 솟구치는 에너지이며, 축구장을 디오니소스적 공간으로 바꿔놓는다. 사람들은 자신이 누구인지 잠시 잊고 몸이 이끄는 대로 소리치고 박수 치며, 하나의 리듬 속에 빠져든다. 개인은 사라지고 집단의 감정만이 남는다.

2002년 한일 월드컵, 광화문과 시청 앞을 가득 메운 사람들을 떠올려보자. 수십만 명이 "대~한민국"을 외치며 함께 웃고 울고 껴안았다. 누구도 지시하지 않았지만 모두가 같은 장면을 만들었다. 그날 광장은 경기장이었고 시민들은 하나의 팀이었다.

그건 응원의 형식을 빌린 집단적 참여였다. 사람들은 자신의 경계를 허물고 더 큰 감정의 흐름에 몸을 맡겼다. 각자의 목소리는 응원가에 녹아들고 감정은 수십만의 리듬과 함께 흔들렸다. 그 안에서 사람들은 개인이 아니라 '함께'가 된다.

이런 응원은 하나의 의례로서 몸을 움직이고 목소리를 쏟으며 감정을 드러내는 행위다. 평소에는 눌러둔 감정을 거리낌 없이 꺼내는 방식이다. 그리고 그때 사람은 자기 안의 깊은 감정을 마주하게 된다.

축구장에서의 몰입은 계산이나 예측이 아닌 즉흥적이고 생생한 감각의 흐름이다. 정리되지 않은 감정들이 뒤엉키며 오히려 그 안에서 새로운 질서가 생긴다.

축구는 왜 우리를 황홀하게 하는가

축구는 규칙 속에서 움직이지만 언제든 감정이 터질 수 있는 틈을 품고 있다. 정해진 플레이, 익숙한 흐름 속에서도 경기의 균형은 한순간에 무너진다. 축구는 늘 계산과 충동 사이 어딘가를 걷는다.

후반 추가 시간, 코너킥 하나에 모든 것이 뒤바뀔 수도 있다. 공이 떠오르는 궤적을 따라 수만 명의 시선이 일제히 움직이고, 숨을 죽인 경기장은 골이 터지는 순간 그대로 폭발한다.

그렇게 되면 분석은 멈추고 몰입만이 남는다. 누군가는 소리를 지르고 누군가는 땅을 바라보며 고개를 떨군다. 단 한 장면에 승패가 갈렸지만 그 안엔 감정의 총량이 담겨 있다. 축구장에서의 감정은 승부 이상의 의미를 지닌다. 우리가 일상에서 눌러두고 사는 감정의 가장자리를 드러낸다. 그 순간만큼은 감정이 허락되고 그 허용 속에서 우리는 삶을 더 깊이 실감한다.

이 감정은 때로 현실보다 더 선명하다. 고통과 쾌락이 맞닿는 경계에서 인간은 살아 있음을 가장 깊이 느낀다고 니체는 말했다. 축구는 그 경계 위에 선 스포츠다. 우리는 그 안에서 잊고 지낸 본능을 되찾고 감정을 해방시키며 존재의 심연을 다시 마주한다. 축구장은 묻어두었던 감각이 다시 살아나는 공간이다.

이성 이전의 리듬, 통제 이전의 열정, 개인을 넘어선 공동체의 몰입 에너지. 이는 니체가 말한 '디오니소스적 삶'의 현대적 구현이다. 문화 인류학자 크리스티앙 브롬베르제는 이를 이렇게 설명했다. "축구는 개인과 집단의 감정적 분출을 승인하는 공간이며 억제된 사회적 에너지의 일시적 해방이다."[43]

축구의 세계는 순수한 팬심으로만 움직이지 않는다. 억눌린 정체성이 드러나고 공동체가 함께 분출하는 감정의 무대다. 경기장은 그런 감정을 허락하는 드문 공간이며 때론 우리 모두에게 꼭 필요한 정서의 환기구다. 우리는 축구를 통해 울고 외치고 무엇보다 함께 느낄 수 있다.

이 황홀은 경기장 밖의 우리 삶에도 필요하다. 감정을 쏟아낼 여지, 광기의 가장 자리에서 자유를 느낄 수 있는 틈, 무엇보다 '내가 살아 있다'는 감각을 회복하는 짧은 찰나. 이 모두는 일상에서도 살아 있고 어쩌면 우리가 살아가는 이유 중 하나일지도 모른다.

디오니소스를 멈추는 기술: VAR과 축제의 지연

디오니소스적 감정이 가장 극적으로 폭발하는 순간은 단연 골이 터질 때다. 관중은 일제히 자리에서 일어나고 선수는 유니폼을 벗어 던지며 응원가는 정점을 향해 치솟는다. 그러나 낯선 기계음이 그 흐름을 멈춰 세운다. VAR*Video Assistant Referee*. 비디오 판독 시스템의 개입으로, 축구는 더는 즉흥과 감정만으로 움직이지 않는다.

물론 VAR은 오심을 줄이기 위한 기술적 진보다. 하지만 동시에 니체가 말한 디오니소스적 열광, 즉 감정의 몰입을 가라앉히는 제어 장치이기도 하다. 골 세리머니는 "잠시만요"라는 손짓에 끊기고 관중의 함성은 판정을 기다리며 일시적으로 식는다. 환호는 조건부 기쁨이 되고 감정의 폭발은 기술의 승인을 기다리는 상태에서 유예된다. 열광의 리듬이 끊기면 감정은 단절감을 경험한다.

니체는 인간이 '살아 있음'을 실감하는 순간이란 계산과 통제가 사라지고 감정과 본능이 겹쳐질 때 온다고 말했다. 그런 맥락에서 VAR은 황홀의 흐름을 끊고 감정을 테이블 위에 올려놓는 시스템이라 할 수 있다.

물론 공정성과 정확성은 중요하다. 하지만 축구는 몸이 반응하고 감정이 터지는 순간의 예술이다. 그 생생한 에너지가 시스템의 틀 안에서 숨 쉴 수 있을까? 니체는 그런 틀, 감정을 억제하는 문명이 인간의 본질을 갉아먹는다고 말했다.

VAR은 경기를 더 정교하게 만들었을지 모른다. 하지만 그 과정에서 축구가 지녔던 즉흥성, 몰입, 감정의 직진성 같은 '신화'들이 하나둘 지워지고 있는 건 아닌지 묻게 된다. 이와 관련된 더 깊은 논의는 5부 '미래'에서 이어진다.

11

종료 휘슬 이후의 남겨짐 : 해체

누군가는 경기에서 패하고 어떤 선수는 부상으로 은퇴하기도 한다. 그렇게 시즌은 끝나지만 우리는 여전히 골 장면을 반복해서 보고 전설적인 선수의 활약을 되새긴다. 심지어 패배조차 대화 주제가 된다. 축구는 끝난 듯 보여도 언제나 어떤 방식으로든 계속된다. 은퇴한 선수도 우리의 기억 속에서 여전히 뛴다. 끝났지만 끝나지 않은 것이다.

이러한 '끝 이후의 남겨짐'은 철학자 자크 데리다의 해체 개념과 맞닿아 있다. 해체는 끝이 아닌 의미의 재구성이다. 데리다는 "우리가 끝났다고 선언하는 그 순간 의미는 다시 열리고 흔들린다"라고 말한다. 축구도 마찬가지다. 심판의 휘슬이 울린 후에도 축구는 기억과 이야기 속에서 해체되고 다시 태어나며, 또 다른 방식으로 재생된다.

해체로 읽는 축구의 서사

데리다는 '해체'deconstruction라는 독창적 철학을 통해 우리가 일상적으로 사용하는 언어와 의미가 얼마나 불안정한 토대 위에 놓여 있는지를 드러냈다. 그는 『그라마톨로지』[44]에서, 의미란 언제나 미뤄지고 차이를 생성하며 떠돌아다닌다고 말한다. 이 과정을 그는 공간적 차이와 시간적 지연이라는 두 축으로 설명했고 이를 하나로 묶어 '차연'différance이라 불렀다.

해체는 굳어 보이는 의미 체계 속 숨은 전제를 드러내고 그 전제가 얼마든지 흔들릴 수 있음을 보여주는 작업이다. 어떤 개념이 '끝났다'고 선언되자마자 새로운 해석의 문이 열리기 시작한다. 데리다에게 의미란 완결되지 않으며 마치 사라지지 않은 메아리처럼 죽음 이후에도 잔향으로 남는다.

선수의 은퇴도 커리어의 종료처럼 보이지만 그는 여전히 기억되고 인용되며 선수들의 롤모델로 남는다. 부상으로 떠난 선수도 팬들의 기억 속에서는 '가능했던 세계'로 살아 있고 역전패의 서사는 때로 승리보다 더 진하게 팬들의 마음에 각인된다.

축구는 종료 이후 오히려 더 많은 이야기와 의미를 만들어낸다. 데리다의 말처럼 텍스트는 결코 죽지 않는다. '끝났다'는 선언은 단절이 아니라 또 다른 읽기를 불러일으키는 불씨다.

다큐멘터리, 팬의 회상, 기록 영상처럼 축구를 둘러싼 이야기들은 경기 자체보다 더 긴 생명을 지닌다. 해체의 관점에서 보면 축구는 끊임없이 되새겨지고 다시 해석되는 서사다. 같은 골 장면도 누가 해석하느냐에 따라 감정의 색깔이 달라진다. 어떤 팬은 그것을 영광으로, 또 어떤 이는 비극으로 기억한다.

해체는 새로운 가능성을 여는 사유다. 신학자 존 카푸토는 『포스트

　　　　　　　　골 때리는 인문학

모던 해석학』에서 데리다와의 대담을 인용하며 이렇게 말했다. "해체란 우리의 모든 신념과 실천이 구성물이며 구성된 것은 무엇이든 해체될 수 있고, 해체될 수 있는 것은 다시 재구성될 수 있다는 이론이다. 이는 곧 모든 신념과 실천이 재해석될 수 있음을 뜻한다. 따라서 해체는 끝없는 재해석을 지지하며 하늘에서 떨어진 기성의 진리가 있다는 생각을 거부한다."[45]

축구도 마찬가지다. 패배, 은퇴, 종료는 챕터의 끝이 아니며 다음 장을 준비하는 틈이다. 끝났다는 감각은 오히려 팬과 사회, 선수의 기억 속에서 더 강하게 살아난다. 마라도나의 드리블, 차범근의 돌파, 박지성의 헌신을 비록 현 무대에서 볼 수는 없지만 여전히 가슴을 뛰게 한다.

축구는 살아 있는 이야기이며 계속 해석되는 하나의 담론이다. 데리다가 말했듯 텍스트는 언제나 '열려 있는 구조'다. 축구도 그렇다. 우리는 그것을 읽고 다시 쓰고, 그 안에서 울고 웃으며 또 한 번 살아간다.

마침표가 아니라 쉼표였다

경기가 끝나도 축구는 끝나지 않는다. 해체의 시선으로 보면 축구는 오히려 종료된 뒤에야 진짜 이야기가 시작되는 실천이다. 데리다의 '차연'처럼 의미는 멈추지 않고 유예되며 흔들리는 틈 사이에서 또 다른 가능성이 움튼다.

축구의 '죽음'은 기억 속에서 깨어나고 기록과 서사 속에서 되살아난다. 그리고 감정의 흐름을 타고 여전히 살아 움직인다. 우리가 축구를 사랑하는 이유는 승패 이후에도 계속 이어지는 감정의 잔물결, 끝 났는데도 끝나지 않는 이야기들 때문이다. 그래서 우리는 늘 다음 경 기를 기다린다.

삶도 그렇다. 실패와 상실, 이별과 퇴장은 자주 '끝'처럼 느껴진다. 하지만 돌이켜보면 마침표라 믿었던 순간이 쉼표였던 경우가 많다. 어쩌면 그것은 새로운 의미를 기다리는 '해체의 순간'이었는지도 모 른다. 축구는 그 사실을 온몸으로 그리고 뜨겁게 증명해왔다.

기억에 남는 후배가 있다. 고교 시절 함께 뛰었던 임남규. 그는 누 구보다 성실한 노력형 선수였다. 훈련장에 가장 먼저 들어가고 가장 늦게 나오며 한계를 밀어붙였지만 끝내 프로의 문턱을 넘지 못하고 축구계를 떠나야 했다.

그러나 그는 멈추지 않았다. 모두가 포기할 만한 시점에 루지라는 생소한 종목에 도전했고, 결국 2018 평창과 2022 베이징 동계올림픽 에서 태극마크를 달았다. 메달은 없었지만 올림피언이 되었다. 축구 가 끝난 자리에 루지가 새로운 서사로 들어온 것이다.

최근에 그는 다시 축구로 돌아왔다. 이번엔 국가대표도 프로도 아닌 예능 프로그램《뭉쳐야 찬다》를 통해서였다. 그는 다시 공을 차며 대중 과 웃고 땀 흘리며 축구의 즐거움을 나누고 있다. 끝났다고 여겼던 자 리에서 언제나 또 다른 이야기가 시작된다는 것을 임남규의 삶이 증명 한다. 데리다가 말했듯 '종료'는 새롭게 살아날 가능성의 공간이다.

무너짐 이후에도 이어지는 시간

나도 그라운드 위에서 그런 순간을 경험했다. 나는 한때 축구

　　　　　　　　　골 때리는 인문학

선수였다. 2009년, K리그 드래프트에서 황선홍 감독의 지명을 받아 부산 아이파크에 입단했다. 그러나 두 번의 전방십자인대 파열과 여섯 차례의 반월상연골 수술, 이어지는 재활과의 싸움은 결국 내 경력에 이른 마침표를 찍게 했다. 누구보다 축구를 간절히 사랑했고 오래 뛰고 싶었지만 그 소망은 부상 앞에서 조용히 무너져내렸다.

그땐 정말 세상이 무너진 줄 알았다. 모든 것이 멈춰버린 듯했고 축구를 위해 쌓아온 시간은 순식간에 무의미해진 것 같았다. 하지만 시간이 지나고 나서야 비로소 깨달았다. 그 순간은 끝이 아니라 다른 방식으로 이어지는 시작이었다는 것을. 선수로서의 경험은 멈추지 않고 다른 이름으로 내 삶 속에 이어지고 있었다.

은퇴는 단절이 아닌 기억의 재배열이었고 존재의 재해석이었다. 몸은 경기장을 떠났지만 축구는 여전히 내 안에서 살아 있었다. 훈련으로 새겨진 리듬, 경기장에서 부딪히던 감정의 떨림, 동료와 나눴던 말과 눈빛. 그것들은 사라지지 않고 형태를 바꿔 다시 살아났다.

데리다의 해체는 이 감각과 맞닿아 있다. 해체는 파괴가 아니라 재구성이고, 의미의 붕괴가 아니라 가능성의 문을 여는 틈이다. 은퇴가 끝이 아니듯 삶의 단절 또한 완전한 부재는 아니다. '끝났다'는 선언은 늘 다른 방식의 작동을 예고한다. 축구는 끝났지만 그 끝은 또 다른 언어와 삶의 방식으로 내 안에 새겨졌다.

기억은 지금도 계속 다시 쓰이고 있는 내 삶의 문장이다. 이 깨달음은 철학자 장 폴 사르트르의 사유와도 닿아 있다. 그는 『실존주의는 휴머니즘이다』[46]에서 인간은 삶의 경험과 선택을 통해 자신을 만들어가는 존재라고 말한다. 무너짐은 소멸이 아니다. 절망의 자리에서 다시 자신을 써 내려가는 능동의 시작이다. 끝이라 믿었던 그 틈에서 나는 다시 태어난다.

축구는 나에게 상실과 좌절을 가르쳐주었고 동시에 그 이후를 어떻게 살아야 하는지를 보여준 실천의 장이었다. 우리는 끝났다고 믿은 자리에서 다시 일어나며, 사라진 줄 알았던 기억 속에서 새로운 삶의 방향을 길어 올린다.

끝났기에 우리는 다시 시작할 수 있다.

축구도 삶도 그리고 존재도.

원클럽맨과 영구결번 : 서사 철학

축구장에 들어서는 팬들은 단지 오늘의 경기를 보기 위해 오는 것이
아니다. 그들은 팀의 역사, 명승부의 기억, 전설적인 선수들의 흔적을
함께 품고 경기장을 찾는다. 경기 중의 한 장면은 과거의 골을 떠올리
게 하고 응원가는 오래된 승리를 다시 불러낸다. 축구는 단절된 '현재
형' 스포츠가 아니다. 과거와 현재 그리고 미래가 겹쳐 흐르는 시간의
그라운드다.

90분의 경기가 끝나면 스코어보드는 멈추지만 이야기는 계속된다.
팬들은 그날의 기억을 안고 또 다른 서사를 써 내려가며, 그 안에서 소
속감을 느끼고 삶의 의미를 새긴다.

나에게도 그런 기억이 있다. 일곱 살이었던 1994년 미국 월드컵은
희미하게 남아 있지만 1998년 프랑스 월드컵은 또렷하다. 가족과 방
바닥에 앉아 TV를 보던 풍경, 조용한 긴장과 터지는 환호, 함께 부
르던 응원가까지. 그건 감정이 숨 쉬고 추억이 겹쳐진, 내 삶의 한

조각이었다. 축구는 나의 성장과 가족의 온기 그리고 인생의 한 조각으로 남았다.

이처럼 축구에 깃든 기억의 겹은 철학자 폴 리쾨르의 서사 철학과 연결된다. 리쾨르는 인간이 서사를 통해 자신을 이해하고 공동체를 구성한다고 보았다. 축구 역시 하나의 살아 있는 이야기이며 움직이는 공동체의 기억이다. 같은 맥락에서 팀의 역사와 상징은 서사적 정체성이다. 리쾨르는 기억의 서사를 통해 공동체 윤리를 설명한다. 그렇다면 우리는 축구에서 어떤 기억과 어떤 이야기를 이어갈 것인가?

서사는 기록이 아니라 존재다

리쾨르는 『시간과 이야기』[47]에서 인간을 자신의 경험을 서사로 조직하며 의미를 만들어가는 '이야기하는 존재'로 보았다. 우리는 사건을 있는 그대로 받아들이지 않는다. 그것들을 시간의 흐름 위에 배열하고 인과로 엮으며 하나의 이야기를 만들어낸다. 그렇게 우리는 서사를 구성하고 그 안에서 '나'라는 존재를 이해한다. 리쾨르는 이를 '서사적 정체성'narrative identity이라 불렀다.

그는 또한 기억mémoire과 망각oubli 사이의 긴장에 주목했다. 기억은 현재의 시선으로 과거를 해석하고 재구성하는 능동적 과정이다. 그렇기 때문에 기억은 늘 '지금 – 여기'의 정체성과 긴밀히 연결되어 살아 움직인다.

결국 서사는 시간을 해석하는 틀이며, 우리가 세상을 이해하고 자신을 받아들이는 방식이다. 삶은 흩어진 사건들이 서사로 엮일 때 비로소 하나의 '나'로 형성된다.

골 때리는 인문학

축구 역시 경기의 모든 장면은 팬들의 기억 속에서 연결되고 해석되며 이야기로 다시 살아난다. 그렇게 구성된 서사는 시간이 흘러도 공동체의 정체성을 살아 있게 만든다.

원클럽맨과 영구결번: 팀과 팬이 함께 짓는 이야기

축구클럽은 수십 년, 때로는 백 년 넘게 이어진 기억의 저장소다. 팀의 창단 이야기, 잊을 수 없는 승리와 고통스러운 강등, 팬들과의 갈등과 화해까지… 이 모든 사건은 서사의 조각으로 축적된다. 팬들은 과거를 되새기면서 새로 만나는 사건들을 늘 그 맥락 속에서 받아들인다. 한 시즌의 패배조차 "그때처럼 다시 일어설 수 있을까?"라는 이야기와 연결된다.

리쾨르의 시선으로 보자면 팀의 유니폼 색깔, 엠블럼, 슬로건, 홈구장은 기억을 호출하는 '서사의 장치'다. 축구는 결국 팀과 팬이 함께 짓고 해석하면서 이어가는 이야기이며 그 속에서 우리는 '나'와 '우리'를 동시에 확인한다.

예컨대 FC서울의 '원클럽맨' 고요한은 구단의 기억이자 서사로 남은 인물이다. 2004년 입단 이후 20년 가까이 오직 FC서울 유니폼만 입고 뛴 그는 우승의 기쁨과 부진의 좌절을 함께 겪은 '살아 있는 이야기'다. 이적이 일상인 현대 축구에서 그의 선택은 충성심을 넘어 팬들이 공유하는 집단 정체성의 상징이 되었다.

그가 쌓아온 시간은 리쾨르가 말한 '서사적 정체성'을 공동체 차원에서 구현한 사례다. 팬들은 그의 경기를 보며 과거를 회고하고 미래를 상상하며 현재의 나를 정돈한다. 그리고 그라운드를 떠나는 날, 팬들이 보낸 박수와 눈물은 축구라는 이야기 속에서 형성된 관계와 윤리의 표현이었다.

그래서 우리는 '영구결번'을 존중한다. 더는 사용되지 않는 등번호에는 한 선수가 팀을 위해 바친 시간과 감정이 담겨 있기 때문이다. 실제로 AS로마는 원클럽맨 토티의 10번을, AC밀란은 바레시의 6번을 영구결번으로 지정했다. K리그에서도 부산대우로얄즈(현 부산아이파크)는 김주성의 6번을, FC서울은 고요한의 13번을 다른 선수에게 부여하지 않기로 했다.

2025년, 리버풀은 구단 역사상 처음으로 영구결번을 선언했다. 교통사고로 세상을 떠난 디오구 조타의 등번호 20번을 기리기 위해서다. 그는 '원클럽맨'도, 전설로 불리는 선수도 아니었다. 그러나 팬과 구단은 그가 남긴 헌신과 인간적 울림을 기억하는 방식으로 그 번호를 봉인했다. 영구결번은 한 인간이 보낸 시간과 축적된 감정을 공동체가 어떻게 존중하고 기억하는지를 보여주는 상징적 장면이다.

경기장 앞에 세워진 레전드 선수들의 동상 역시 클럽의 기억과 팬들의 감정적 역사를 이어주는 살아 있는 상징이다. 넷플릭스 다큐멘터리《죽어도 선덜랜드》에는 한 고령의 여성 팬이 매 경기마다 레전드 선수 동상의 축구화를 쓰다듬는 장면이 나온다. 이 과거와 현재를 연결하는 감정적 의례이며 "우리는 이 이야기를 함께 써왔다"는 신념의 표현이다.

성대한 은퇴식 또한 선수와 함께한 시간의 감정을 공동체가 다시 확인하는 서사적 의례다. 그 순간 우리는 모두 하나의 역사 속으로 들어간다. 리쾨르가 강조했듯 기억은 윤리다. 축구장에서 실천되는 이

골 때리는 인문학

모든 기억의 방식은 "우리는 어떤 이야기를 이어갈 것인가"를 묻는 윤리적 행위다.

기억은 다시 그라운드로 돌아온다

기억은 과거에 머무르지 않는다. 되살아날 때마다 새로운 의미를 얻는다. 리쾨르가 말했듯 인간은 '시간 위에 서사를 세우는 존재'이며 기억은 그 서사 속에서 끊임없이 다시 읽히고 언급된다. 축구의 레전드 매치는 그런 '되살아나는 서사'의 대표적 장면이다. 은퇴한 선수들이 다시 그라운드에 서고 팬들이 오래된 유니폼과 플래카드를 꺼내들면 개인의 기억은 공동체의 이야기로 확장된다.

2025년 8월, J리그 빗셀 고베는 창단 30주년을 맞아 '고베 드림즈 vs. 월드 드림즈' 레전드 매치를 열었다. 초청된 김남일, 김도훈, 최성용, 하석주 등 한국 선수들은 그 시절의 감정과 기억을 오늘의 이야기로 되살려냈다. 그라운드는 현재와 과거가 중첩되는 공간이 되었고 팬들은 그 시절의 축구를 다시 경험했다.

오이타 트리니타 역시 창단 30주년을 기념해 메모리얼 매치를 개최했다. 초청받은 최정한 청주FC U18 감독은 SNS에 "팀을 떠난 지 10년이 흘렀지만 팬들의 열정은 더 뜨거웠습니다. 저를 기억해준 플래카드와 유니폼 앞에서 가슴이 뭉클했습니다"라고 적었다. 그는 오이타를 "제2의 고향"이라 부르며 자신을 잊지 않고 불러준 팀에 감사를 전했다. 한때 FC서울 이적으로 고별식을 치렀던 그에게 은퇴 후 다시 그라운드를 밟는 일은 '기억의 환대'이자 '존재의 복원'이었다.

카타레 도야마도 창단 15주년을 맞아 전·현직 선수를 초청했다. 이

자리에 함께한 K리거 서용덕은 일본어로 직접 메시지를 남겼다. "도야마에서 보낸 이틀은 제 인생에서 잊을 수 없는 꿈 같은 시간이었습니다. 10년이 흘렀지만 여전히 저를 응원해주시는 팬들께 진심으로 감사드립니다. 또 이런 기회가 있다면 언제든 달려가겠습니다." 언어와 시간을 넘어 다시 연결되는 이 관계의 회복은 축구가 지닌 서사적 힘의 증거였다.

결국 원클럽맨이나 영구결번 같은 상징은 시간이 응축된 이야기를 상징한다. 레전드 매치는 그 서사를 다시 꺼내 읽는 의례이자 공동체가 기억을 통해 스스로를 확인하는 장면이다. 축구에서의 기억은 끊어지지 않고 반복되며 이어지는 순환이다. 그라운드를 떠난 후에도 기억은 다시 그곳으로 돌아온다.

야신상에 담긴 기억의 철학

야신상의 의미는 골키퍼를 위한 새로운 상 하나로 끝나지 않는다. 그 속엔 리쾨르가 말한 기억과 이야기의 윤리학이 스며 있다. 1963년, 발롱도르 역사상 유일하게 이 상을 받은 골키퍼 레프 야신. 그는 '거미손'이라는 별명처럼 철벽의 상징이었고, 소련 축구의 전설로 남았다. 화려한 스타는 아니었지만 묵묵한 헌신과 마지막 방어선의 무게를 상징한 인물이다. 1990년 세상을 떠난 이후에도 그의 이름은 계속 불리고 있다.

2019년, 축구 전문 매체 프랑스풋볼은 "공격수들에 가려졌던 골키퍼를 조명하고 싶었다"며 그의 이름을 딴 '야신상'을 새롭게 제정했다.[48] 이는 리쾨르가 말한 '과거의 현재화', 즉 현재의 실천을 통해 과

　　　　　　　　　　　골 때리는 인문학

거 인물을 다시 살아 움직이게 하는 행위에 해당한다.

이처럼 야신상은 한 포지션의 가치를 재조명하고, 과거의 정체성을 현재의 기억으로 이어주는 서사적 장치다. 리쾨르의 말처럼 서사는 삶의 의미를 시간 위에 배열한다. 야신상은 현재의 축구 장면 속에서 전설을 다시 숨 쉬게 했다.

경기를 기억하는 방식이 곧 당신이다

리쾨르는 인간이 자신의 이야기를 통해 자아를 이해한다고 보았다. 이 관점은 축구 팬덤에도 그대로 적용된다. 우리가 특정 팀을 응원하는 이유는 그 팀과 함께한 시간, 경험, 감정이 얽히며 하나의 서사적 자아를 형성하기 때문이다.

축구를 통한 기억은 과거에 머무르지 않는다. 오히려 지금의 '나'를 구성하는 살아 있는 재료가 된다. 이를테면 어린 시절 아버지 손을 잡고 처음 스타디움에 들어선 기억을 가진 팬을 떠올려보자. 그는 여전히 같은 팀을 응원하지만 그 응원을 충성심으로만 설명할 수 없다. 그 안에는 아버지와의 대화, 함께 외친 함성, 그 시절의 공기와 감정 그리고 자신의 성장 서사가 고스란히 담겨 있다.

축구는 삶의 이야기를 담는 그릇이다. 우리는 그 이야기 속에서 자신을 해석하고 공동체와 연결된다. 팀의 역사는 곧 나의 기억이고, 팀의 서사는 곧 나의 서사다. 축구를 응원한다는 건 과거와 현재 그리고 미래를 함께 살아내는 실천이다.

지금의 경기는 어제의 기억을 불러오고 내일의 기대와 겹쳐진다. 그라운드 위의 모든 순간은 시간을 꿰매는 예술이다. 리쾨르는 이야기를 '시간을 예술처럼 구성하는 방식'이라 말했다. 축구는 그 말 그대로 시간 위에서 살아 움직이는 드라마다.

또한 경기장에서 펼쳐지는 순간들도 기억으로 전이되고 서사가 되어 나의 정체성을 이룬다. 골이 터진 순간 눈물이 나고 패배 속에서도 박수를 치는 이유는 그 안에 과거의 나, 현재의 나 그리고 함께 살아가는 공동체의 시간이 겹쳐져 있기 때문이다.

뇌과학자 한나 모니어와 철학자 마르틴 게스만은 『기억은 미래를 향한다』에서 "기억은 미래지향적이며 창조적인 능력"[49]이라고 말한다. 따라서 축구 속 기억은 지금의 나를 다시 세우고 미래를 상상하게 만드는 감정의 지도다. 팬으로서 공동체의 일원으로 나눈 기억은 소속감과 가치를 회복하는 중요한 실천이다. 이 감각은 축구장을 넘어 일상의 삶에도 조용히 스며든다.

결국 우리는 누구와 어떤 이야기를 공유하며 살아가고 있는가? 우리가 이어가고 싶은 기억의 서사는 무엇인가? 우리가 축구를 어떻게 기억하느냐는 우리가 인생을 어떻게 살아가는지와 닮아 있다. 그 이야기를 잊지 않는 한 삶은 언제든 다시 시작될 수 있다.

마음의 영구결번: 축구와 삶에서의 기억

영구결번, 은퇴식, 레전드 매치와 같은 의례들은 한 선수의 시간과 헌신 그리고 팬과의 관계가 축적된 이야기를 공동체가 다시 살아내는 순간이다.

하지만 오늘날 축구는 그런 배웅의 장면을 점점 잃어가고 있다. 선수와 감독은 구단의 일방적인 결정으로 이별을 통보받고 팬들과 작별

                                        골 때리는 인문학

인사조차 나누지 못한다. 시장 논리가 관계의 온기를 대신하면서 이 적과 계약 해지는 종종 SNS 한 줄로 마무리된다. FC서울의 데얀·박 주영·기성용, 수원삼성의 염기훈, 전북현대의 김상식 감독이 남긴 이 별 장면은 오랜 시간 쌓인 추억이 얼마나 손쉽게 지워질 수 있는지를 보여준다.

이런 풍경은 우리 삶과도 닮아 있다. 현대인은 죽음과 이별에 점점 무뎌지고 있다. 장례식은 형식만 남고 추모는 빠르게 소비된다. 미디 어는 죽음을 정보나 콘텐츠로 취급하며 때로는 영정사진 앞 유산 분 쟁처럼 타인의 비극을 자극적으로 소비한다. 우리는 고인을 애도하기 보다 사건을 소비하고 지나친다. 이제 죽음은 작별의 의미를 잃고, '뉴 스'와 '시장'의 소비 대상으로 전환되었다.

그래서 축구의 '영구결번'은 우리에게 깊은 상징으로 다가온다. 떠 난 이를 충분히 기억하고, 그 의미를 마음속에 새기는 일. 그것이 일종 의 '마음의 영구결번'이다. 이는 관계와 시간을 존중하며 인간다움을 복원하는 행위다. 팬들이 레전드 매치에서 과거를 되살리듯 우리 또 한 삶 속에서 떠난 이를 기억하고 추모하며 그 흔적을 마음속에 살아 있게 해야 한다.

13

동대문운동장 '창갈이 아저씨':
공간 생산

축구는 어디서든 시작된다. 골목길, 학교 운동장, 동네 공터… 공 하나만 있으면 그곳이 곧 경기장이 된다. 하지만 현대 축구는 대부분 스타디움이라는 전문화된 공간에서 열린다. 그리고 이 공간은 공을 차는 장소로만 기능하지 않는다. 도시 중심에 자리한 스타디움은 마치 심장처럼 뛰며 사람들을 불러모은다. 이곳은 도시의 상징이자 정체성을 드러내는 무대다.

스타디움 주변에는 식당과 상점이 생기고 교통망이 연결되며 팬들의 기억은 골목골목에 스며든다. 스타디움이 도시를 재편하고, 도시는 그 스타디움을 통해 자신을 말한다. 이때 공간은 사람들의 열망과 정체성, 반복된 감정이 축적된 장소가 된다.

이러한 공간의 사회적 의미를 읽어내는 데 있어 철학자 앙리 르페브르의 '공간의 생산' 개념은 깊은 통찰을 제시한다.

공간은 생산된다

르페브르는 『공간의 생산』[50]에서 공간을 물리적 틀로 한정하지 않고, 사회적으로 '생산'되는 것으로 보았다. 즉 공간은 텅 빈 무대가 아닌 삶과 권력, 상징과 실천이 뒤엉킨 살아 있는 구조다.

르페브르는 공간을 세 층위로 나눈다.

- 공간의 표상: 도시계획, 건축도처럼 전문가와 권력이 설계한 공간
- 표상의 공간: 사람들이 기억과 상상, 감정을 투사하는 상징의 공간
- 공간적 실천: 사람들이 실제로 걷고 응원하고 삶을 살아내는 공간

스타디움은 이 세 층위가 겹쳐 있는 곳이다. 권력이 설계한 구조이자 팬들의 감정이 깃든 장소이며 매 경기마다 사람들의 움직임으로 다시 살아나는 무대다. 이 층위들은 서로 맞물리며 결국 하나의 의미 있는 장소로 작동한다.

르페브르는 자본주의 도시화 속에서 공간이 이윤과 통제의 수단으로 전락하는 것을 경계했다. 그는 공간이 이윤의 논리를 벗어나 삶의 실천과 감정이 복원되는 '공공의 장'으로 거듭나야 한다고 보았다. 이러한 관점은 도시 이론가 에드워드 소자에게도 이어진다. 소자는 공간이 개인과 집단의 정체성을 구성하는 핵심적인 방식이라고 말했다.[51]

결국 공간은 장소이면서 기억이고 경험이자 정체성이다. 스타디움 역시 벽돌과 잔디로만 이루어진 구조물이 아니다. 수많은 사람의 이야기가 얽히고 감정이 중첩되는, 살아 있는 사회적 공간이다.

스타디움, 권력과 감정이 교차하는 장소

축구 스타디움은 르페브르가 말한 '공간의 생산' 개념이 가장 역동적으로 구현되는 장소다. 스타디움은 철저히 계획된 공간이다. 입지 선정, 건설 비용, VIP석 배치, 스폰서 계약까지… 이 모든 요소는 도시 권력과 자본이 설계한 '공간의 표상'이다.

그러나 스타디움은 설계도로만 존재하지 않는다. 역사적인 승리와 충격적인 패배, 목청껏 부른 응원가, 함께 울고 웃던 순간들이 켜켜이 쌓인 감정의 공간이기도 하다. 팬들의 기억이 덧입혀진 이곳은 '표상의 공간'이 된다.

그리고 그런 장소는 팬들의 실천으로 살아난다. 경기장으로 향하는 길, 익숙한 좌석, 함께 외치는 응원가, 골이 터질 때의 몸짓. 이 일상적 반복이 '공간적 실천'이다. 팬들의 감정과 움직임은 공간을 다시 쓰고 의미를 덧입힌다.

도시는 이런 스타디움을 통해 존재감을 드러낸다. 월드컵 유치, 랜드마크 건설, 스타디움을 매개로 글로벌 무대에 이름을 새긴다. 어떤 도시는 스타디움을 중심으로 도심 재생과 지역 경제를 활성화한다. 주변에 카페와 상점, 문화 공간이 들어서고 팬들의 발걸음은 도시의 리듬을 다시 깨운다.

하지만 반대로 외곽에 고립된 스타디움이 지역과 단절되고 VIP석만 가득 차면 팬들은 그곳을 '우리 공간'이 아닌 '그들의 공간'으로 인식한다. 그런 스타디움은 공동체로부터 이탈한 상징이 되고 만다.

르페브르에 따르면 공간은 결코 중립적이지 않다. 스타디움은 도시 권력의 의도, 자본의 이해관계, 팬들의 감정이 얽히는 복합적이고

 골 때리는 인문학

정치적인 실천의 장이다. 축구는 도시를 형성하고, 도시는 축구를 통해 자신을 드러낸다. 그 접점에서 스타디움은 권력과 기억, 감정이 뒤얽힌 상징적 무대로 기능한다.

건축학자 백진은 『정의와 도시』[52]에서 도시는 '정의'라는 가치 위에 세워져야 한다고 말한다. 그의 분석에 따르면 공존과 연대의 원리를 결여한 개발은 화려한 외형에도 불구하고 시민을 배제하는 구조를 만든다. 이 관점은 스타디움에도 그대로 적용된다. 경기장이 도시의 심장으로 기능하려면 특정 계층의 전유물이 아닌 시민 모두의 공공 자산이어야 한다.

창갈이 아저씨와 나의 동대문운동장

축구의 공간은 기억의 장소이자 정체성을 매개하며 감정과 권력이 교차하는 무대다. 우리가 어떤 공간을 그리워하는 이유는 그곳이 '살아 있는 이야기'를 품고 있기 때문이다.

서울 동대문운동장은 내게 그런 공간이었다. 고등학생 시절 축구부 선수였던 나는 닳은 축구화 밑창을 고치기 위해 종종 '창갈이 아저씨'를 찾곤 했다. 그의 구둣방은 경기장 옆 골목에 자리한 허름한 공간이었고 가죽 조각과 접착제 냄새가 뒤섞인 채 시간의 흔적을 고스란히 품고 있었다. 작은 공구함 너머로 들려오던 함성 소리와 묵묵히 일하던 아저씨의 손길은 동대문운동장이 내 삶에 새겨놓은 감정의 풍경이자 청춘의 한 장면이었다.

그 시절 학교 운동장은 대부분 흙바닥이었고 인조잔디는 흔치 않았다. 축구화는 자주 닳았고, 특히 스터드가 먼저 닳기 일쑤였다. 사람들은 축구화를 버리기보다 창을 갈아 다시 신었다. 나 역시 키카 K777-K, 아디다스 코파문디알, 미즈노 모렐리아를 닳도록 신고 또 고쳐 신으며 시간을 견뎠다. 그 축구화들은 아저씨의 손길과 함께 내 시간 속을 뛴 동료였다.

무엇보다 서울살이에 낯설었던 내게 동대문운동장은 주말마다 위로를 건네던 공간이었다. '창갈이 아저씨'는 그저 구둣방 사장이 아니라 내 외로움과 축구를 함께 버텨준 조용한 동반자였다. 그의 손길은 마음까지 고쳐주는 듯했고 말없이 건네던 아저씨의 미소는 낯선 도시에서도 나 혼자가 아니라는 걸 조용히 알려주는 신호였다. 르페브르의 말처럼 동대문운동장은 구조물이 아닌 축구와 시장, 상인과 청춘이 뒤섞인 살아 있는 사회적 공간이었다.

그러나 이제 그 공간은 사라졌다. 도시를 바꿔온 개발주의는 건물뿐 아니라 그 안에 축적된 삶의 기억과 감정까지 밀어냈다. 동대문운동장은 말해준다. 공간은 사라질 수 있지만 그 안에서 맺은 관계와 감정은 여전히 남아 있다고. 결국 중요한 건 '어디에 있었느냐'보다 그 공간에서 '누구와 어떤 감정을 나누었느냐'이다.

이제 우리는 묻는다. 지금 우리가 만들어가는 공간은 어떤 이야기로 채워지고 있을까? 그리고 우리가 떠난 뒤 그 공간은 우리를 어떻게 기억할까?

사라진 공간, 지워진 기억:
동대문운동장의 철거를 돌아보며

도시는 꿈을 품은 공간이지만 그 꿈은 종종 일방적이다. 동대

골 때리는 인문학

문운동장의 철거는 서울이 '디자인'이라는 이름으로 택한 개발의 방향 그리고 그 과정에서 배제된 기억과 관계를 드러내는 사건이었다.

김성진은 『축구 성지의 계보』에서 "동대문운동장은 대한민국 최초의 근현대식 경기장이지만 사라지는 과정을 보면 초라하기 짝이 없다"[53]고 지적한다. 그는 이 철거가 '디자인 서울' 정책의 일환이었다고 말하며 피맛골처럼 역사성을 무시한 채 쉽게 지워버린 사례라 비판한다. 반면 아스널이 하이버리 스타디움을 철거하면서도 관중석 일부와 입구 외관을 남겨 기억을 보존한 방식은 우리가 놓친 또 다른 가능성을 보여준다.

철거 당시 운동장 밖에서는 800여 명의 노점상들이 '생존권 사수 결의대회'를 열며 반대했다.[54] 운동장이 사라진 자리에 들어선 것은 디자인된 광장이었지만 그곳엔 더 이상 '창갈이 아저씨'의 구둣방도, 낡은 축구화를 들고 기다리던 소년의 시간도 없다.

그 공간이 사라졌다고 기억까지 사라진 것은 아니다. 그러나 우리는 너무 자주, 너무 쉽게 기억을 잃는다. 동대문운동장은 철거되었지만 그곳에 깃든 감정의 풍경은 여전히 남아 있다. 그 기억이 우리가 도시와 공간을 다시 사유해야 하는 이유가 된다.

사라진 공간은 되돌릴 수 없지만 그 안의 이야기는 우리가 어떻게 기억하고 말하느냐에 따라 다시 살아난다. 지금 우리가 할 일은 더 이상 그 기억이 쉽게 지워지지 않도록 끝까지 말하고 남기는 것이다.

14

축구는 시각적 서사다 : 이미지론

축구는 극적인 구성, 뚜렷한 캐릭터, 감정의 흐름이 얽힌 살아 있는 드라마다. 팬들은 경기를 기억하고 해석하며 함께 살아낸다. 스타 선수의 골 세리머니, 감독의 격정적인 몸짓, 관중석을 가득 채운 환호와 눈물. 이 모든 순간은 연극 무대처럼 감정을 연출하며 하나의 거대한 감정극을 만들어낸다. 그것은 이야기가 되고 감정이 터지는 거대한 스펙터클이다.

골 세리머니 하나, 관중의 환호 한 줄기마다 기억과 감정이 얽이고, 그 순간들은 우리 안에 서사로 남는다. 축구는 시각으로 펼쳐지는 이야기이며 보는 이의 해석에 따라 끝없이 의미가 확장되는 감정의 무대다. 우리는 그 이미지 속에서 과연 어떤 삶의 장면을 떠올리고, 어떤 이야기를 읽고 있는가?

같은 장면, 다른 해석

여기서 중요한 것은 '무엇을 보느냐'보다 '어떻게 보느냐'다. 팬들은 축구를 결과나 데이터로만 소비하지 않는다. 감정과 기억, 상상력으로 해석하며 능동적으로 참여한다. 이 지점에서 미디어 철학자 빌렘 플루서의 이미지론 개념이 의미 있게 다가온다.

플루서는 『사진의 철학을 위하여』[55]에서 이미지는 우리가 세상을 읽고 감정을 조직하며 의미를 부여하는 방식이라 설명한다. 의미는 관찰자의 기대와 감정, 사회적 맥락에 따라 달라진다. 그는 "그림의 의미는 표면 위에 부착되어 있으며 의미를 심화시키기 위해서는 그 표면을 따라가야 한다"고 말한다.[56] 즉 시선은 이미지의 구조와 관찰자의 의도에 따라 유동적으로 움직이며 그 과정에서 의미가 형성된다.

축구도 마찬가지다. 하나의 골 세리머니를 어떤 이는 영웅적으로 받아들이고, 또 다른 이는 오만함으로 본다. 동일한 장면도 관객 경험과 문화적 배경에 따라 전혀 다르게 해석된다. 이처럼 축구는 관객의 삶과 정서에 따라 의미가 덧입혀지는 열린 이미지다.

이러한 관점은 기호학자 마르틴 졸리의 이미지론으로도 확장된다. 그녀는 『이미지와 해석』[57]에서 이미지는 사회문화적 문맥 속에서 끊임없이 재구성되고 변화하는 해석의 결과물이라고 강조한다. 이미지는 우리가 현실을 이해하고 감정을 조직하는 틀로 작용한다는 것이다.

같은 맥락에서 축구는 우리가 삶을 해석하고 감정을 구성해가는 하나의 언어이며 끊임없이 의미를 만들어가는 살아 있는 해석학이다.

축구의 이미지: 읽히는 경기, 해석되는 서사

축구는 수많은 이미지로 구성된다. 선수의 클로즈업, 슬로우 모션 리플레이, 해설진의 멘트, 유튜브 하이라이트의 자막, 광고판의 메시지, 전술 분석 그래픽까지… 이 모든 것이 축구를 하나의 이미지화된 이야기로 재구성한다.

그리고 관객은 이 이미지 위에 자신의 기억과 감정을 덧입힌다. 같은 장면을 보고도 어떤 이는 그것을 전설의 순간으로, 또 다른 이는 아쉬움과 분노의 기억으로 새긴다. 그렇기에 축구는 '읽히는 경기'이며 '해석되는 서사'다.

이러한 축구의 서사성과 해석의 다양성을 세계 작가들의 시선으로 담아낸 책이 있다. 『더 글로벌 게임 *The Global Game*』[58]은 아프리카, 남미, 유럽, 아시아 각지의 작가들이 써 내려간 축구 이야기들을 통해 축구가 삶과 역사, 감정과 기억이 얽힌 이미지의 언어임을 보여준다.

책 속 글들은 승패의 이면을 포착한다. 누군가는 내전의 유년 시절을 축구공에 투영하고, 또 누군가는 인종·계급·성별의 경계를 넘어서는 순간들을 서사화한다. 사소해 보이는 공의 움직임조차 그것을 바라본 이의 기억과 문화에 따라 전혀 다른 의미로 새겨진다.

『골 때리는 인문학』이 철학 개념을 통해 축구를 사유한다면 『더 글로벌 게임』은 문학적 감수성으로 축구를 이미지화된 이야기, 곧 시적 서사로 재구성한다. 축구는 어디서나 같은 규칙으로 진행되지만 받아들이는 방식은 다르다. 그 의미는 문화적 맥락과 관객의 해석에 따라 끊임없이 번역되고 다시 태어난다.

플루서의 말처럼 수용자는 수동적 소비자가 아니다. 관객은 공동

　　　　　　　　　골 때리는 인문학

제작자이자 해석자다. 관객의 해석 속에서 축구는 다시 살아나고, 그 과정을 통해 개인의 삶과 축구는 연결된다. 그렇기에 축구는 감정과 기억을 비추는 은유적 스크린이 된다.

그라운드 위의 선수들 또한 해석자다. 안양FC 주장 이창용은 그 대표적 사례다. 그는 매 경기 후 자신의 감정을 SNS에 기록하고 축구를 통해 얻은 통찰을 팬들과 나누어왔다. 그렇게 축적된 글들은 『이 세상은 마인드 차이다』[59]라는 책으로 묶였다.

이창용은 축구를 통해 존재를 사유하는 '생각하는 선수'로 자리매 김했다. 그의 사례는 플루서가 말한 '수용자의 창조적 역할'을 그라 운드 위에서 실천한 예다. 결국 팬이든 선수든 모두 축구를 각자의 방식으로 해석하고 재구성한다. 그리고 그 해석은 개인의 감정과 기억을 담은 또 하나의 이미지로 남아 축구의 서사를 더욱 풍성하게 만든다.

이미지를 말하는 사람들: 팬에서 해설자로

현대 축구는 더 이상 경기장에서만 존재하지 않는다. TV 중계, 유튜브 하이라이트, SNS 해설 콘텐츠를 통해 축구는 시공간을 넘어 이미지로 유통된다. 이제 팬들은 이미지를 해석하고 감정을 되살려내는 적극적인 참여자다.

《축구왕 슛돌이》,《쥐라기 월드컵》 같은 애니메이션부터 《죽어도 선덜랜드》,《수카바티: 극락축구단》,《Road to One: 나의 사랑 나의 수원》,《옐로 스피릿》 같은 다큐멘터리까지, 이들 콘텐츠는 팬들이 축구를 자신만의 이야기로 재구성하는 방식으로 구성된다.

출근길에 유니폼을 입고 걷는 사람들, 핸드폰과 노트북, 자동차에 구단 스티커를 붙이는 사람들. 이 일상의 행위는 축구라는 이미지와 맺는 사적인 대화다. 축구는 그라운드를 넘어 일상과 문화 속에서 끊임없이 해석되며 새로운 이미지로 살아난다.

어떤 팬은 해석자에서 한 걸음 더 나아가 의미를 재구성해 전달하는 주체로 성장한다. 대학 시간강사 시절, 내 강의실에서 만났던 남윤성 축구 해설위원이 그 예다. 그는 학부생 때부터 해설자가 되겠다는 목표를 품고 "무엇부터 시작해야 할까요?"라고 묻곤 했다. 재학 중 축구 전문 언론사 인턴으로 활동하며 K리그 현장을 누볐고, 졸업 후에는 1인 방송으로 전술과 흐름을 팬들에게 알기 쉽게 풀어냈다. 정규 루트는 아니었지만 축구 해설 오디션에서 1위를 차지해 SPOTV 해설위원으로 발탁되었고, 현재는 쿠팡플레이에서 활동 중이다.[60]

남윤성이 하는 일은 정보 전달만이 아니다. 그는 장면의 맥락과 감정을 읽어 '말'이라는 언어로 다시 구성한다. 말하자면 이미지 위를 걷는 해석자이자 축구 이야기를 다시 쓰는 창작자다. 팬의 자리에서 출발해 해설자의 언어로 번역해낸 그의 여정은, 이미지 시대의 축구가 어떻게 해석되고 유통되는지를 상징적으로 보여준다. 그리고 그 해석은 또 다른 기억의 이미지로 이어진다.

도시를 품은 팬, 감정을 새긴 엠블럼

축구 전문기자 류청은 이런 이미지로서의 축구를 읽고 해석해온 대표적인 인물이다. 『축구는 사람을 공부하게 만든다』[61]에서 그는 전 세계 14개 축구 도시를 발로 누비며, 축구가 어떻게 도시의 건

골 때리는 인문학

축과 역사, 감정 속에 스며드는지를 기록했다.

예를 들어 이스탄불에서는 페네르바체와 갈라타사라이의 라이벌 구도가 정치와 종교 정체성의 분열로 이어지고, 바르셀로나에서는 캄프 누 경기장과 메시의 플레이가 가우디의 미학과 어우러지며 도시의 상징으로 재탄생한다. 그의 여정은 축구가 사람과 도시의 감정에 어떻게 이미지로 새겨지는지를 생생하게 보여준다.

또 다른 저서인 『유럽 축구 엠블럼 사전』[62]에서 그는 엠블럼이 구단의 역사와 사회적 상징이 담긴 텍스트임을 밝힌다. 팬들은 엠블럼을 통해 팀의 전통과 정체성을 읽고 그 의미를 자신과 연결한다. 엠블럼은 가슴에 새긴 감정의 기호이자 반복되는 응원의 상징이다.

이처럼 류청의 작업은 축구를 이미지로 해석하고 감정과 정체성의 언어로 재구성해왔다. 그의 기록은 축구팬이 수동적 소비자가 아닌 해석자이며 감정을 복제하고 확장하는 존재임을 증명한다. 축구는 도시의 거리에서, 여행자의 마음속에서, 팬의 가슴 속에서 끊임없이 읽히고 쓰이는 이야기다.

감정으로 만든 이미지: 우리가 축구를 기억하는 이유

우리가 축구를 기억하는 이유는 그 안에 기쁨과 좌절, 희망과 상실, 응원과 배신 같은 삶의 감정이 투영되어 있기 때문이다. 하이라이트 한 장면에서 울컥했던 기억, 함께 응원하던 친구와 나눴던 환호와 탄식, 그날 입었던 유니폼의 색까지… 축구는 우리가 함께 만들어낸 감정의 이미지다.

각자의 해석은 경기의 일부가 되고 각자의 삶은 축구를 통해 또 다른 이야기로 다시 쓰인다. 축구는 우리가 세상을 어떻게 보고 기억하고 의미화하는지를 훈련하는 하나의 은유적 장치다.

오늘 당신은 어떤 이미지를 통해 자신의 삶을 해석하고 있는가?

골 때리는 인문학

15

축구 팬덤은 밈이다: 문화 유전자

맨체스터 유나이티드의 홈구장 올드 트래포드. 킥오프 직전, 수만 명의 관중이 한목소리로 〈Glory Glory Man United〉를 외친다. 경기장은 함성과 깃발, 박수 소리로 진동한다. 같은 유니폼, 같은 박자, 같은 환호, 심지어 패배 후 반복되는 징크스까지. 이 순간 경기장은 '복제되는 문화의 생태계'로 변모한다.

팬들은 서로의 응원 방식과 제스처를 모방하고 자신만의 감각을 더해 재창조한다. 시즌마다 그것은 조금씩 진화한다. 이러한 반복과 변형은 진화생물학자 리처드 도킨스가 말한 '밈'meme 개념과 정확히 맞물린다. 응원가, 제스처, 유니폼, 징크스 등은 문화 유전자로 작동하고, 축구장은 그 복제와 진화를 실험하는 '밈의 생태계'가 된다.

우리는 축구를 통해 어떻게 서로의 감정과 정체성을 나누고 또 복제하고 있는가?

팬덤, 징크스, 응원가가 진화하는 이유

도킨스는 『이기적 유전자』[63]에서 생물학적 유전자처럼 작동하는 문화적 유전자, '밈' 개념을 제안했다. 밈은 생각이나 유행처럼 보이지만, 그보다 분명한 형태를 가진 문화적 단위다. 멜로디, 구호, 제스처처럼 모방을 통해 복제되고 환경에 적응하며 경쟁을 거쳐 살아남는다. 그 과정에서 어떤 밈은 퍼지고, 어떤 밈은 사라진다.

이후 여러 학자가 밈의 개념을 확장했다. 특히 작가 수전 블랙모어는 『밈』에서 밈을 정체성과 연결성을 구성하는 자기복제 장치로 설명한다. 그녀는 이렇게 말한다. "문화는 어떻게 진화하게 된 것일까? 밈학의 독특함과 강력함은 문화의 진화를 설명할 때 드러난다. 문화 진화에 대한 밈학의 요체는 밈을 독자적인 복제자로 취급한다는 점이다. 밈 선택은 유전자의 복제가 아니라 밈의 복제를 꾀하는 방향으로 사상의 진화를 이끌어간다는 생각이다. 이것이 기존의 문화 진화 이론과 밈학을 가르는 큰 차이점이다. 발명, 전파, 확산 그리고 문명의 탄생까지 모든 것이 밈의 힘이다."[64]

블랙모어의 관점에서 보면 축구 팬덤 속 응원가와 세리머니, 징크스는 감정과 기억을 복제하며 세대를 잇는 정체성의 코드다. 팬덤은 그렇게 살아 있는 밈의 네트워크를 이룬다.

축구 팬덤은 자신을 밈의 생태계로 만든다. 경기장 안팎에서 팬들은 노래, 제스처, 복장, 구호를 끊임없이 모방하고 변형하며 퍼뜨린다. 리버풀의 〈You'll Never Walk Alone〉은 이제 한 클럽을 넘어 전 세계 여러 팀이 번안하고 재해석해 부르는 밈이 되었고, 손흥민의 '카메라 골 세리머니' 역시 유소년 경기에서까지 흉내 내는 상징으로 자리 잡

골 때리는 인문학

았다.

이러한 밈은 이제 공동체를 잇는 무형의 언어이자 감정의 암호로 통한다. 경기 전 반드시 신는 양말, 특정 선수가 골을 넣을 때 터지는 드립, 유니폼 색상의 상징성, 커뮤니티를 타고 확산되는 패러디 영상들… 모두 복제되고 변형되며 살아 있는 문화 유전자다.

밈도 살아남기 위해 경쟁한다. 어떤 응원가는 한 시즌 만에 사라지지만 어떤 구호는 세대를 넘나들며 생명력을 유지한다. 2002년 월드컵의 '붉은 악마 파도타기'는 잠깐이었지만 '대~한민국!' 구호는 20년이 지난 지금도 여전히 경기장을 울린다. 이 차이는 유행과 정체성이 결정한다.

노래는 기억을 데려온다: 클롭과 슬롯, 낭만의 밈

도킨스가 말한 밈은 유전자처럼 복제되며 살아남는 문화의 단위다. 그것이 감정과 관계를 실어 나를 때 밈은 문화의 온기를 품은 기억이 된다.

2024년 5월, 위르겐 클롭은 안필드 마지막 홈경기에서 팬들 앞에 후임 아르네 슬롯의 이름을 노래했다. "Arne Slot, la la la la la!" 신뢰와 응원이 리듬을 타고 전해진 순간이었다. 정확히 1년 뒤, 데뷔 시즌 우승을 확정한 슬롯은 같은 자리에서 클롭의 이름을 불렀다. "Jurgen Klopp, la la la la la!" 그 노래는 경의와 감사 그리고 리버풀 공동체에 대한 사랑의 회복이었다.

이 두 장면은 밈의 낭만적 힘을 보여준다. 경쟁과 효율이 지배하는 현대 축구 속에서 클롭과 슬롯은 사람과 전통, 감정을 우선하는 리더십의 밈을 남겼다. 그들이 남긴 밈은 팬들이 계속 불러내는 이름이자 서로를 잇는 징검다리가 되었다.

트럼펫 하나로 번진 밈: 빌바오에서 울린 응원가

2025년 유로파리그 결승을 앞둔 스페인 빌바오. 하루 전날, 한국인 팬 손장원 씨가 거리에서 트럼펫으로 〈Oh When the Spurs Go Marching In〉을 연주했다. 그의 즉흥 연주는 토트넘 팬들의 합창을 이끌었고 낯선 골목은 순식간에 북런던의 열기로 물들었다.[65] 누가 지시한 것도 방송된 것도 아니었지만 익숙한 멜로디는 집단적인 반응을 불러냈다.

이 장면은 도킨스가 말한 밈의 작동 방식을 잘 보여준다. 밈은 복제되고 전염되며 진화하면서 사람들의 행동과 정체성을 형성한다. 원래 복음성가(〈When the Saints Go Marching In〉)였던 이 곡은 토트넘 팬들이 자신들의 응원가로 변형하며 클럽의 상징이 되었다. 오늘날 스타디움에서 트럼펫과 함께 울려 퍼지는 대표 응원가는 팬들의 무의식적 반응과 정체성을 잇는 장치가 되었다.

주목할 점은 익숙한 응원가가 트럼펫이라는 매체를 통해 거리에서 '재매개'되며 새로운 감정의 흐름을 만들어냈다는 것이다. 개인의 연주가 다국적 팬들의 합창으로 확장되었고, 이 장면은 SNS를 통해 전 세계로 확산되었다. 이는 도킨스가 말한 '적응력 있는 밈'의 전형이다. 콘텐츠는 변형되지만 핵심 구조는 유지되며 새로운 상황 속에서 재생산된다.

결국 빌바오의 트럼펫은 음악, 문화, 정체성, 디지털 확산을 아우르

　골 때리는 인문학

며 축구를 하나의 확장된 문화 유전자 체계로 만들었다. 이 밈의 전파
는 축구가 사람을 연결하고 감정을 매개하는 복합적 문화 실천임을
다시 한번 증명한다.

김덕배와 히동구: 팬덤, 기억 그리고 밈의 언어

한국 축구·팬덤에서 케빈 데 브라이너를 '김덕배', 거스 히딩
크를 '히동구'라 부르는 현상 역시 도킨스가 말한 밈의 대표적 사례다.
'김덕배'라는 호칭은 데 브라이너의 플레이 스타일이 한국 팬들에게
정서적으로 친숙하게 다가오기에 그를 한국 선수처럼 느끼고 싶다는
집단적 감정에서 비롯되었다. '히동구' 역시 히딩크를 외국인 감독이
아닌 '우리 편', 가족처럼 받아들이고 싶은 마음이 담긴 명명이다.

이러한 호칭은 팬덤이 축구 스타를 문화적으로 수용하고 재해석하
는 실천이며 세대의 기억과 감정이 축적된 팬 문화의 밈이다. '김덕배'
는 한국 팬들이 그를 어떻게 이해하고 사랑하고 자기화했는지를 보여
주는 문화적 창조물이다.

밈은 이처럼 팬덤의 언어가 되어 감정의 유전자를 퍼뜨리고 축구 문
화를 더욱 풍요롭게 확장시킨다. 팬들은 무의식적으로 선택한다. 어떤
동작을 반복하고 어떤 노래를 부르며 어떤 감정에 의미를 실을지를. 이
렇게 선택된 밈은 다시 복제되고 새 팬들에게 전해져 그들의 정체성
속에 스며든다. 축구장은 이처럼 밈이 태어나고 진화하며 감정의 유전
자가 교차하는 문화의 실험장으로 변한다.

산 시로의 밤, 밈에 잠기다

2014년 2월, 나는 석사학위논문을 제출하고 '런던 인, 로마 아웃' 비행기표 한 장만 들고 유럽 배낭여행을 떠났다. 계획 없는 여정 중 우연히 도착한 도시가 밀라노였다. 늦은 오후, 목적 없이 걷던 길에서 산 시로 경기장을 마주쳤고, 마침 그날 저녁 AC밀란의 홈경기가 열린다는 사실을 알게 되자 주저 없이 표를 샀다.

어릴 적 나에게 산 시로의 인터밀란과 AC밀란은 축구팀 그 이상이었다. 그곳에서 뛰던 호나우두, 인자기, 다비즈, 호나우딩요, 비에리, 피를로, 카카, 칸나바로, 말디니, 셰브첸코는 모두 우상이었다. 그들의 플레이 영상은 나의 감정과 상상력을 반복적으로 자극하는 하나의 '의례'였다.

그날, 비록 그들은 경기장에 없었지만 그들이 남긴 응원가와 제스처, 분위기는 여전히 그 자리에 살아 있었다. 경기가 끝난 후에도 나는 쉽게 자리를 뜨지 못했다. 경기장 주변을 걷고 또 걸으며 스스로에게 물었다. '나는 지금 무엇에 잠겨 있는가?'

그 물음은 내게 산 시로가 감정과 기억이 복제되고 팬덤의 열기가 재현되는 밈의 장소였음을 일깨웠다. 나는 그날 밤, 수천 번의 반복을 통해 감정의 리듬이 형성된 그 공간에서 '정서의 복제자'로 존재했고 과거의 나와 현재의 나를 연결하는 밈 의식에 참여하고 있었다.

축구장에서 반복되는 몸짓과 구호는 감정의 유전이자 정체성의 언어이고 관계의 재생산이다. 우리가 함께 외친 그 한마디, 복제된 응원 하나가 누군가의 기억에 남아 또 다른 '우리'를 만들어낸다.

밈은 사라지지 않는다. 반복되고 복제되며 진화한다. 그리고 어느

골 때리는 인문학

날, 골목 어귀나 한밤의 스타디움에서 불현듯 다가와 묻는다. "당신은
지금, 무엇에 잠겨 있는가?" 그리고 다시 속삭인다. "당신에게도 문득
삶을 멈추게 하는 산 시로가 있는가?"

16

패배의 주범 : 희생양 메커니즘

월드컵 16강전의 마지막 승부차기 시간이었다. 공이 골문을 빗나가는 순간 선수는 고개를 떨군 채 그라운드를 빠져나간다. 팬들은 즉시 분노에 휩싸이고, 언론은 그를 '패배의 주범'이라 단정한다. SNS에는 날선 댓글이 쏟아지며, 그는 순식간에 '국민의 죄인'으로 낙인찍힌다. 이 장면은 일회적 사건에 머무르지 않고, 반복적으로 소환되며 감정적으로 재구성되는 기억의 서사로 굳어진다. 실수는 냉정한 분석보다 감정의 프레임 속에서 재해석되며, 비난은 특정 인물에게 집중된다.

축구가 팀 스포츠임에도 패배의 화살은 유독 한 개인에게 꽂히곤 한다. 팬들은 원인을 찾아야 마음이 놓이고 언론은 얼굴 있는 인물을 앞세워 서사를 만든다. 이때 경기의 맥락은 지워지고 그 공백은 누군가의 이름으로 채워진다. 익숙한 방식이다.

누군가를 탓해야 마음이 놓일 때 축구장은 감정의 희생양을 만들어낸다.

감정은 희생양을 원한다

인류학자 르네 지라르는 이를 '희생양 메커니즘'이라 불렀다. 그는 공동체가 불안과 혼란을 외면하기 위해 특정 인물에게 감정을 집중시키고 제거하는 반복적 구조를 지적한다. 이 과정은 고대의 제의부터 오늘날의 스포츠 담론에 이르기까지 집단 질서를 유지하는 방식으로 이어진다.

이때 희생양은 팬들의 실망과 분노, 상실의 감정을 한 몸에 받아내는 상징적 존재다. 공동체는 그에게 책임을 전가하고 감정을 투사함으로써 스스로의 불안을 잠재운다. 이는 집단의 균열을 덮는 무의식적 장치다.

지라르의 통찰은 현대 스포츠 담론에도 그대로 적용된다. 고대 제의에서처럼 오늘날의 팬 문화도 특정 인물에게 감정을 몰아가며 집단 질서를 유지한다. 우리는 왜 누군가를 반드시 '찍어야만' 비로소 마음이 편안해지는가? 이 구조는 어떻게 반복되며 무엇을 은폐하는가?

희생양 메커니즘: 공동체의 폭력 배출구

지라르는 『폭력과 성스러움』[66]에서 공동체가 위기에 처할 때 갈등의 에너지를 외부로 배출하기 위해 '희생양 메커니즘'을 작동시킨다고 설명한다. 혼란의 시기, 사람들은 특정 인물을 지목하고 내쫓음으로써 내부 질서를 되살리려 한다. 이때 선택된 사람은 실제로 잘못한 인물이 아닐 수도 있다. 그는 분노를 투사할 수 있는 상징적 존재일 뿐이다.

이 메커니즘은 고대 신화나 제의에만 머물지 않는다. 지라르는 정치, 일상, 심지어 스포츠에서도 이 구조가 반복된다고 본다. 축구도 예외가 아니다. 실수한 선수는 단숨에 감정의 타깃이 되고 패배의 모든 실망과 분노가 쏟아진다.

이러한 구조는 심리학자 조너선 하이트의 정서 이론과 함께 보면 더 선명해진다. 하이트는 『바른 마음』에서 도덕적 판단은 이성보다 직관과 같은 감정에서 비롯된다고 말한다. "직관이 먼저이고, 전략적 추론은 그다음이다."[67] 팬들은 먼저 분노를 느끼고 그 감정을 정당화할 논리를 나중에 만들어낸다. 희생양을 만드는 것은 이성보다 감정이 이끄는 본능적 반응이라는 것이다.

축구는 이러한 감정의 흐름이 집단적으로 공개적으로 작동하는 무대다. 수많은 팬이 동시에 환호하고 실망하며 감정을 공유하는 만큼 '누군가를 탓하고 싶은 욕망'도 빠르게 확산된다. 지라르의 말처럼 희생양은 공동체 질서를 잠시 복원하는 배출구다. 하지만 그 배출의 결과가 한 개인에게 남기는 상처는 충분히 성찰되지 않는다.

축구에서 희생양은 어떻게 만들어지는가

축구에서 희생양은 우연히 등장하지 않는다. 반복되는 사회적 구조와 심리적 조건 속에서 의도적으로 생성된다. 관중의 시선, 언론의 프레이밍, 감정의 흐름이 맞물릴 때 '집단적 결과물'로 나타난다. 일반적으로 희생양은 다음 3가지 조건이 맞물릴 때 등장한다.

첫째, 불확실한 책임. 팀 스포츠인 축구에서 패배는 개별 실수보다 복합적인 원인과 구조적 문제에서 비롯된다. 하지만 경기가 끝나면 사람들은 전체 맥락보다 눈에 띄는 장면에 집중한다. '누가 마지막에 실수했는가'는 곧 '누구의 잘못인가'로 압축되고 대중은 이성적 설명보다 감정적으로 납득 가능한 원흉을 찾는다.

둘째, 집단 감정의 방출 욕구. 기대가 컸던 경기에서의 패배는 실망과 분노를 동반하며 사람들은 그 감정을 어딘가에 쏟아내고자 한다. 이 감정은 종종 경기 외부의 사회적·정치적 불만과 섞여 폭발력을 키운다. 좌절된 기대는 감정의 배출구를 찾고, 그 감정은 가장 약하거나 눈에 띄는 대상을 향한다. 이처럼 감정의 표적은 합리적 분석이 아니라 집단 감정의 무게가 만들어낸다.

셋째, 미디어의 선택과 집중. 언론과 SNS는 신속하게 서사를 구성한다. 누가 실수했는지, 누가 울었는지, 누가 조용히 떠났는지… 이 장면들은 곧 하나의 이야기로 엮이고, 그에 따라 여론의 방향이 정해진다. 그 순간 한 명의 선수는 실수의 주체에서 '패배의 상징'으로 탈바꿈한다. 감정의 대리자이자 희생양이 된다.

이 구조는 지라르가 말한 고대 제의의 현대적 반복처럼 작동한다. 고대 사회는 불안을 해소하기 위해 제물을 선택하고 제거함으로써 공동체의 질서를 회복했다. 오늘날의 축구 팬덤과 미디어도 비슷한 역할을 한다. 축구장의 한 장면은 사회적 낙인을 생성하는 기제로 기능한다.

이 메커니즘은 특히 월드컵처럼 수백만 명이 주목하는 메가 이벤트에서 두드러진다. 단 한 번의 실수로 선수가 감당해야 하는 감정의 무게는 상상을 넘는다. 실수는 지나가도 낙인은 오래 남고, 그 기억은 또다시 다른 누군가를 향해 되풀이된다. 축구에서의 희생양은 이렇게 감정의 순환 속에서 반복적으로 만들어진다.

우리는 늘 희생양을 만든다

공동체가 위기에 직면하면 사람들은 논리보다 감정적으로 납득할 수 있는 대상을 찾는다. 이때 중요한 것은 '누가 잘못했는가'가 아니라 '누가 가장 탓하기 쉬운가'다. 책임의 판단은 냉정한 분석보다 감정적 설득력에 따라 결정된다. 누군가를 지목하고 배제하는 순간 공동체는 불안을 잠시나마 통제할 수 있다고 느낀다.

이때 등장하는 것이 '대인 논증'이다. 이는 상대의 주장이나 행동 대신 그 사람의 배경이나 성격 자체를 공격함으로써 논의의 본질을 흐리는 비합리적 수사다. 예컨대 감독의 전술을 비판하는 대신 "그 출신은 원래 안 돼", "정치적 성향이 의심스럽다"는 말로 신뢰 자체를 무너뜨리는 방식이다. '무엇을 했는가'보다 '누가 했는가'에 초점을 맞춘 비난이다.

이러한 방식은 감정적으로는 통쾌할지 몰라도 구조적 성찰로는 이어지지 않는다. 그래서 더 위험하다. 지라르가 말한 희생양 메커니즘이 무의식적 감정 배출이라면 대인 논증은 그 감정을 언어로 포장해 정당화한다. 반복될수록 더욱 강력해지고 손쉽게 재생산된다.

실제로 어떤 감독이 실망스러운 결과를 냈을 때 팬들은 전술보다 그의 학연, 지연, 군 이력 등 외적 조건에 집중한다. "그 출신은 실패한다", "외모가 단정하지 않다" 같은 말들은 경기 내용과 무관하게 그 사람 전체를 부정하는 프레임으로 작동한다. 이는 개인의 행동보다 정체성 자체를 문제 삼는 공격이며 결과적으로 인격 말살에 가깝다.

이런 방식은 지역, 계층, 인종, 정치 성향 등과 결합하면서 강력한 사회적 낙인을 형성한다. 감정 해소는 찰나지만 낙인은 오래 남아 개

　　　　　　　　　　　　　　　　　　　골 때리는 인문학

인에게 깊은 상처를 남긴다.

실제로 악성 댓글에 시달리다 극단적 선택에 이른 선수들의 사례가 반복되자 국내 주요 포털은 스포츠 기사 댓글 기능을 제한하거나 폐지했다. 온라인 공간의 집단 감정이 얼마나 쉽게 폭력으로 전이되는지를 감안한 경고였다.

그러나 분노는 새로운 방향을 찾는다. 댓글창이 닫히자 공격은 선수 개인의 SNS로 향했고 이제는 가족과 자녀의 계정까지 침범한다. 누군가는 '팬심'이라는 이름으로 이를 정당화하지만 본질은 집단이 한 개인에게 감정의 무게를 떠넘기고 불안을 통제하려는 무의식적 배제와 같다. 디지털 공간은 그렇게 또 다른 '희생양 만들기'를 재생산하고 있다. 이것은 '표현의 자유' 문제가 아니다. 공동체가 감정의 부담을 특정 개인에게 전가하면서 발생하는 구조적 폭력이다.

▌ 골대는 죄가 없다, 하지만 탓한다

패배의 순간, 사람들은 누구를 탓할까? 키커일 수도 골키퍼일 수도 있다. 그런데 어떤 때는 '골대'를 탓하기도 한다. 결정적인 찬스에서 슛이 골대를 맞고 튕겨 나가면 그 쇠막대는 물리적 장벽이 아니라 감정의 희생양이 된다. 농담처럼 들리지만 사실은 집단 감정이 불안을 정리하고 방향을 잡기 위해 설정한 상징적 대상이다.

이른바 '골대 징크스'는 축구계에 널리 퍼진 통념이다. 골대를 맞춘 팀이 결국 패한다는 믿음은 통계로 입증된 적은 없지만 중요한 순간마다 골대를 맞고 패배한 기억이 반복되면서 선수와 팬 모두에게 심리적 압박으로 작용한다. 골대는 그렇게 불운의 아이콘이자 경기 결과에 감정을 덧씌우는 장치가 된다.

2002년 한일 월드컵에서 프랑스는 디펜딩 챔피언이자 우승 후보였지만 충격적인 예선 탈락을 겪었다. 개막전에서 세네갈에 패한 데 이어 조별리그 세 경기에서 다섯 번이나 골대를 맞췄다. 골대 불운은 경기력 부족보다 더 강하게 기억되었고, 프랑스의 탈락은 "골대만 아니었으면…"이라는 말로 요약됐다. 그렇게 프랑스는 한 골도 넣지 못했고 골대는 프랑스 실패의 상징이 되었다.

지라르에 따르면 공동체는 불안이나 갈등이 고조될 때 이를 해소하기 위해 공통의 비난 대상을 설정한다. 이는 내부 분열을 막고 감정을 통합하려는 심리적 장치다. 골대를 향한 비난 역시 미신이나 농담이 아닌 감정을 정리하고 재배치하려는 집단 심리의 표현이다.

결국 골대 징크스는 희생양 메커니즘의 또 다른 모습이다. 사람들은 실패의 복잡한 원인을 단순화하고 감정의 출구가 될 대상을 설정해 분노를 정당화한다. 이때 징크스는 감정을 안정시키는 상징으로 작동하며 경기의 맥락조차 희생양 만들기의 무대로 바꿔버린다.

희생양 없이 축구를 사랑할 수 있을까

지라르는 공동체가 위기를 넘기기 위해 희생양을 만들고 그 희생을 통해 잠시 평온을 얻지만 곧 또 다른 희생양을 필요로 하게 되는 순환 구조를 지적했다. 희생은 질서를 회복시키지만 균형은 오래가지 않는다. 이 반복은 우리에게 묻는다. 패배는 누구의 책임인가? 그리고 책임을 한 사람에게 돌리는 일이 과연 정당한가?

축구는 개인의 기량만으로 이뤄지지 않는다. 팀 전체가 함께 움직

골 때리는 인문학

이며 만들어가는 공동의 경기다. 하지만 패배 앞에서 우리는 그 공동체성을 너무 쉽게 잊는다. 누군가의 실수가 전체를 망쳤다는 해석으로 감정의 질주는 이성을 덮는다. 감정은 복잡한 현실을 단순화하고, 그 틈에서 희생양이 등장한다.

이는 스포츠만의 문제가 아니다. 우리가 갈등을 어떻게 다루고 감정을 처리하는지를 보여주는 사회적 거울이다. 지라르는 "희생양 없는 공동체는 없다"고 말했다. 이는 인간 집단이 위기를 다루는 가장 오래된 방식에 대한 통찰이다. 하지만 이 구조를 인식하는 순간 우리는 다른 길로 나아갈 가능성을 찾을 수 있다.

책임을 묻는 태도에는 반드시 성찰이 전제되어야 한다. "누가 잘못했는가"보다 "어떻게 함께 실패를 감당할 것인가"라는 물음이 필요하다. 그 질문이 공동체를 다시 세우는 시작이 될 수 있다. 감정을 성찰로, 분노를 책임으로 바꾸는 태도야말로 우리가 지향해야 할 팬 문화의 품격이다.

품격

축구의 가치는 승부에만 있지 않다. 절제와 배려, 정의와 규칙이 어우러질 때 품격이 생긴다. 경기장 위에서는 욕망과 공정성이 충돌하고, 그 사이에서 인간의 윤리가 시험받는다. 때로는 이기는 것보다 '어떻게' 이기느냐가 더 중요하다. 그렇다면 진짜 멋진 승부란 무엇일까?

승패의 미덕 : 예(禮)

손흥민의 아버지 손웅정 씨는 아들에게 이렇게 말했다. "상대가 넘어지는 것을 보면 아무리 공을 툭 차면 골문으로 들어갈 수 있는 좋은 찬스라 해도 공을 바깥으로 차내라. 사람부터 챙겨라. 너는 축구선수이기 이전에 사람이다. 사람이 먼저다."[68]

그는 승패를 중시했지만 그것이 사람보다 앞설 수는 없다고 가르쳤다. 상대가 있어야 경기를 즐길 수 있고, 상대가 넘어진 순간엔 공을 멈추라는 것이다. 이 '사람이 중심'이라는 정신은 유학자 공자의 예(禮)가 오늘날 어떻게 살아 있는지 보여준다.

승부보다 더 중요한 것

축구는 승부를 가르는 경쟁이자 '어떻게 이기고, 어떻게 질 것인가'를 묻는 품격의 공간이다. 공자의 개념을 빌리자면 축구는 인간의 품격을 훈련하는 무대다.

축구는 이기는 법만 묻지 않는다. 때로는 누가 이겼는가보다 어떻게 이겼는가 혹은 어떻게 졌는가가 더 큰 감동을 준다. 반칙 없이 끝까지 싸운 팀, 마지막 순간까지 존중을 잃지 않은 선수, 판정에 겸허히 반응하며 악수를 건네는 장면. 이런 행동이 경기의 품격을 완성하며, 축구가 쌓아온 문화적 자산이 된다.

그래서 축구는 기술보다 태도를 먼저 묻는다. 이기고 지는 방식은 윤리적 태도에 관한 질문이다. 여기서 우리는 공자의 '예' 개념을 떠올릴 수 있다. 예는 타인을 존중하고 욕망을 절제하며 공동체의 질서를 지켜가는 윤리적 실천이었다. 축구는 그 예의 정신을 그라운드라는 작은 공동체에서 시험하고 연습하는 무대다.

조화와 절제의 질서

『논어』[69]에서 공자는 예를 도덕성이 삶의 행위 속에서 드러나는 방식, 즉 실천의 방식으로 보았다. 예는 공동체 안에서 관계를 원활히 하고 조화를 이룬다. 다시 말해, 예는 나를 단련하면서 동시에 타인과 더불어 살아가는 방법을 배우는 길이다. 공자는 "군자는 예로써 사람을 대한다"라고 말하며 인간을 대하는 태도에서 인격의 품격이 드러난다고 보았다. 예는 강제가 아닌 자율적 조화이며 타인과 나 사이에 품위를 세우는 언어다.

이러한 사유는 현대 스포츠 윤리와도 통한다. 스포츠철학자 윌리엄 모건은 『왜 스포츠는 도덕적으로 중요한가*Why Sports Morally Matter*』에서 "스포츠의 미덕은 규칙 준수를 넘어 타인에 대한 존중과 공동선을 위한 태도에서 비롯된다"[70]라고 말한다. 이는 승패 과정에서도 존

골 때리는 인문학

엄과 태도를 지켜내려는 윤리적 감각을 뜻한다. 공정한 경쟁, 상대에 대한 예우, 스포츠맨십은 곧 공자의 예와 맞닿아 있으며 축구는 그것을 구현하는 무대다.

축구의 예: 질서 속의 존중

축구에는 수많은 규칙이 있지만 규칙만으로 경기를 아름답게 만들 수는 없다. 진정한 아름다움은 배려에서 비롯된다. 선수 간의 존중, 심판에 대한 태도, 페어플레이 정신, 상대 팬에 대한 예의. 이 모든 것이 축구에서 예가 살아 숨 쉬는 순간이다. 경기 전후의 인사, 벤치 간 악수, 관중을 향한 인사는 신뢰와 존중을 표현하는 의례이며 경기를 함께 만든 이들에게 보내는 품격 있는 감사다.

경기 중 넘어진 상대를 일으켜주는 행위도 마찬가지다. 이는 인간 대 인간으로서의 존중을 드러낸다. 공자가 강조한 '서'恕, 곧 "내가 하기 싫은 일을 남에게 하지 말라"己所不欲 勿施於人는 가르침과도 맞닿아 있다. 축구는 승패를 가르는 경기지만 이런 순간들 속에 인간성과 도덕성이 담긴다.

그라운드 위의 '예'는 오래 기억된다. 2012년, 판 페르시는 아스널을 떠나 맨체스터 유나이티드로 이적한 뒤 친정팀을 상대로 골을 넣었지만 세리머니를 자제했다. 자신을 키워준 팀에 대한 마지막 예의였다. 2025년, FC안양의 골키퍼 김다솔은 과거 소속팀 대전하나시티즌과의 경기 후 대전 팬들 앞에 고개 숙여 인사했고 팬들은 그의 이름을 다시 불렀다. 기억을 되새기고 감정을 회복하는 순간이었다.

서포터즈 또한 품격을 실천하는 주체다. 2022년 리버풀과 맨체스터 유나이티드 경기에서, 아들을 잃은 호날두를 위해 리버풀 팬들은 7분째에 일어나 1분간 박수를 보냈다. 그의 등번호 '7'에 담긴 의미로 존중을 표현한 이 장면은 라이벌 관계를 넘어선 인간적 연대의 상징으로 남았다. 2025년에는 포항 팬들이 대전 팬 고 김하늘 양을 추모하며 경기 초반 응원을 멈추었다. 자극보다 존중을 택한 이 행동은 '경기 이전에 인간'이라는 태도를 분명히 드러냈다.

그리고 같은 해, 또 다른 장면이 있었다. 제주SK와의 경기에서 수원FC 공격수 싸박이 불필요한 행동으로 상대 선수의 퇴장을 유발했다. 경기는 수원FC의 승리로 끝났지만 제주의 팬들은 분노에 차 경기장을 떠나지 못했다.

그때 김은중 감독이 움직였다. 그는 싸박을 데리고 직접 제주 서포터즈 앞에 섰다. 싸박에게 고개 숙여 사과하게 했고 자신도 함께 사과의 뜻을 전했다. 그 순간 그라운드에는 묵직한 침묵이 흘렀다. 언론은 이 장면을 두고 "승자의 품격과 함께 예의를 갖췄다"라고 평가했다.[71] 김 감독의 행동은 존중 없는 승리는 진짜 승리가 아니다는 메시지를 몸소 보여준 교육이었다. 승리의 기쁨보다 예의를 먼저 세운 그의 선택은 이기는 법보다 더 어려운 '이긴 뒤의 태도'를 가르쳐주었다.

이처럼 축구장에서 우리는 종종 승부를 잊고 감정을 기억한다. 공자가 말한 '예'는 그 순간 감정의 조화 속에서 살아 있는 윤리다. 축구는 기술의 경연장이기 이전에 인간 됨을 훈련하는 장이다.

사람이 중심인 승부: 가드 오브 아너

공자는 결과보다 태도의 진정성을 중시했다. 잘 이기는 것은

골 때리는 인문학

기술로 가능하지만 상대를 존중하며 이기는 데에는 인격이 필요하다. 품격 있게 지는 태도 역시 관중과 상대의 존경을 불러온다. 예는 패배마저 존엄하게 만드는 윤리적 감각이다. 진정한 리더는 경기의 품격을 끌어올리는 사람이다.

이 철학은 '가드 오브 아너'guard of honour라는 장면에 잘 드러난다. 리그 우승이 확정된 팀이 경기장에 입장할 때 상대 팀이 두 줄로 서서 박수로 맞이하는 의식을 말하는데 승자의 겸손과 패자의 승복이 동시에 구현되는 순간이다. 2013년 프리미어리그에서 맨체스터 유나이티드가 우승했을 때 아스널은 라이벌임에도 가드 오브 아너를 실시했다. 2020년 라리가에서도 레알 마드리드가 우승했을 때 데포르티보 알라베스가 경의를 표했다. 이 짧은 환영 의례는 축구가 경쟁 위에 관계와 존중의 의미를 더하는 장면임을 보여준다.

2025년 프리미어리그 최종 라운드에서는 리버풀과 크리스탈 팰리스가 서로에게 가드 오브 아너를 실시했다. 팰리스는 리그 우승팀 리버풀을, 리버풀은 FA컵 우승팀 팰리스를 향해 같은 예우로 화답했다. 결과와 무관하게 두 번의 의식은 상대의 노력과 성취를 존중하는 상징이었다. 인간에 대한 존중은 경쟁을 넘어섬을 보여준 장면이었다.

물론 이 의식이 항상 환영받는 것은 아니다. 바르셀로나와 레알 마드리드처럼 감정이 깊은 라이벌 관계에서는 종종 생략되기도 한다. 그러나 그 논쟁조차 축구가 정체성과 감정을 품은 문화임을 증명한다. 가드 오브 아너는 '어떻게 이겼는가'뿐 아니라 '어떻게 맞이했는가'를 드러내는 장면이다. 결국 그것은 태도와 품격의 문제다.

떠나는 자를 예로 배웅하다: 손흥민과 공동체의 품격

2025년 8월 3일, 서울월드컵경기장에서 열린 토트넘과 뉴캐슬의 친선 경기는 평소와 같은 프리시즌 평가전이 아니었다. 이날은 손흥민이 토트넘 유니폼을 입고 뛰는 마지막 무대였다.

가장 인상적인 순간은 후반 막판 손흥민이 교체될 때였다. 양 팀 선수들은 경기를 멈추고 그를 향해 '가드 오브 아너'를 형성했다. 이는 그동안의 시간과 헌신에 대한 존중이자 경기 중에도 인간적인 예를 잊지 않는 축구의 품격을 상징했다. 이어 전반 7분과 후반 77분, 관중석에서는 그의 응원가 〈Nice One Sonny〉가 합창처럼 울려 퍼졌다. 등번호 7번을 기념한 시간의 의례였고, 팬들이 선수와 함께한 정체성을 집단적으로 기억하는 방식이었다.

경기가 끝난 뒤 토트넘 선수들은 그를 하늘 높이 들어 올리며 헹가래로 감사의 마음을 전했다. 무엇보다 인상적이었던 건, 손흥민이 완전히 경기장을 떠날 때까지 6만 5천여 명의 관중이 자리를 지킨 것이다. 떠나는 이에게 쓸쓸한 퇴장이 아닌 품격 있는 작별을 건네는 선택이었다. 축구가 여전히 예를 품은 스포츠임을 증명한 장엄한 의식이었다. 박수와 환호, 눈물과 미소가 뒤섞인 그 순간, 관중은 기억의 공동체이자 서사의 증언자가 되었다.

그날의 의례는 '예'가 살아 있는 축구의 얼굴이었다. 떠나는 이를 위한 박수, 합창, 헹가래 그리고 끝까지 자리를 지킨 관중의 선택은 모두 예의 표현이었다. 손흥민이 받은 예우는 곧 그가 살아낸 삶의 태도에 대한 공동체의 응답이었고, 축구가 여전히 인간을 존중하는 문화임을 확인시켜준 장면이었다.

　　　　　　　　　　　　　　　　　골 때리는 인문학

공자는 예가 존중을 구체화하는 형식이자 공동체의 조화를 이끄는 실천이라고 보았다. 손흥민의 마지막 경기는 이를 그대로 보여주었다. 그의 454경기 출전, 173골 101도움, EPL 아시아 선수 최초 득점왕, 유로파 우승 등 화려한 기록도 중요하지만 그를 가장 위대하게 만든 건 인품이었다. 팬과 동료들은 그 사실을 정확히 기억하고 있었다.

품격의 축구, 조화의 철학

축구는 매 순간 선택의 연속이다. 거친 반칙을 할 수도 있고 넘어진 상대를 일으킬 수도 있다. 이 선택에는 기술보다 윤리적 태도가 깊이 스며 있다. 공자는 "군자는 조화를 추구하되 같아지려 하지는 않는다"君子和而不同라고 말했다. 축구는 다름을 인정하고 절제하며 공존을 지향하는 조화의 스포츠다.

예의 철학은 지금 이 순간에도 그라운드 위에서 살아 있다. 악수, 눈빛, 손짓, 판정을 향한 절제된 반응까지, 모두 인간의 품격을 드러내는 무언의 언어다. 축구는 인간다움을 훈련하는 무대다.

그리고 우리에게 다시 묻는다. 우리는 오늘 어떻게 이기고 어떻게 지고 있는가? 승리와 패배 속에서도 상대를 존중하며 공동체의 조화를 지켜내고 있는가?

18

이상과 현실 사이 : 정의론

경기장에서 가장 예민한 순간은 심판의 휘슬이 울릴 때다. 오프사이드, 페널티킥, VAR 결과 발표와 같은 판정 하나하나에 환호와 야유가 갈라지고 경기장의 공기는 즉시 바뀐다. 같은 장면을 두고도 사람들은 전혀 다른 판단을 내린다. 축구는 끊임없이 묻는다. 과연 무엇이 정의로운가?

공정한 경기를 바란다고 하지만 실제로는 각자의 입장에 따라 정의의 기준이 달라진다. 이기고 싶은 욕망이 앞서고 편파 판정엔 분노하면서도 우리 팀의 반칙에는 눈을 감는다. 축구는 이상적 정의와 현실의 간극을 극적으로 드러내는 무대다.

2018년 러시아 월드컵. 독일전에서 김영권의 골이 VAR 판독 끝에 인정되자 대한민국의 밤은 환호로 물들었다. 원심은 오프사이드였지만 판정이 뒤집힌 것이다. 그러나 같은 장면을 독일의 시선에서 보았다면 정의롭지 못하다고 여겼을 수도 있다. 이 한 장면은 '정의는 위치에 따라 달라질 수 있다'는 사실을 뚜렷이 보여준다.

축구는 이성과 욕망 사이에서 정의를 실현하려는 이상을 품는다. 그러나 현실은 불공정한 판정과 편향된 결과로 그 이상을 배반한다. 고대 그리스 철학자 플라톤의 철학은 이 아이러니를 비추는 거울이다.

각자의 자리를 지키는 것

플라톤은 『플라톤 국가』[72]에서 정의를 "각자가 자기에게 맡겨진 일을 다하는 것"이라 규정했다. 그는 이상 국가를 통치자, 수호자, 생산자의 세 계층으로 나누고 이들이 제 역할을 성실히 수행할 때 정의가 실현된다고 보았다. 이는 권한 분배보다 공동체의 질서를 유지하는 철학적 원칙이었다.

인간의 영혼도 이성·기개·욕망으로 구성되며 이 세 요소가 제자리를 지킬 때 정의로운 인간이 된다. 이성이 욕망을 다스리고 기개가 이를 뒷받침할 때 개인의 내면에도 조화가 깃든다. 정의는 결국 조화이며 무질서 속에서는 실현될 수 없다.

플라톤의 사유는 정치나 국가 체계를 넘어 삶에도 적용된다. 각자가 자신의 자리를 지키고 맡은 역할을 다할 때 그것은 공동체 전체에 기여한다. 의사가 환자의 생명을 살리고 바리스타가 맛있는 커피를 제공하며 프로스포츠 선수가 갈고닦은 기량으로 팬들에게 감동을 주는 일이 그렇다. 개인의 역할 수행은 곧 사회적 조화로 확장된다.

축구도 마찬가지다. 골키퍼는 골문을 지키고 수비수는 공격을 막으며 미드필더는 흐름을 조율하고 공격수는 득점을 노린다. 각자의 역할이 조화를 이루어야 팀이 강해진다. 반대로 이기적인 플레이로 자리를 벗어나면 균형은 무너진다. 2014년 브라질 월드컵에서 브라질 대표팀은 수비 조직이 무너진 상태에서 공격에만 치중하다 독일에 1대 7로 대패했다. 자기 자리를 지키지 못한 결과였다.

플라톤은 결국 우리에게 묻는다. "나는 내 자리를 지키고 있는가?" 정의란 각자가 자신의 몫에 책임을 다할 때 성립하는 조화다. 축구든 사회든 모든 구성원이 제 역할을 성실히 수행할 때 비로소 진정한 팀, 진정한 공동체가 된다. 이것이야말로 플라톤이 말한 정의로운 삶이다.

축구판의 이상과 현실 사이

축구 경기에는 각자의 역할이 있다. 심판은 규칙을 적용하고, 선수는 기량을 발휘하며, 팬은 열정으로 응원한다. 이들이 제자리를 지키며 조화를 이룰 때 정의로운 경기가 가능하다. 그러나 현실의 축구장은 늘 그 이상과 거리가 있다.

2023년 맨체스터 더비에서 브루노 페르난데스가 넣은 논란의 골이 대표적이다.[73] 규칙상 문제는 없었지만 많은 팬은 "이건 정의가 아니다"라고 외쳤다. 룰이 곧 정의를 보장하지 않으며 규칙 자체가 해석의 여지를 가질 수 있음을 보여준 사건이었다.

심판은 압박 속에서 흔들리고 선수는 규칙의 빈틈을 파고들며 팬은 자신에게 유리한 판정만 옹호한다. 모두가 정의를 말하지만 그 정의는 입장에 따라 달라진다. 욕망과 감정이 뒤섞인 경기장에서 정의는 언제나 긴장 속에 놓인다. 현실의 경기장에서는 이상이 감정의 소용돌이 속에서 끊임없이 흔들린다.

그렇다면 축구는 우리에게 어떤 질문을 던지는가? 플라톤은 절대적 정의의 가능성을 믿었지만 축구는 그렇게 단순하지 않다. 경기장의 정의는 중립적 심판, 일관된 룰, 스포츠맨십의 실천에 달려 있다. 그러나 인간은 감정에서 결코 자유롭지 않다. 이기고 싶은 욕망, 소속감에서 비롯된 편향, 응징하려는 충동이 늘 바탕에 깔려 있다.

K리그에서도 오심 논란은 끊이지 않았다. 2014년 스플릿 라운드에서 두 건의 판정은 명백한 오심으로 결론 났다.[74] 10월 18일 전남과 서울의 경기에서 스테보의 동점골은 오프사이드로 무효 처리됐지만 영상 판독 결과 그는 온사이드였다. 결국 전남은 1대 2로 패했다. 다음 날 울산과 상주의 경기에서는 경미한 접촉에도 페널티킥이 선언돼 울산이 이득을 봤고, 경기 후 상주 팬 한 명이 난입하는 소동까지 벌어졌다. 이 장면들은 축구에서 정의가 종종 한 사람의 판정에 좌우되며 결코 완전하지 않음을 보여준다.

축구는 정의가 늘 긴장 속에 놓여 있음을 증명한다. 반칙한 선수가 영웅이 되기도 하고, 오심이 승부를 바꾸기도 한다. 정당한 승리가 야유를 받고, 편파적 감정이 더 큰 환호를 얻는 순간도 있다. 정의는 끊임없이 해석되고 논의되며 때로는 미뤄지는 실천적 과정이다.

심판의 자리, 흔들리는 정의

플라톤은 지혜로운 통치자가 이성으로 질서를 이끌 때 정의로운 국가가 실현된다고 보았다. 그는 공동체의 선을 위해 감정과 욕망을 초월한 이성의 수호자를 통치자로 규정했다. 축구에서는 심판이 이 역할을 맡는다. 그는 규칙을 해석하고 적용하며 선수와 팀, 팬 사이에 균형을 세운다.

그러나 심판 역시 인간이다. 규칙을 잘 아는 것만으로는 부족하다. 그는 경기장의 열기 속에서 홈팬의 압도적 함성, 감독의 항의, 선수들의 심리전, 언론의 비난을 견뎌야 한다. 심판의 중립성은 법전처럼 단단하지 않다. 끊임없이 흔들리고 시험당한다. 실제 연구에서도 관중의 함성이 클수록 심판이 홈팀에 유리한 판정을 내릴 가능성이 커진다는 결과가 나왔다.[75] 이는 구조적으로 정의를 흔드는 압력이다.

VAR의 도입도 이를 완전히 해결하지 못했다. 2022년 카타르 월드컵 결승에서 나온 메시의 연장골은 교체 선수들이 이미 필드 안에 있었음에도 골로 인정됐다. 규칙상 무효 가능성이 있었지만 심판은 그대로 득점을 선언했고, 이렇게 해서 판정은 '해석'의 문제로 바뀌었다. 결국 기술이 개입해도 최종 판단은 인간인 심판의 몫이다. 마찬가지로 심판이 진정 정의롭기 위해서는 외부 압력 속에서도 중심을 지키는 절제와 책임 그리고 공동체의 신뢰가 뒷받침되어야 한다.

플라톤은 통치자가 정의를 세우려면 감정과 욕망의 지배를 넘어야 한다고 했다. 정의란 그것을 지탱하는 자리가 얼마나 흔들림 없이 유지되느냐의 문제다. 축구는 정의가 규칙 그 자체보다 그것을 적용하는 이의 태도와 사회가 그 자리에 실어준 신뢰 위에서 성립한다고 말한다.

정의의 아이러니 속에서 우리는 무엇을 배우는가

플라톤은 정의를 질서와 조화의 상태로 보았다. 그러나 축구는 다른 장면을 보여준다. 경기장은 언제나 혼란과 변수가 뒤섞인 공

　　　　　　　　　　　　　골 때리는 인문학

간이며 완전한 공정이란 애초에 존재하지 않는다. 그럼에도 우리는 판정 하나에 분노하고 편파에 항의하며 더 나은 경기를 요구한다. 바로 그 끈질긴 열망이 축구가 지닌 윤리의 출발점이다.

철학자 마사 누스바움은 『시적 정의』[76]에서 정의를 타인의 고통에 반응하고 그것을 공감 가능한 언어로 번역하려는 '감정의 작업'으로 설명한다. 즉 정의란 공감과 반응을 통해 지속해서 써가는 윤리적 이야기라는 것이다.

축구장에서의 정의도 다르지 않다. 오심에 터져 나오는 탄식, 반칙에 대한 분노, 정정당당한 승부에 보내는 박수. 이 모든 순간이 정의가 감정 속에서 작동한다는 사실을 보여준다. 우리는 정의를 완성할 수는 없지만 그 방향을 향해 질문을 던질 수는 있다. 축구는 그 질문을 경기의 언어와 몸짓의 감정으로 대신한다. 이성과 욕망, 감정과 규칙 사이에서 우리는 끊임없이 줄타기하며 묻는다. "정의란 무엇인가?" 그리고 이 물음은 스포츠에만 머무르지 않고 우리가 살아가는 삶 전체의 질문이 된다.

19

전술의 권모술수 : 현실주의

경기 막판, 공격수가 페널티 박스 안에서 몸을 날려 반칙을 유도한다. 비디오 판독 끝에 페널티킥이 선언되고 그 한 골로 팀은 승리를 거둔다. 팬은 환호하지만 상대는 분노하고 언론은 윤리 논쟁을 벌인다.

축구는 공정함을 이상으로 내세우지만 실제로는 냉정한 승리 전략이 작동한다. 마치 철학자 니콜로 마키아벨리가 『군주론』[77]에서 강조한 세계처럼 말이다. 이 책에서 그는 도덕보다 결과가 우선한다고 말했으며 따라서 그라운드 위의 할리우드 액션, 침대 축구, 심판 압박 같은 행위도 종종 전략으로 정당화된다. "이기는 자가 정의"라는 암묵적 합의가 경기장에 깔려 있는 것이다.

축구는 정의만으로 승리를 보장하지 않는다. 마키아벨리는 정치적 목적을 위해 수단의 윤리를 유보할 수 있다고 보았고, 이 같은 현실주의는 축구에서도 여기저기서 드러난다. 목적을 위해 수단이 정당화되는 냉혹한 현실주의가 끝없이 작동하는 세계다.

도덕이 아닌 효능의 논리

마키아벨리는 중세의 도덕 정치관을 벗어나 권력 유지와 강화를 위한 전략과 실용을 강조했다. 그는 "군주는 미움을 받는 일은 타인에게 떠넘기고 인기를 얻는 일은 자신이 해야 한다"[78]라고 말하며 결단력과 유연성을 지닌 지도자를 이상으로 삼았다.

이 관점은 현대 축구에도 그대로 드러난다. 전략적 파울, 시간 끌기, VAR 판정을 유리하게 이끄는 심리전은 모두 효능 중심의 판단에서 비롯된다. 도덕적 회색 지대의 선택이 전술로 받아들여지는 현장은 마키아벨리적 세계관이 스포츠에 스며든 단면이다.

대표적 사례가 2018년 러시아 월드컵 일본과 폴란드의 경기다. 일본은 남은 시간을 흘려보내며 16강 진출을 택했고 니시노 감독은 "내가 시간 끌기를 지시했다. 매우 어려운 결정이었다"[79]라고 밝혔다. 이탈리아의 '카테나치오' 역시 마찬가지다. 모든 선수가 수비에 몰두해 흐름을 끊고 결과를 만들어내는 이 방식은 전형적인 마키아벨리 전술이다.

축구는 이상만으로 움직이지 않는다. 때로는 냉정한 현실 감각과 결과에 대한 집착이 경기를 지배하고 그 속에서 우리는 "승리를 위해 어디까지 허용할 것인가"라는 윤리적 긴장에 직면한다.

축구와 군주의 전략

현대 축구의 감독들은 전술을 결정할 때 도덕보다 효율을 우선한다. 후반 막판의 시간 끌기, 페널티 박스 근처에서의 파울 유도, 심리전과 외부 상황 활용까지 모두 전략의 일부다. 광주FC 이정효 감독은 시간 지연 논란에 대해 "내가 시켰으니 나를 욕하라"[80]라고 말하며, 승리를 위해 비판을 감수하는 결단을 내렸다.

무리뉴의 '버스 주차' 전술도 같은 맥락이다. 철저히 수비하며 역습을 노리는 방식은 비판을 받으면서도 마키아벨리가 말한 "필요할 때는 여우처럼 교활해야 한다"라는 현실주의와 맞닿아 있다. 전술 선택은 윤리와 결과 사이에서 결단하는 '군주의 정치'에 가깝다.

마키아벨리는 '사자의 용맹'과 '여우의 교활함'을 동시에 갖추라 했다. 축구도 마찬가지다. 도덕성과 전략은 충돌하면서도 공존한다. 팬들은 비윤리적 행위를 비난하면서도 승리의 순간 앞에서는 쉽게 눈을 감는다. FIFA가 페어플레이를 외쳐도 현실의 경기장은 종종 냉혹한 정치의 장으로 돌변한다.

축구의 전술은 규칙 준수만으로 결정되지 않는다. 심판 압박, 흐름 끊기, 윤리적 타협을 감수하면서도 결과를 얻어내는 냉정함이 경기를 지배한다. "축구는 결과가 전부다"라는 말이 나올 때 우리는 이미 도덕보다 정치의 논리를 받아들이는 셈이다. 이 질문은 축구를 넘어 리더십 전반에까지 이어진다.

우리는 품격과 윤리를 지키는 지도자를 원하는가, 아니면 어떤 수단을 써서라도 승리를 보장하는 지도자를 원하는가. 이 물음은 사회 전체의 윤리적 딜레마를 비춘다. 철학자 니시베 겐지는 『좌익 축구 우익 축구』[81]에서 이를 이념적 구도로 해석한다. 그는 크루이프의 토털 사커를 이상주의적 좌익 축구로, 무리뉴의 전술을 현실주의적 우익 축구로 분류했다. 좌익 축구는 창의와 평등을, 우익 축구는 질서와 결과를 중시한다. 결국 축구는 세계관의 충돌이자 이념의 투사다.

골 때리는 인문학

무리뉴의 '버스 주차' 전술도 이 맥락에서 이해할 수 있다. 그는 때로 미학보다 현실, 공정보다 효율을 택했다. 극단적 수비로 상대를 질식시키는 그의 축구는 누군가에게는 '현대 축구의 퇴보'지만 다른 이들에게는 '승리를 위한 가장 치열한 전략'이다. 결국 다시 질문해본다. 이기는 축구가 좋은 축구인가, 아니면 잘 싸운 축구가 좋은 축구인가?

그라운드 밖의 전술: 도핑이라는 권모술수

지도자들이 냉철한 전략으로 비판을 감수하며 결과를 추구한다면 선수는 자신의 몸과 커리어를 걸고 결단해야 한다. 이기기 위한 선택은 경기장 밖에서도 계속된다. 그 과정에서 도덕의 경계는 흐려지고 세상은 마키아벨리의 현실처럼 냉혹해진다.

마키아벨리는 도덕보다 결과와 효과를 중시했다. 그는 군주가 실제로 선할 필요는 없지만 선하게 보여야 할 때가 있다고 했다. 중요한 것은 '어떻게 평가받는가'보다 '어떻게 살아남느냐'였다. 이 현실주의적 처세술은 오늘날 축구에서도 반복된다.

2004년 첼시의 공격수 아드리안 무투는 코카인 복용으로 도핑 검사에서 적발됐다. 커리어가 흔들리던 시기, 그는 극심한 압박을 견디지 못해 약물을 선택했다. 무투는 혐의를 부인했지만 첼시는 즉각 계약을 해지했고 FIFA는 첼시가 지불한 이적료를 무투가 직접 배상하라는 판결을 내렸다.[82] 그는 선수 생활 내내 수백만 유로의 채무를 짊어지고 살아야 했다.

이 사건은 극한 상황에서 '효과'를 선택한 현실주의적 처신이었다. 무투는 생존을 위해 윤리를 거슬렀지만 공동체는 그 선택의 정당성을 인정하지 않았다. 그는 잠시 살아남았으나 결국 신뢰에서 배제되며 커리어는 추락했다.

마키아벨리는 권력의 본질을 꿰뚫었지만 공동체의 신뢰를 지탱하는 방법까지는 제시하지 못했다. 오늘날 축구의 품격은 승리하는 방식 속에서 드러나는 신뢰와 존중 위에 세워진다.

우리는 어떤 승리를 바라는가

승리에만 집착할 때 축구는 공정성과 스포츠 정신을 훼손할 위험이 있다. 마키아벨리의 현실주의는 필요악을 인정하지만 그것이 일상이 되면 팬들의 신뢰를 잃는다. '칼초폴리' 스캔들은 승리에 대한 집착이 결국 공동체 자체를 무너뜨릴 수 있음을 보여준 사례다.

축구는 마키아벨리적 현실 정치와 스포츠 정신 사이에서 늘 줄타기한다. 때로는 더 자주 냉혹한 전략의 장이 되기도 한다. 그렇기에 우리는 질문해야 한다. "이기기 위해 어디까지 허용할 수 있는가?"

정치철학자 토머스 홉스는 『리바이어던』[83]에서 인간은 본성상 이기적이며 동시에 두려움 속에 산다고 보았다. 그는 이를 극복하기 위해 사람들이 계약을 맺고 사회를 구성한다고 설명한다.

축구도 마찬가지다. 냉철한 현실주의가 필요할 때가 있지만 이상과 윤리를 버리는 순간 축구가 품어야 할 인간다움—공정성, 절제, 상호 존중—은 사라진다. 그래서 마키아벨리의 철학은 축구에 던져진 도전이자 경고다.

골 때리는 인문학

축구의 덕목: 실천 전통

공을 잘 찬다고 해서 진정 축구를 잘한다고 할 수는 없다. 빠른 발, 정교한 패스, 정확한 슛은 중요하지만 존경받는 선수는 헌신과 정정당당함, 팀을 위한 태도로 기억된다. 기술과 함께 인격이 경기 속에서 드러날 때 비로소 '잘하는' 축구가 완성된다.

이 지점에서 철학자 알래스터 매킨타이어의 '실천'practice 개념은 중요한 통찰을 준다. 축구는 기술의 반복을 넘어 덕virtue을 길러내는 공동체적 활동이며 인격을 단련하는 훈련장이기도 하다.

실천이란 무엇인가

매킨타이어는 『덕의 상실』[84]에서 실천을 내재적 가치를 추구하는 협력적 인간 활동으로 정의했다. 그 속에서 인간은 탁월함과 더불어 삶 전체의 덕을 성취한다. 그는 이렇게 예를 들었다. "삼목 놓기 같은 어린이 놀이는 실천이 아니지만 축구 경기 자체는 실천이다. 벽돌 쌓기는 실천이 아니지만 건축은 실천이다. 순무를 심는 것은 실천이 아니지만 농사는 실천이다."[85]

그에게 실천은 목표 달성이 아니라 행위 자체에서 의미를 발견하는 과정이다. 중요한 것은 결과보다 그 과정에서 형성되는 태도와 인격이다. 그는 말한다. "실천은 탁월성 척도와 규칙 준수뿐 아니라 선의 성취를 포함한다. 이는 나의 태도와 취향을 이러한 척도에 예속시키는 것을 의미한다."[86]

월드컵 우승을 꿈꾸는 것도 의미 있지만 진짜 가치는 매일의 훈련, 동료와의 호흡, 신뢰를 쌓는 시간 속에 있다. 우승컵은 결과일 뿐 성장은 과정 속에서 이루어진다. 매킨타이어는 이를 내재적 가치라 불렀다. 명예나 돈 같은 외부 보상과 무관하게 오직 그 활동에 몰입한 이가 얻는 기쁨과 탁월함이다. 도예가의 손끝, 바이올리니스트의 연습, 축구선수의 팀워크가 모두 그 예다. 이 모든 실천은 결과보다 몸과 마음에 새겨지는 조용한 성장과 성숙을 향해 있다.

그는 실천을 통해 개인은 덕을 기르고 공동체는 신뢰와 규범을 축적한다고 보았다. 따라서 실천은 개인 수양을 넘어 공동체 문화를 만들어가는 토대가 된다.

스포츠, 놀이와 게임을 넘어

서울대학교 최의창 교수는 논문 「전인적 선수 발달과 인문적 코칭」[87]에서 스포츠를 매킨타이어의 실천 전통으로 해석했다. 그는 이렇게 말한다. "스포츠를 실천 전통으로 본다는 것은 스포츠를 단순한 기술 습득이나 규칙 준수에 머무는 일차원적 활동 이상으로 보는

골 때리는 인문학

것이다. 스포츠는 기술적 차원과 가치적 차원의 다양한 구성 요소들이 하나로 되어 있는 총체적 현상이다."[88]

이 관점은 스포츠를 사회적 활동이자 문화적 가치를 담은 현상으로 이해하게 한다. 나 역시 '스포츠 기본권과 성차별 이슈'를 논하면서 이렇게 말한 바 있다.

"남녀 간 스포츠 참여의 불균형 문제는 신체 움직임에 그치지 않고, 인간 문화로부터의 소외라는 새로운 문제에 직면한다. 다시 말해 여성의 낮은 스포츠 참여율을 '신체·정신적 건강'이라는 편협한 문제의식에서 벗어나 '사회·문화적 소외'라는 새로운 관점으로 바라볼 필요가 있다는 것이다. 스포츠라는 현대 사회의 실천 전통이 고루 분배되지 않고 특정 젠더 집단에 의해 독점된다면 그것은 새로운 차원의 차별이며 권력의 수단으로 전락할 수 있다."[89]

이러한 논의는 매킨타이어의 실천 전통 개념을 스포츠에 적용할 때 스포츠가 신체 활동을 넘어 문화적·사회적 의미를 지닌 실천임을 분명하게 드러낸다.

축구, 덕을 길러내는 무대

축구는 그 자체로 실천의 전형이다. 이 활동 안에는 공정한 승부, 팀워크, 전술적 이해, 정직한 경기라는 내재적 목표가 담겨 있다. 이는 축구를 축구답게 만드는 핵심 가치다.

우리는 이런 가치를 성실히 실천하는 선수에게는 존경을, 불성실하고 이기적인 태도에는 냉소로 응답한다. 축구는 또한 인내, 용기, 절제, 겸손, 책임감 같은 덕목을 요구한다. 이 덕목은 축구라는 실천 속에서 인간이 성장하며 몸에 새겨가는 자질이다.

진정한 축구의 길은 트로피를 모으는 데 있지 않다. 덕목을 실천하며 성숙해지는 과정에 있다. 그래서 우리는 승패보다 누가 어떤 자세로 뛰었는지를 보게 된다. 결국 축구는 함께 살아가는 방식을 훈련하는 장이 된다.

축구가 만든 문화와 전통

매킨타이어는 실천이 지속되려면 그것을 담아낼 공동체와 전통이 필요하다고 말한다. 축구는 그 말에 완벽히 부합한다. 학교, 동호회, 프로구단, 국가대표팀까지 다양한 공동체 안에서 축구는 이어지고 발전한다. 이때 각 공동체는 고유한 전통과 윤리를 지니고 이를 세대에 걸쳐 전승한다. 어떤 지역팀은 끝까지 포기하지 않는 정신을, 또 어떤 팀은 팀워크와 존중을 핵심 가치로 삼는다. 이 전통은 경기 전략에 그치지 않고 하나의 도덕적 유산으로 드러난다.

선수들은 그 유산 속에서 탁월함을 배우고 덕을 내면화한다. 바르셀로나 유소년 아카데미 '라 마시아'La Masia는 기술만 가르치지 않는다. 이곳의 지도자들은 축구는 혼자가 아니라 '함께하는 것'임을 끊임없이 강조한다. 개인 기량이 아무리 뛰어나도 팀을 위한 희생과 동료에 대한 존중이 없다면 성공할 수 없다는 가치관이 확고하다. 리오넬 메시도 이 시스템 속에서 겸손과 헌신을 배웠다고 회고한다.

리버풀 역시 팬들과의 끈끈한 유대로 유명하다. 팀의 상징이 된 노래 〈You'll Never Walk Alone〉은 클럽의 윤리적 정체성을 상징한다. 위르겐 클롭 감독은 "강한 개개인보다 하나의 팀이 되어야 한다"라는 메

　　　　　　　　　　　　　　　　　　골 때리는 인문학

시지를 훈련장뿐 아니라 인터뷰와 라커룸 문화에까지 스며들게 했다.

2018년 러시아 월드컵에서 일본 대표팀은 16강 탈락 후 라커룸을 깨끗이 정리하고 '감사합니다'라는 메모를 남겼다.[90] 전 세계 언론은 이를 두고 "축구 역사상 가장 품격 있는 퇴장"이라 극찬했다. 이 장면은 일본 축구가 지닌 존중과 절제의 문화 그리고 상대를 대하는 윤리적 태도를 상징적으로 보여주었다.

승리만 남고 탁월함은 사라질 때

매킨타이어는 실천을 내적 가치를 지닌 활동이라 정의하며 인간은 이를 통해 탁월함(아레테, arete)을 추구한다고 보았다. 축구도 마찬가지다. 잘 차는 기술, 동료와의 조화, 공을 다루며 기량을 정제하는 과정 모두가 내적 선을 향한 여정이다.

그러나 오늘날 축구는 이 내적 선보다 외적 보상 중심으로 재편되고 있다. 상업화된 축구는 상대적 평가 구조와 결합해 더 큰 왜곡을 낳는다. 내가 최고 기량을 발휘하지 않아도 상대가 더 못하면 이긴다. 그래서 우리는 "오늘은 이기기만 하면 된다"라고 말하며, 실제로 경기는 그저 승리만 남긴 채 끝난다. 결과는 그렇게 남지만 탁월함은 사라진다.

문제는 이 계산적 태도가 실천의 본질을 무너뜨린다는 점이다. 탁월함은 한계를 넘어서는 과정에서만 길러지는데 오늘의 축구는 효율·전략·체력 분배를 앞세워 '더 잘할 수 있어도 하지 않는 선택'을 반복한다. 2:0으로 앞선 팀이 공을 돌리며 시간을 끄는 장면은 그 전형이다.

이때 상실되는 것은 탁월함만이 아니다. 놀이로서의 축구(1장), 몰입과 자유로서의 축구(3장)도 함께 자취를 감춘다. 하위징아가 말한 '놀이의 정신'은 결과보다 행위 자체에 의미를 두는 것이었으나 지금의 축구는 놀이에서 전략으로, 몰입에서 계산으로, 자유에서 효율로 이동했다. 장자가 말한 물아일체의 자유, 즉 공과 내가 하나 되는 순간은 점점 사라지고 있다.

매킨타이어는 실천의 의미가 유지되려면 덕목이 지켜져야 한다고 강조했다. 그러나 축구가 결과와 보상, 교환가치에 지배되면 덕목은 외면당하고 실천은 '직업 수행'으로 전락한다.

우리는 묻지 않을 수 없다. 오늘 우리는 축구를 실천으로 하고 있는가, 아니면 상품으로 소비하고 있는가? 이기기만 하면 그만인 축구에는 더 이상 탁월함이 자라지 않는다. 그곳에는 승리만 있고 아름다움은 없다.

축구가 키우는 인격

매킨타이어는 현대 사회가 도덕을 개인의 취향과 선택으로 축소했다고 비판했다. 그는 도덕이란 공동체의 실천을 통해 길러지는 덕의 문제이며 오랜 형성 과정을 거쳐야 한다고 보았다.

축구는 그 과정의 무대다. 유소년 선수들이 배우는 것은 기술과 전술만이 아니다. 협동, 인내, 공정함, 책임 같은 태도는 성적표에 드러나지 않지만 인격 형성에 결정적 영향을 미친다. 축구는 기술 이전에 살아 있는 윤리 수업이다.

정치철학자 마이클 샌델은 『정의란 무엇인가』[91]에서 이렇게 말했

　　　　　　　　　　　　　골 때리는 인문학

다. "가족이나 동료 시민의 행동에서 자부심과 수치심을 느끼는 감수성은 집단적 책임감을 느끼는 감수성과 연관된다. 둘 다 우리 자신을 어딘가에 소속된 자아로 인식하게 한다. 즉 우리는 자신의 선택과 상관없이 도덕적으로 한데 묶여 있으며 우리를 도덕적 행위자로 만드는 서사에 연관된 사람들이다."[92] 이 말은 매킨타이어의 실천 개념과 닿아 있다. 축구는 공동체 안에서 '우리는 누구인가'를 묻고 답하게 만드는 문화적 실천이다.

축구장에서 우리는 배운다. 누군가를 이기기보다 함께하는 방식이 더 중요할 수 있다는 것을. 점수판보다 경기 태도가 더 오래 기억된다는 것을. 기술보다 인격이 더 길게 남는다는 것을. 승리는 짧다. 그러나 덕은 오래 남는다.

21

선수 이적은 배신인가, 자유인가: 도덕적 딜레마

2000년 10월, 캄프 누. 바르셀로나 팬들은 루이스 피구를 향해 돼지머리를 던졌다. 그는 주장 완장을 찼던 구단의 상징이었지만 영원한 라이벌 레알 마드리드로 이적했다. 팬들에게 이는 정체성과 충성심을 저버린 배신이었다. 그들의 분노는 우발적 사건이라기보다 누적된 감정의 폭발이었다.

경기 내내 이어진 야유와 "그를 잊지 말자, 그는 배신자다"라는 플래카드는 그 감정을 집약하고 있었다. 팬들에게 피구의 이적은 공동체의 기억과 정체성의 붕괴였다. 이런 해석은 해외 스타만의 일이 아니다. K리그에서도 프랜차이즈 스타가 라이벌팀으로 옮길 때마다 팬들은 SNS와 경기장에서 격렬히 반응한다. 그들에게 선수는 팀과 자신을 이어주는 상징이기 때문이다.

그렇다면 이런 반응은 과도한 집착일까, 아니면 도덕적으로 타당한 것일까? 선수의 이적은 개인의 자유로운 선택일까, 아니면 공동체에 대한 배신일까? 선수의 자유와 팬 공동체의 충성 사이에서 우리는 어떤 기준으로 옳고 그름을 가를 수 있을까? 이 질문은 축구를 넘어 자유와 책임, 관계와 정의를 다시 묻는 도덕철학의 오래된 딜레마로 이어진다.

샌델의 질문: 자유냐 관계냐

마이클 샌델은 『정의란 무엇인가』에서 자유주의적 정의관에 근본적인 의문을 제기한다. 그는 존 롤스의 '무지의 베일' 개념—개인이 공동체와 무관하게 자율적으로 선택할 수 있다는 전제—에 반대하며 인간은 언제나 공동체 속에서 역할과 관계에 묶여 있다고 강조한다.[93]

이 문제의식은 축구 팬과 선수의 관계에도 그대로 투영된다. 선수는 계약의 당사자일 뿐 아니라 팬, 지역사회, 클럽의 역사와 감정적 유산에 긴밀히 연결된 존재다. 따라서 이적은 커리어 전환을 넘어 공동체와의 관계를 재구성하거나 단절하는 행위가 된다. 축구는 관계적 윤리가 작동하는 무대인 셈이다.

윤리학자 마이클 왈쩌도 『정의와 다원적 평등』[94]에서 사회의 각 영역마다 고유한 정의 기준이 있다고 말한다. 스포츠에서는 충성, 헌신, 기여의 기억이 정의의 일부를 이룬다. 샌델이 자주 언급한 '트롤리 문제'는 이를 잘 보여준다.[95] 기차가 선로를 따라 돌진하고 있고 그대로 두면 다섯 명이 죽는다. 하지만 선로를 바꾸면 한 사람이 죽는다. 당신이라면 어떻게 하겠는가? 이 사고 실험은 결과, 원칙, 관계가 충돌할 때 윤리적 판단이 얼마나 흔들리는지를 보여준다.

축구의 이적 문제도 마찬가지다. 선수는 자신의 발전과 미래를 위해 이적을 택할 수 있지만 그 선택은 수많은 팬의 충성과 지역 공동체의 기억을 상하게 할 수 있다. 결국 질문은 이렇게 귀결된다. "무엇이 정의로운 선택인가?"

샌델은 이 질문에 공리주의적 계산이나 자유주의적 권리 주장만으로는 답할 수 없다고 말한다. 인간은 언제나 관계 속에 존재하며 윤리란 그 관계에서 공감과 책임을 통해 성립한다는 것이다.

영웅에서 배신자로: 이적의 딜레마

루이스 피구뿐 아니라 수많은 스타 선수는 이적을 계기로 '영웅'에서 '배신자'로 혹은 반대로 불리곤 했다. 이들의 선택은 팬들의 감정과 관계의 서사 속에서 해석된다.

솔 캠벨은 토트넘 주장으로 팀을 이끌었지만 라이벌 아스널로 이적하며 '쥬다스'(배신자)라는 오명을 얻었다. 호나우두는 바르셀로나에서 인터밀란을 거쳐 레알 마드리드로 옮기며 '무정한 용병'이라는 비판을 받았다. 반대로 손흥민은 토트넘에 오랫동안 남아 '이적하지 않는 선수'로 팬들의 충성심과 기대의 상징이었다.

K리그도 예외가 아니다. 서정원은 안양LG(현 FC서울)의 상징이었지만 해외 진출 후 수원삼성으로 복귀하면서 안양 팬들의 거센 반발을 샀다. 일부 팬들은 그의 유니폼을 불태우며 항의했고 지금도 복잡한 감정의 대상이다. FC서울의 레전드 외국인 선수인 데얀 역시 재계약 무산 후 수원으로 이적하며 'K리그의 피구'라 불렸다. 팬들은 그의 권리를 이해하면서도 정서적으로는 '공동체 이탈'로 받아들였다.

　　　　　　　　　　　　　　　　　　　　골 때리는 인문학

이 사례들이 말해주는 것은 계약 문제가 아니다. 선수와 팬 사이의 감정적 사회계약이 어떻게 지켜졌는지 혹은 무너졌는지가 본질이다. 특히 선수의 설명 없이 일방적으로 이적이 진행되거나 언론 보도를 통해 사실이 유출될 때 팬들의 상실감은 쉽게 배신감으로 번진다.

결국 문제는 '이적 그 자체'보다 그 이적이 어떤 관계와 맥락에서 해석되느냐이다. 선수의 자유와 팬의 충성 사이에서 축구는 여전히 답 없는 도덕적 딜레마를 반복한다.

딜레마: 개인의 자유 vs. 공동체의 기억

샌델이 말한 도덕적 딜레마란 어느 한쪽만 정당하다고 단정할 수 없는 가치가 충돌하는 상황이다. 선수의 이적이 대표적 사례다. 선택과 감정이 부딪히는 순간 정의는 흔들리고 우리는 복잡한 질문 앞에 선다.

선수 입장에서는 자신의 기량을 시험하면서 더 나은 조건에서 뛸 자유가 있다. 축구는 직업이고 커리어 발전과 보상 극대화는 정당한 권리다. 그러나 팬 입장에서는 팀의 상징이 라이벌팀으로 떠나는 일이 감정적 약속의 파기처럼 다가온다. 이는 실망을 넘어 팀의 정체성과 함께 쌓아온 기억이 무너지는 상실로 이어진다.

샌델은 이 지점에서 후자의 중요성을 강조한다. 그는 인간을 공동체 속 존재로 보며 그 속에서 형성된 기억과 정체성, 감정은 개인의 자유로만 설명될 수 없다고 말한다. 관계 속에서 살아가는 인간에게 정의란 타인과 맺은 서사에 대한 책임까지 포함한다는 것이다. 인간은 공동체적 존재이기에 진정한 자유는 책임과 결합할 때 비로소 정의로워진다고 보았다.

　선수의 이적처럼 팬이나 예술가도 선택의 기로에 선다. 오늘날 중요한 것은 '무엇이 옳은가'의 차원보다 '어떤 가치를 우선할 것인가'이다. 이런 관점에서 보면 K리그를 사랑하는 가수 임영웅의 선택은 상징적이다. 그는 2023년 서울월드컵경기장에서 열린 단독 콘서트에서 티켓 수익을 줄이면서도 잔디 위 좌석을 설치하지 않고 모든 관객을 관중석에만 앉히도록 했다. 이는 축구장을 '경기의 공간'으로 존중하려는 문화예술인의 윤리적 태도였다.

　또한 그는 FC서울 홈경기의 하프타임 공연을 직접 제안해 자신을 보러 온 팬들이 후반전까지 자리를 지키도록 독려했다. 실제로 이날 관중은 45,007명에 달해 K리그 최다 유료 관중 기록을 세웠다.[96] 특히 그는 공연 당시에도 잔디를 보호하기 위해 축구화를 신고 무대에 올랐다. 말 그대로 '축구를 위한 공연'이었다.

　시장 논리로만 보면 손해일 수 있는 결정이었지만 그 선택은 공동체적 가치와 공공의 선善을 확장하는 결과로 이어졌다. 샌델이 말한 도덕적 딜레마가 종종 '이것이냐 저것이냐'의 양자택일로 설명된다면 임영웅의 사례는 그 너머를 보여준다. 개인의 자유와 공동체의 가치를 조화시키는 제3의 해법, 즉 상생의 윤리가 현실에서도 실현 가능하다는 증거다. 결국 선수의 이적도, 팬의 헌신도, 예술가의 결정도 상대방에 대한 배려와 공동체적 책임을 품을 때 비로소 도덕적 품격을 획득한다.

　　　　　　　　　　　　　　　　　　　　　　　골 때리는 인문학

축구가 묻는 삶의 선택들

우리는 일상에서 비슷한 딜레마를 마주한다. 더 좋은 조건의 회사로 옮길 것인가, 아니면 오래 몸담은 조직과의 정을 지킬 것인가? 가족을 우선할 것인가, 아니면 자기 삶의 자유를 좇을 것인가? 연인의 기대를 저버리고 꿈을 따를 것인가, 혹은 관계를 위해 꿈을 미룰 것인가?

피구나 캠벨이 직면했던 선택은 우리 모두가 반복해서 맞닥뜨리는 문제이기도 하다. 우리는 자유로운 존재지만 그 자유는 언제나 관계와 책임의 틀 안에서 작동하며 그 안에서만 윤리적 의미를 얻는다.

축구는 인간이 살아가는 윤리적 풍경을 압축한 무대다. 그 안의 선택들은 결국 우리에게 묻는다. 우리는 어떤 인간으로 살고 싶은가, 또 어떤 공동체를 만들고 싶은가?

22

오프사이드 속 자유 : 정언명령

축구는 겉으로는 자유로운 운동처럼 보인다. 그러나 실제로는 오프사이드, 파울, 핸드볼, 페널티 등 수많은 규칙 속에서 진행된다. 경기장의 모든 움직임은 이 틀 안에서만 가능하다. 그렇다면 축구를 과연 자유로운 활동이라 부를 수 있을까?

놀랍게도 이 규칙 안에서 선수는 진정한 자유를 경험한다. 규칙이 없다면 질서도, 전략도, 승부도 성립할 수 없다. 무규칙의 혼란 속에서 펼쳐지는 것은 자유가 아니라 힘센 자의 지배일 뿐이다. 규칙은 억압이 아닌 자유를 가능하게 하는 조건이다.

이 지점에서 철학자 이마누엘 칸트의 윤리학이 겹쳐진다. 칸트는 진정한 자유란 스스로 규칙을 세우고 그것을 따르는 능력이라고 말했다. 축구는 그 자유를 몸으로 실천하는 무대다. 자율성과 규범이 동시에 작동하는 공간, 그것이 축구다. 우리는 그라운드 위에서 '규칙 속의 자유'라는 칸트적 정언명령 categorical imperative 을 배우고 있다.

자유는 규칙을 따를 때 시작된다

칸트는 『실천이성비판』[97]과 『도덕 형이상학을 위한 기초 놓기』[98]에서 이렇게 주장한다. 인간은 도덕 법칙을 스스로 세우고 따를 수 있는 존재라고. 인간은 외부 명령에 의해 움직이기보다 이성을 통해 옳다고 판단한 원칙을 자신의 법으로 삼는다. 그에게 자유란 그러한 원칙을 자율적으로 설정하고, 그에 따라 행동할 수 있는 능력을 의미한다.

예를 들어 선수가 경기 중 상대를 거칠게 넘어뜨리고 싶은 충동을 느낀다고 하자. 하지만 그는 "모든 선수가 이런 행동을 한다면 경기는 무너진다"라는 이성적 판단에 따라 공정한 플레이를 택한다. 겉보기에는 자유를 제한당한 듯하지만 사실 그는 스스로 이성의 법칙을 따른 것이며 이때가 진정한 자유를 실천한 것이다.

칸트에게 도덕은 강제가 아닌 자율적 실천이다. 행위의 원칙이 언제나 보편적 법칙이 될 수 있어야 한다는 것이 '정언명령'의 핵심이다. 따라서 도덕적 행위란 규칙을 지키는 것을 넘어 "만약 모두가 나처럼 행동한다면 세상은 어떻게 될까?"를 묻는 선택이다. 자율적 인간은 욕망보다 이성의 법칙에 따라 자신을 통제하는 존재다. 이 관점에서 축구는 규칙 속에서 자유와 윤리를 동시에 배우는 무대가 된다.

틀 안에서 발견하는 자율의 힘

축구의 규칙은 겉으로 보면 외부의 명령처럼 느껴진다. 그러나 진짜 축구는 그 규칙을 선수 스스로 받아들이고 몸에 새길 때 비로소 시작된다. 심판이 보지 못해도 스스로 반칙을 인정하거나 고의로

파울을 유도하지 않는 선수의 태도는 자율의 윤리를 보여준다.

이처럼 규칙은 행동을 억제하는 틀이 아니라 자유가 뿌리내릴 토대다. 오프사이드 라인을 깨뜨리는 절묘한 패스, 반칙 규정 안에서 흐름을 지키는 드리블, 제한된 시간 안에서 발휘되는 창의적 전략. 이런 자유는 규칙이 만든 공간 속에서만 피어난다. 틀이 있기에 그 안에서 자유가 살아난다. 반대로 규칙이 사라진다면 남는 것은 무질서한 힘의 지배뿐이다.

칸트가 말했듯 도덕 법칙 없는 자유는 방종일 뿐이다. 마찬가지로 축구 규칙은 자유로운 플레이를 가능하게 하는 도덕적 구조다. 진정한 자유는 규칙 속에서 스스로 선택하고 책임지는 힘이며 축구는 이를 가장 생생하게 보여주는 장場이다.

오프사이드가 사라진 경기, 과연 자유로울까

오프사이드가 없는 축구를 상상해보자. 처음엔 골문 앞에 서 있는 공격수들이 쉴 새 없이 슛을 날리며 다득점 경기가 펼쳐질 듯하다. 그러나 곧 이상한 장면이 계속될 것이다. 수비진은 골대 안에 웅크리고 미드필드는 텅 비며 경기는 전혀 다른 게임처럼 혼란스러워진다. 공간의 리듬은 깨지고 축구 특유의 전략적 긴장감은 사라진다. 단 하나의 규칙, 오프사이드의 존재 여부가 경기 전체의 윤리를 바꿔버린다.

오프사이드는 공격을 억제하는 장치가 아니며, 오히려 모든 선수가 공정하게 경쟁하도록 질서를 세우는 규칙이다. 그 덕분에 선수들은 공간을 점유하고 타이밍을 계산하며 함께 흐름을 만들어간다. 칸

                                            골 때리는 인문학

트가 말한 도덕법칙도 마찬가지다. 법칙은 자유가 공존할 수 있는 조건이 된다.

진짜 자유는 모두가 같은 조건 속에서 자유를 누릴 수 있게 하는 법칙 안에서 가능하다. 그러므로 정언명령은 도덕의 오프사이드 룰이다. 타인을 도구가 아닌 목적으로 대하라는 명령은 자유로운 존재들이 함께 살아갈 최소한의 질서를 세운다.

자유란 타인의 자유를 존중하는 방식으로 내 자유를 행사하는 것이다. 오프사이드가 사라진 축구가 곧 혼돈이 되듯 규칙 없는 자유는 불평등과 폭력으로 이어질 뿐이다.

경기력보다 오래 남는 건 품격이다

경쟁이 치열할수록 윤리적 판단은 복잡해진다. 승리를 위해 반칙을 눈감거나 상대를 도발하거나 심판을 속이려는 유혹이 따르기 때문이다. 그러나 칸트 윤리학은 결과보다 동기를 중시한다. 오직 선의善意에서 비롯된 행위만이 진정한 도덕적 행위라는 것이다.

따라서 중요한 것은 어떻게 이기고, 어떻게 졌는가이다. 우리가 존경하는 선수는 그저 기량만 뛰어난 이들이 아니다. 경기장 안팎에서 도덕적 태도를 잃지 않는 사람들이다.

이 기준은 선수들의 행동 속에서 더욱 분명해진다. 이탈리아의 전설적인 수비수 파올로 말디니는 탁월한 수비 기술뿐 아니라 경기 내내 상대를 존중하고 불필요한 반칙을 삼가며 심판에게도 예의를 지켜 존경을 받았다. 그는 "경기의 품격은 곧 선수의 품격에서 나온다"는 신념으로 축구를 윤리적 실천의 장으로 여겼다.

비슷하게 독일 대표팀의 주장 필립 람은 화려한 퍼포먼스보다 팀의 흐름을 읽고 조율하며 승리보다 팀워크와 페어플레이를 중시했다. 그는 월드컵 우승 후에도 "우리가 인정받은 것은 승리가 아니라 지켜온 원칙 덕분이었다"라고 회고했다.

결국 우리의 기억에 남는 선수는 화려한 실력보다 한결같은 태도와 분명한 신념을 지닌 사람이다. 그들은 승리 속에서도 겸손을 잃지 않았고 패배 속에서도 존엄을 지켰다. 이처럼 축구는 윤리를 행동으로 증명하는 무대다.

경기장은 가장 생생한 도덕 교실이다

그렇다면 축구는 어떤 윤리적 훈련장을 제공하는가? 축구는 규칙을 따르는 행위를 통해 자율성과 판단력을 길러내는 공간이다. 칸트가 말했듯 도덕 법칙은 외부의 강제가 아니라 스스로 세운 기준일 때 의미가 있다. 축구는 이 자율적 윤리 의식을 몸으로 체험하게 만드는 무대이고 경기장은 도덕 수업의 교실이 된다. 승리의 유혹 속에서도 공정함을 택하고, 감정의 격랑 속에서도 이성을 지켜야 하기 때문이다.

이 자율성은 선수의 판단과 선택에서 드러난다. 실제로 심판이 보지 못한 파울을 선수 스스로 인정하는 장면은 월드컵 같은 무대에서도 박수갈채를 받으며 오래 기억된다. 승리를 위한 기술 못지않게 규칙을 자발적으로 실천하는 태도가 경기의 품격을 높이기 때문이다.

결국 우리의 시선은 경기 결과를 넘어야 한다. 축구는 자기 절제 속에서 발견하는 자유 그리고 그 자유를 타자와 나누는 윤리를 가르

 골 때리는 인문학

친다.

삶도 마찬가지다. 직장과 사회, 가족 안에서 우리는 규칙과 감정 사이를 오가며 선택한다. 그때마다 스스로에게 물어야 한다. "내가 따르는 규칙은 타인의 기대가 아니라 내 이성이 선택한 원칙인가?" 축구는 말없이 가르친다. 진정한 자유는 규칙을 스스로 선택할 때 비로소 가능하다고.

베테랑과 언성 히어로:
수기치인(修己治人)

축구는 경쟁 스포츠이자 단체 종목이다. 경기는 팀과 팀의 대결로 진행되고 결과는 승패로 남는다. 그러나 승리는 기술이나 전술만으로 오지 않는다. 진정한 출발점은 언제나 개인의 수양, 다시 말해 자기 자신을 다스리는 데 있다.

패스를 정확히 연결하고 공간을 읽으며, 한 번 더 뛰어야 할 순간에 주저하지 않기 위해 선수는 몸과 마음을 끊임없이 조율한다. 그래서 축구는 기술 이전에 태도, 경쟁 이전에 수양으로 이어지는 운동이다. 경기의 승부는 외부로 향하지만 그 뿌리는 내면의 훈련에서 비롯된다.

수양이 공동체로 확장되는 길

유학자 주자의 수기치인修己治人 사상은 축구가 어떻게 개인의 수양에서 공동체적 덕목으로 확장되는지를 잘 보여준다. 축구는 기

골 때리는 인문학

술의 스포츠인 동시에 자기 수양의 운동이며 공동체를 위한 도덕적 실천이다.

공자 이후 성리학을 집대성한 주자는 『대학』[99]을 해석하며 '수기치인', 곧 자신을 닦아 남을 다스리는 원리를 철학적으로 정립했다. 축구에서도 몸과 마음을 다스린 선수가 팀을 이끌고 공동체를 조율한다.

주자는 『대학』에 등장하는 수기치인, 곧 수신제가치국평천하修身齊家治國平天下의 도식을 "모든 공동체 질서는 자기 수양에서 비롯된다"고 해석했다. 그는 수기를 몸과 마음을 다스리며 일상에서 끊임없이 실천하는 생활철학으로 보았다. 이 맥락에서 수기란 곧 감정을 제어하고 생각을 정돈하며, 타인을 존중하는 태도를 몸에 새기는 것이다. 주자는 이러한 수양이 개인의 덕성 함양에 머물지 않고 가정의 조화, 사회의 안정, 국가의 평화로 확장되는 일관된 윤리 체계라고 강조했다.

공자의 가르침을 계승하면서도 주자는 훨씬 더 체계적이고 구체적인 구상을 제시했다. 공자도 "군자는 그 자신을 닦는다"君子求諸己며 수기의 중요성을 강조했지만 수기와 치인의 논리를 명시적으로 연결한 것은 아니었다. 도덕적 인간을 정치의 기반으로 본 이상은 강조되었으나 그 구조는 느슨했다.

반면 주자는 『대학장구』[100]에서 수기 → 제가 → 치국 → 평천하로 이어지는 단계를 명확히 구조화했다. 자기 수양을 통해 가정을 다스리고 그 조화가 나라의 안정을 이끌며, 결국 세상을 평화롭게 만든다는 구상이다. 주자는 도덕과 정치를 하나로 묶는 도식을 제시함으로써 인간 내면의 수련이 공동체 질서의 출발점임을 분명히 했다.

그라운드 위의 수양: 개인에서 팀으로, 팀에서 사회로

축구에서 수기는 세 가지 차원에서 드러난다.

첫째, 신체적 수양이다. 규칙적인 생활, 균형 잡힌 식단, 철저한 자기 관리와 기초 체력 단련은 기본 중의 기본이다. 이는 체력 관리 차원보다는 자신의 몸을 존중하고 끊임없이 단련하려는 태도를 의미한다.

둘째, 정신적 수양이다. 감정 조절, 집중력 유지, 심리적 안정은 개인의 경기력뿐 아니라 팀 전체의 분위기를 좌우한다. 특히 주장이나 핵심 선수는 위기 상황에서 냉정함을 유지하며 팀의 균형을 잡는다.

셋째, 도덕적 수양이다. 페어플레이 정신, 팀워크에 대한 헌신, 심판 판정 존중, 상대 팀을 향한 예의는 공동체의 조화를 위한 윤리적 실천이다.

주자는 수기를 통해 개인이 자율적이면서도 타자와 조화를 이루는 존재가 된다고 보았다. 축구의 수기 역시 몸을 단련하고 마음을 다스리며 공동체 속에서 품격 있게 살아가는 연습이다. 잘 수양된 선수는 혼자 빛나려 하지 않고 팀 속에서 능력을 녹여낸다. 자기 수양을 바탕으로 한 리더십은 팀의 조직력을 높이고, 그 조화는 다시 팬과 지역사회, 더 나아가 사회 전체에 긍정적 영향을 미친다.

주자가 말한 치인은 권력이나 지배가 아니며, 오히려 공동체를 조화롭게 이끄는 덕의 실천이었다. 마찬가지로 축구에서 진짜 위대한 선수는 경기를 독점하지 않고 조율하며 팀을 성장시키는 동행자다. 축구는 개인의 수기에서 출발해 공동체의 치인으로 확장되는 윤리적 스포츠다.

골 때리는 인문학

리더십은 실력보다 태도에서 나온다

K리그 부천FC1995 주장 한지호는 수기치인의 덕목을 보여주는 대표적 사례다. 30대 후반의 베테랑인 그는 기량뿐 아니라 태도와 책임감으로 팀을 이끈다. 출전 여부와 관계없이 라커룸 분위기를 다잡고 팬과 꾸준히 소통하며 후배들의 실수를 감싸 안는다. 이는 고참 역할을 넘어 공동체의 리더로 자리매김하는 모습이다.

한지호는 "후배들에게 말을 많이 하기보다 운동장에서 먼저 뛰는 모습으로 보여주는 게 다"라고 말한다. 주장 완장을 찬 그는 스스로 앞장서 뛰며 '투쟁심'을 실천한다. 경기 중 억울한 상황이나 충돌이 생기면 가장 먼저 동료를 위해 나서는 모습은 평소 온화한 성품과 대비되는 책임감의 발현이다. 그는 결국 2025년, 부천의 K리그1 승격을 이끌며 구단 역사에 새로운 장을 열었다.

그의 소속팀 감독 이영민은 언론 인터뷰에서 "한지호를 어떤 말로 칭찬해야 할지 모르겠다. 최고참인 그는 항상 모범을 보인다. 흠잡을 곳 없는 선수다"[101]라고 말했다. 이 말은 그저 한 선수에 대한 칭찬에 머무르지 않는다. 수기치인, 즉 스스로를 단련해 타인을 이끄는 리더의 태도가 현장에서 구현된 드문 사례에 대한 평가다.

주자는 "자기를 닦은 자만이 남을 이끌 수 있다"라고 말했다. 한지호는 자기 수양을 통해 팀 전체를 이끄는 '몸의 리더십'을 보여주고 있다. 그의 투쟁심은 공동체 안에서 자신을 먼저 낮추고 책임을 떠안는 태도에서 비롯된다. 결국 리더란 가장 앞에서 소리치는 사람이 아니라 가장 조용히 무게를 버티는 사람이다. 축구에서 리더십은 외적인 위엄보다 내적인 단단함에서 비롯되며 그것이 곧 품격으로 드러난다.

기록에 남지 않는 헌신의 가치

이런 리더십은 꼭 주목받는 스타 선수에게만 기대되는 것이 아니다. 가장 많이 뛰고 누구보다 먼저 수비 위치를 잡으며, 자신은 드러내지 않고 동료들을 빛내는 선수들이 있다. 우리는 이들을 '언성 히어로'unsung hero라 부른다.

전남드래곤즈에서 활약했던 수비형 미드필더 이승희가 대표적이다.[102] "이기는 경기에는 반드시 그가 있다"라는 말을 들을 만큼 그는 팀의 버팀목이었다. 화려한 드리블이나 세리머니보다 묵묵히 중원을 지키는 헌신으로 팀의 중심을 잡았다. 태클, 커버링, 인터셉트 그리고 동료의 실수를 덮는 플레이와 같은 헌신은 기록에는 잘 남지 않았지만 감독과 동료들은 모두 그의 진가를 알고 있었다. 상대의 공격을 차단하고 후방 빌드업을 이끄는 그의 움직임마다 팀 전체를 위한 조용한 판단과 헌신의 리듬이 스며 있었다.

팬들은 그를 '전남의 심장'이라 불렀지만 그는 자신을 과시하지 않았다. 인터뷰도 드물었고 세리머니도 절제했으며, 경기 후에는 묵묵히 다음 경기를 준비했다. 그러나 그 모습이야말로 축구에서 '품격'이 무엇인지를 되묻게 했다. 그는 스스로를 드러내지 않았지만 팀의 안정을 위해 가장 많은 것을 감내한 선수였다. 그래서 오늘날에도 팬들은 이승희를 떠올리며 "정말 고마웠던 선수"라고 말한다.

주자는 수기를 통해 치인에 이른다고 했다. 이는 자기 수양을 통해 절제와 신중함을 몸에 새기고, 그 힘으로 타인에게 감화력을 발휘하라는 의미다. 이승희의 축구는 그 사상을 실천으로 옮긴 사례라 할 수 있다.

많은 말을 하지 않아도 꾸준한 실천으로 팀 안팎의 질서를 세우는 사람. 언성 히어로는 그런 존재다. 그들은 결과보다 과정, 환호보다 조화 속에서 팀을 완성시킨다.

승패보다 성장을, 스타보다 사람을

이처럼 그라운드 안에서 묵묵히 헌신하는 선수가 있고, 그라운드 밖에는 또 다른 품격의 리더가 있다. 선수들의 성장을 돕는 지도자에게서 수기치인의 정신은 더욱 선명하게 드러난다. 화려한 커리어는 없었지만 '좋은 사람'을 길러내는 데 헌신해온 성균관대 유만기와 연세대 이원규가 대표적이다.

K리거 출신 유만기는 빠른 발을 지닌 공격수로 주목받았지만 프로에서는 크게 빛나지 못했다. 그러나 그 경험을 자양분 삼아 지금은 '성공한 선수보다 괜찮은 어른'을 키우는 지도자로 살아간다. 훈련보다 진로 상담을, 플레이보다 인격을 우선하는 그는 수기의 가치를 학생들에게 몸소 전한다. "나는 스타 선수는 아니었지만 그래서 학생들에게 더 진심일 수 있다"라고 그는 말한다.

한때 K리그 신인드래프트 1순위로 화제를 모았던 이원규는 은퇴 후 '공부하는 코치'로 불린다. 매일 훈련을 기록하고 전술을 연구하며 학생 개개인의 잠재력을 끌어올릴 방법을 고민한다. 선수들의 멘탈을 위해 스포츠심리학을 공부해 석사 학위도 취득했다. 제자 최준(FC서울 수비수)은 회고한다. "이원규 코치님은 사이드백 출신이라 제가 헷갈리는 부분이 있을 때마다 정확히 짚어주셨습니다. 훈련 중 실수하면 더 나은 방향을 제시해 바로잡아주셨고, 덕분에 부족한 부분을 개선하며 성장할 수 있었습니다."[103]

두 지도자는 자신의 좌절을 수기의 자산으로 삼아 그것을 제자들과 나누는 치인의 길을 걷는다. 그들은 승패보다 성장을, 스타보다 사람을 중시한다. 주자가 말했듯 스스로를 닦지 않으면 누구도 따르지 않는다. 이들의 코칭은 그 진리를 증명한다. 축구는 결국 '사람'을 키우는 일이고, 리더란 앞에서 소리치는 사람이 아니라 묵묵히 등을 밀어주는 사람이다.

축구는 수기치인의 장이다

축구는 규칙 안에서 몸을 다스리고 감정을 조율하며, 타자와 조화를 이루고 공동체 안에서 책임을 다하는 훈련의 장이다. 주자가 말한 수기치인은 본래 왕도정치의 도덕적 기초였지만 그라운드 위에서는 공동체 윤리로 읽힌다. 중국학자 필립 아이반호는 『유학, 우리 삶의 철학』[104]에서 수기치인을 전통 정치 이론으로 보지 않았다. 오히려 공동체 속에서 서로를 배려하며 살아가기 위한 실천적 지혜로 해석한다.

축구는 아이반호가 말한 그 '배려의 지혜'가 몸과 마음으로 살아 숨 쉬는 현장이다. 몸을 닦고 마음을 다스리며 함께 이기는 방식을 고민하게 만드는 것, 그것이 수기치인의 축구다.

오늘날 우리는 경쟁과 성과 중심의 사회 속에서 너무 쉽게 '나'만을 앞세운다. 그 결과 '우리'는 자주 희미해진다. 그러나 축구는 언제나 '우리'를 다시 일깨운다. 그라운드는 하나의 작은 사회다. 그 안에서 우리는 자신을 조율하고 팀을 존중하며, 사회적 존재로서 나를 성찰한다. 이것이 축구가 우리에게 전해주는 수기치인의 철학이다.

골 때리는 인문학

팀워크: 무지의 베일

90분 경기에서 가장 많이 뛰는 선수는 누구일까? 의외로 공을 오래 다루는 공격형 미드필더도, 골을 넣는 스트라이커도 아니다. 오히려 이름이 덜 알려진 수비형 미드필더나 상대를 끝까지 쫓는 측면 수비수일 때가 많다. 경기 후 스포트라이트는 늘 골잡이에게 향하지만 실제로 팀의 균형을 잡아낸 이들은 조용히 화면 밖으로 사라진다.

이 장면은 팀워크의 역설을 드러낸다. 팀워크는 기여와 보상이 공정하게 나눠질 때 비로소 완성된다. 어떤 선수는 늘 영웅처럼 조명받지만 또 다른 선수는 팀의 성장을 위해 기꺼이 자신을 지운다. 팀워크 안에서도 역할과 평가는 결코 균등하지 않다. 축구가 개인의 스포츠가 아니기에 이 불균형은 곧 책임과 보상의 정의에 대해 질문을 던지게 만든다. 공은 모두가 나눴지만 박수는 몇몇에게만 돌아갈 때 우리는 다시 묻고 싶어진다. 진정한 팀워크란 무엇인가? 공정한 분배는 어떤 모습이어야 하는가?

똑같이 나누는 게 공정함일까

이 지점에서 우리는 '공정하다'는 말의 의미를 다시 물어야 한다. 일상적으로는 똑같이 나누는 것을 공정이라 여기기도 하고, 더 노력한 사람이 더 많이 가져가는 것을 공정이라 주장하기도 한다. 그렇다면 진짜 공정함은 무엇일까?

이 물음에 평생을 바친 사람이 정치철학자 존 롤스다. 그는 『정의론』[105]에서 정의를 사회 제도의 가장 근본적인 덕목이라 보았다. 진리처럼 타협할 수 없는 원칙이라는 것이다. 롤스에 따르면 공정함은 결과의 평등보다 과정의 정당성에서 비롯된다. 모두가 동일한 출발선에 서고 누구도 부당한 불이익을 받지 않으며, 결국 모두가 수용 가능한 분배 방식을 마련해야 한다는 것이 그가 말한 '정의로운 사회'의 토대다.

이를 설명하기 위해 롤스는 '무지의 베일'veil of ignorance이라는 사고실험을 제안한다. 가정은 이렇다. "당신은 지금부터 새로운 사회를 설계해야 한다. 단 그 사회에서 당신이 어떤 계층·성별·재능·조건으로 태어날지는 알 수 없다." 그렇다면 우리는 어떤 사회를 설계하게 될까?

대부분은 자신이 가장 불리한 위치에 태어날 가능성을 고려할 수밖에 없다. 따라서 누구에게도 지나치게 불공정하지 않은 사회 구조를 만들고자 할 것이다. 이것이 롤스가 강조한 핵심 통찰이다.

축구에 비유하면 이해가 쉽다. 만약 감독이 자신이 수비형 미드필더가 될 수 있다고 생각한다면 그는 골잡이만을 위한 전술이 아니라 모든 포지션의 기여도를 공평하게 반영하는 전략을 짤 것이다. 내가 어떤

골 때리는 인문학

역할을 맡게 될지 모른다면 누구도 억울하지 않게 전술을 설계하게 된다는 것이다.

이처럼 롤스가 말하는 공정함은 불확실한 조건 속에서 상호 존중과 배려를 전제로 제도를 세우라는 요청이다. 그는 정의로운 사회를 위한 두 가지 원칙도 함께 제시한다.

첫째는 동등한 기회의 원칙이다. 모든 사람은 자유와 기회를 동등하게 보장받아야 하며 그 기회는 누구에게나 열려 있어야 한다. 이를테면 좋은 학교에 갈 수 있는 길이 출신 지역이나 부모의 재력 때문에 막혀서는 안 된다.

둘째는 차등의 원칙이다. 사회에 불평등이 존재하더라도 그 불평등은 가장 불리한 사람들에게 이익이 되는 경우에만 정당화될 수 있다. 다시 말해 누군가 더 많은 보상을 받으려면 그것이 사회 전체의 이익에 기여하고 특히 취약한 집단에 긍정적 효과를 가져와야 한다.

예를 들어 스타 선수가 높은 연봉을 받더라도 그로 인해 팀의 인기와 수익이 늘어나고 그 수익이 구성원 모두에게 돌아간다면 이는 정당한 불평등이 된다. 그러나 스타만을 위한 전술과 보상 구조라면 팀은 곧 균형을 잃고 만다.

이러한 관점은 마이클 샌델의 『정의란 무엇인가』[106]에서도 이어진다. 그는 공정성이 사람들 사이의 관계 속에서 형성되는 신뢰와 책임감에서 실현된다고 강조했다.

결국 롤스가 말한 공정함은 이렇게 요약된다. "당신이 팀의 주인공이 아닐 수도 있다. 그래도 이 팀의 일원이라는 사실에 자부심을 느낄 수 있는 조건, 그것이 정의이며 공정함의 출발점이다."

축구도 마찬가지다. 모든 선수가 존중받고 누구도 희생되지 않으며, 역할과 기여가 공정하게 평가되는 팀만이 '품격 있는 팀'이라 불릴 수 있다.

숨은 기여는 왜 쉽게 잊히는가

축구에서 수비형 미드필더는 전술의 핵심이다. 경기에서 가장 많은 거리를 뛰고 수비와 공격을 잇고 상대 에이스를 봉쇄하지만 스포트라이트는 늘 골과 어시스트에 쏠린다. 측정되지 않는 헌신과 기록되지 않는 기여는 쉽게 잊히고 만다.

이것은 구조적 아이러니다. 우리는 팀워크를 말하지만 정작 그 안에서의 기여는 여전히 불균형하게 평가된다. 이 문제는 축구만의 일이 아니다. 미국 미식축구리그NFL 역시 오랫동안 인종과 문화적 맥락에 따라 기여와 보상의 분배가 비대칭적으로 작동해왔다. 대표적인 예가 쿼터백 포지션이다.

쿼터백은 팀의 지휘자이자 최고 연봉자의 자리였지만 이 포지션은 오랫동안 백인 선수들의 독점 구역이었다. 흑인 선수들은 러닝백이나 리시버처럼 육체적 소모가 큰 포지션에 배치되었고, 이는 역할 분담이 아닌 구조적 차별이었다. 넷플릭스 다큐드라마《콜린: 흑과 백의 인생》은 이 현실을 생생히 보여준다. 주인공 콜린 캐퍼닉은 쿼터백을 꿈꿨지만 감독은 "흑인에게 어울리지 않는다"라는 이유로 다른 포지션을 권했고 그의 재능은 편견 속에 묶였다.

인종이나 외형 같은 고정된 이미지로 자리를 정한다면, 그건 더 이상 공정한 팀워크가 아니다. 여기서 롤스의 '무지의 베일'은 중요한 요

　　　　　　　　　　　골 때리는 인문학

청이 된다. 누구든 그 자리에 설 수 있다는 전제를 갖고 제도를 설계하라는 것이다. 축구든 미식축구든 혹은 우리가 속한 조직과 사회든 마찬가지다. 진정한 정의란 누구나 가능성이 보장되고, 그것을 현실로 만드는 제도 속에서 구현하는 것이다.

아이들은 왜 '함께 뛰는 법'을 잊었을까

팀워크는 축구의 본질이다. 그러나 그 팀이 공정하게 구성되었는지는 또 다른 문제다. 롤스가 '무지의 베일'을 통해 강조한 것은 이 출발선의 공정함이었다. 하지만 오늘날 유소년 축구의 현장은 그 베일이 이미 벗겨진 듯 보인다.

내가 선수로 뛰던 시절, 한국의 유소년 축구는 학교 운동부 중심이었다. 수업이 끝나면 친구들과 함께 운동장에서 뛰고, 같은 유니폼을 입고 같은 전술을 익혔다. 그 속에서 자연스레 '축구는 함께하는 것'이라는 사실을 배웠다. 개인은 공동의 흐름 속에서 성장했고 팀은 곧 배움의 공동체였다.

지금의 풍경은 다르다. 팀 훈련만으로는 부족하다고 여기는 부모들은 개인 레슨, 피지컬 트레이닝, 영상 분석, 식단 관리까지 총동원해 아이를 '완성형 선수'로 기획한다. 이른바 '축구대디' 현상이다. 부모는 코치처럼 개입하고 아이는 지도자의 지시보다 부모의 기대에 맞춰 움직인다. 그 결과 유소년 축구는 부모의 경제력과 정보력에 따라 계급화되고 실력과 기회는 가정 배경에 의해 갈라지고 있다.

축구는 여전히 팀 스포츠지만 아이들은 점점 각자도생의 선수가 되어간다. '같이 뛰는 법'을 배우기 전에 '앞서가는 법'부터 익히는 것이다. KBS《추적 60분》 '7세고시' 편이 보여주었듯 놀기도 전에 경쟁에 내몰리는 아이들에게 축구는 더 이상 놀이가 아니다. 경기는 여전히 11명이 함께 뛰지만 아이는 그라운드 위에서도 외롭다. 팀은 공동체에서 개인 브랜드의 무대로 변해가고 있다.

공정한 팀워크는 공정한 출발선 위에서만 가능하다. 아이들이 진짜로 함께 뛰려면 그 이전에 동일한 조건에서 시작할 수 있어야 한다. 그라운드는 모두의 것이어야 하며 아이는 선수가 되기 전에 먼저 한 사람으로 성장해야 한다. 축구가 함께 배우며 살아가는 운동장이 될 수 있을지, 이제는 그라운드 밖의 어른들이 먼저 답해야 할 시간이다.

진짜 팀워크는 공정한 분배 위에서만 완성된다

롤스는 불평등이 '사회의 가장 취약한 사람들'에게 이익이 될 때만 정당화될 수 있다고 말했다. 축구에서도 포지션, 경기력, 재능, 보상에는 차이가 존재한다. 그러나 그 차이가 전체에 기여하고 특히 불리한 위치에 있는 이들을 배려할 때, 그 구조는 공정하게 기능한다.

결국 팀워크의 본질은 공정하게 작동하는 협력에 있다. 감독의 전술이 특정 선수를 희생시키고 있지는 않은지, 팬들의 응원이 스타에게만 집중되지는 않는지, 클럽의 보상 체계가 실제 기여를 반영하고 있는지를 우리는 끊임없이 묻는다.

품격 있는 팀은 서로를 빛나게 하는 구조를 가진다. 진정한 팀워크는 공정한 윤리 위에서만 완성된다. 흔히 "우리는 한 팀이다"라고 말한다. 그러나 그 팀 안에서 누가 드러나고 누가 지워지는가? "함께 이긴다"는 말이 누군가의 희생을 전제로 하고 있지는 않은가?

롤스의 정의론은 경기장 안팎 모두에게 유효하다. 회사, 학교, 가정에서도 '팀'이라는 이름 아래 평등한 기회가 주어지고 있는가? 누군가는 언제나 조용히 뒷정리를 하고 있지 않은가? 그리고 그 헌신은 충분히 인정받고 있는가?

진정한 팀워크란 '함께 싸우는 것'을 넘어 '함께 존중받는 것'이다. 공정한 분배 없이는 팀워크도 존재할 수 없다는 사실을 축구는 가르쳐준다.

· 4부 ·

상징

축구는 말보다 강한 언어를 지닌다. 응원가와 유니폼, 세리머니와 몸짓 하나에도 수많은 의미가 담긴다. 이름, 은유, 이미지, 밈은 축구를 하나의 경기에서 거대한 이야기로 확장시킨다. 해석은 끝나지 않고 관점은 끊임없이 새로 열린다. 축구는 무엇을 상징하며, 우리는 그 안에서 무엇을 읽고 있는가?

라커룸의 말: 전술적 실천

축구는 경기장 안에서만 벌어지지 않는다. 경기 전 미팅, 하프타임, 경기 후 대화까지, 축구는 끊임없는 말의 흐름 속에서 이어진다. 그중에서도 라커룸은 그냥 탈의실이 아니라 전술이 공유되고 감정이 교차하며 팀이 형성되는 핵심 장소다. 이곳은 전술 회의실이자 치유의 공간이다. 승리 후의 환호, 패배 후의 침묵, 눈물과 분노 그리고 다독임까지 모든 감정이 말과 함께 흐른다.

최근에는 감독의 지시, 선수들의 대화, 경기 전 단합 메시지 등이 다큐멘터리와 SNS를 통해 공개되면서 라커룸의 언어는 은밀한 비밀에서 감동과 성찰을 주는 문화적 메시지로 확장되고 있다. 라커룸은 전략을 공유하는 공간이자 말과 감정이 모여 팀의 정체성이 형성되는 자리다. 철학자 미셸 드 세르토가 말한 '일상의 실천'처럼, 이곳에서 오가는 말은 전술에 그치지 않고 팀의 문화와 삶의 방식으로 이어진다.

전술은 팀을, 말은 마음을 움직인다

드 세르토는 『일상의 발명』[107]에서 인간은 제도나 권력이 정해놓은 틀 속에서도 자신만의 방식으로 공간을 해석하고 살아간다고 보았다. 그는 이를 '전략'과 '전술'이라는 개념으로 설명했다. 전략은 권력이나 제도가 장기적·체계적으로 세운 구조이고, 전술은 그 전략 안에서 개인이 순간의 틈을 찾아 창의적으로 실천하는 방식이다.

우리가 길을 걷는 습관, TV 프로그램을 소비하는 방식, 언어를 변형해 쓰는 습관은 모두 전술에 해당한다. 드 세르토에 따르면 이러한 전술은 억압적 구조 속에서도 인간이 여전히 능동적으로 존재한다는 증거다. 권력의 틀을 그대로 따르지 않고 주체적으로 점유하고 변형하는 것이다.

이 시각을 축구의 라커룸에 적용해보자. 공식 훈련 계획과 지시는 전략의 언어다. 그러나 경기 직전 선수들 사이의 속삭임, 농담, 격려와 고백은 라커룸을 자기 방식으로 재구성하는 전술적 실천이다. 이 작은 실천들은 제도적 틀 안에서도 인간이 주체적으로 존재하고 있음을 보여주는 중요한 증거다.

감독의 전략은 팀 전체를 이끄는 큰 틀이다. 그러나 선수들 사이에서 오가는 말은 그 틀을 유연하게 해석하고 조율하는 도구가 된다. 주장과 신인의 대화, 훈련 후의 농담, 실수한 선수를 향한 짧은 위로 한마디. 이런 언어들은 팀의 정체성을 만들고 관계를 이어주는 실천적 언어다. 드 세르토가 말한 '전술'은 이런 일상적 말하기 속에서 드러난다. 사람들은 말을 통해 주체성을 표현하고 감정을 나누며 공동체 안에서 자신의 자리를 만들어간다.

더 나아가 이 말들이 미디어를 통해 다큐멘터리나 비하인드 영상으로 재생산되면 라커룸의 언어는 내부 소통을 넘어 공적 메시지로 확장된다. 경기 전 서로를 다독이는 짧은 격려, 패배 후 진심 어린 사과, 승부를 향한 절박한 외침. 이런 순간들은 팬들에게도 깊은 울림을 주며 축구가 공감과 연대를 만들어내는 방식을 보여준다.

승부를 넘어 삶을 건드리는 말

라커룸의 말은 기술적 조언이나 전술 전달에 그치지 않는다. 때로는 그 말들이 공간을 넘어 기억으로 남고, 경기장을 떠난 이후에도 삶의 태도로 작동하는 감정적 실천이 된다.

광주FC 이정효 감독은 실제 라커룸에서 이렇게 말했다.[108]

"그냥 미친놈처럼 축구에 미쳐야 해. 미쳐야 한다고!"

"꿈이 클수록 목표가 클수록 노력은 배가 돼야 해."

"팀이 먼저라고, 자기 등판에 있는 이름 생각하지 말고, 가슴 앞에 있는 엠블럼만 생각해."

"남이 못하기를 바라지 말고 우리가 잘하면 돼."

격렬한 경기의 긴장 속에서 터져 나온 이 말들에는 노력, 책임, 공동체, 윤리라는 가치가 응축되어 있다. 드 세르토가 말했듯 일상의 언어는 주어진 질서 속에서 공간을 새롭게 구성하는 전술이다. 이정효 감독의 말 역시 프로축구의 위계적 구조 안에서 '팀은 무엇이어야 하는가', '우리는 어떻게 존재해야 하는가'를 선수들이 체화하게 만드는 실천적 언어다.

비슷한 사례는 해외에서도 발견된다. 위르겐 클롭은 리버풀 부임

초기부터 "우리는 의심하는 자에서 믿는 자로 달라져야 한다"We must turn from doubters to believers라는 말을 반복했다.[109] 이 문장은 팀의 감정 구조를 바꾸는 언어적 실천이었다. 선수들은 그 말을 가슴에 새기고 경기장에 나섰으며 팬들 또한 플래카드·댓글·영상으로 이 메시지를 확산시켰다.

수비의 품격을 상징하는 파올로 말디니는 "태클을 해야 한다면 이미 내가 실수한 것이다"If I have to make a tackle, then I have already made a mistake라고 말하며, 수비란 예측과 절제의 태도임을 강조했다.[110] 그의 말은 축구를 대하는 철학적 자세로 해석되며 후배 선수들의 윤리적 기준이 되었다. 이처럼 라커룸에서 발화된 말은 팀의 정체성과 철학을 조직하는 상징적 실천으로 작동한다.

그리고 그 말은 라커룸을 떠나 팬들의 언어 속으로 스며든다. 기사와 영상, 밈과 댓글을 오가며 되살아난 그 문장은 경기장을 넘어 삶의 태도를 돌아보게 하는 질문으로 바뀐다. '잘 싸우라'는 격려는 결국 '어떻게 살아갈 것인가'를 묻는 조용한 메시지로 자리 잡는다.

전반전이 끝난 뒤 하프타임 라커룸에서 울린 말 한마디는 결국 우리 모두가 맞이할 일상의 '후반전'을 위한 전술이 될 수 있다. 축구는 그렇게 말로, 감정으로 그리고 실천으로 우리를 다시 일어서게 만든다.

진심을 담아 말하는 자가 팀을 움직인다

드 세르토는 일상의 언어 사용이 곧 삶의 리듬을 만든다고 보았다. 축구 라커룸에서 오가는 말은 팀 전체가 함께 부르는 합창처럼 감정의 리듬을 조율한다. 전술이나 피지컬 훈련보다도 서로를 어떻게

 골 때리는 인문학

말로 연결하느냐가 팀의 분위기를 결정짓는다.

특히 다양한 문화와 언어를 지닌 선수들이 모인 팀일수록 감정의 리듬은 더 섬세하게 작동하고 그 흐름이 곧 팀의 정체성을 만든다. 이때 말은 관계를 잇고 감정을 맞추며 하나의 공동체를 조직하는 힘이 된다. 그래서 라커룸은 감정과 언어로 서로가 연결되는 '공감의 공간'이 된다.

라커룸에서 오간 말은 경기 결과뿐 아니라 선수들의 태도, 인간관계, 팀이 공유하는 문화를 형성한다. 농담, 다정한 한마디, 짧은 격려는 모두 팀의 감정을 조율하고 공동의 정체성을 세우는 언어적 행위다.

심리학자 브레네 브라운은 공동체란 구성원이 공감받는다고 느낄 때 비로소 형성되며, 그 공감은 정확한 언어에서 비롯된다고 설명한다.[111] 팀이 하나가 되는 순간은 진심 어린 언어 그리고 서로의 마음을 읽고 건네는 작은 말 속에서 비롯된다.

축구는 결국 이렇게 속삭인다. 말은 전술이고 연대이며 인간을 공동체로 묶는 가장 깊은 감정의 실천이라고.

SNS의 글: 자기 커뮤니케이션

맨체스터 유나이티드의 전설적인 감독 알렉스 퍼거슨은 SNS를 두고 "인생의 낭비"라고 일축한 적이 있다. 실제로 일부 선수들의 무책임한 게시글은 팬들과의 갈등을 불러오거나 여론의 뭇매를 맞곤 했다. 그래서 SNS는 한동안 축구의 본질을 흐리는 불필요한 도구로 여겨졌다. 그러나 오늘날 SNS는 하나의 무대이자 소통의 장이며 정체성을 표현하는 수단으로 자리 잡았다.

선수는 팬과 직접 소통하고 팬은 하이라이트 영상을 편집해 공유하며 구단은 고유한 철학과 미학을 담은 콘텐츠로 팬덤을 형성한다. 이제 SNS는 관계를 만들고 의미를 확장하는 '디지털 경기장'이다. 무엇보다 여기는 말과 감정이 흐르는 공간이다. 누군가는 패배 후 자책의 메시지를 남기고, 또 누군가는 어린 팬의 편지에 감사 인사를 남긴다. 선수의 진심은 팬에게 닿고 팬의 반응은 다시 선수의 동기를 북돋운다. 퍼거슨의 시대가 저물고 이제 SNS는 과거의 '낭비'에서 현재의 '서사'를 쓰는 공간으로 새롭게 정의되고 있다.

이 흐름을 상징적으로 보여주는 인물이 크리스티아누 호날두다. 그의 인스타그램 팔로워는 2025년 기준 약 6억 7천만 명, 전체 SNS 팔로워는 10억 명을 돌파했다.[112] 이는 세계적인 정치지도자나 가수, 배우들까지도 뛰어넘는 수치다. 호날두의 계정은 한 개인의 소셜 미디어를 넘어 하나의 글로벌 미디어 채널, 브랜드 그리고 문화 현상으로 기능한다. 사회학자 마누엘 카스텔이 말한 '자기 커뮤니케이션' 개념은 이 현상을 설명하는 데 중요한 틀을 제공한다. SNS는 축구를 말하고 느끼고 연결하는 서사의 무대다.

네트워크 사회와 자기 커뮤니케이션

과거의 축구는 신문, 라디오, TV라는 거대한 미디어 채널을 통해서만 세상에 전달되었다. 해설은 중계방송을 타고 흘렀고 선수의 말은 기자의 필터를 거쳐 보도됐다. 팬은 수동적 수용자였고 선수는 관찰당하는 존재였다. 그러나 지금은 전혀 다르다. 축구는 더 이상 '보도되는' 스포츠가 아니라 스스로 발화되는 이야기다.

카스텔은 이러한 변화를 '네트워크 사회'라는 개념으로 설명한다. 그는 『네트워크 사회』[113]에서 디지털 미디어의 확산이 정보 흐름을 위계적 구조에서 수평적 구조로 재편했다고 본다. 즉 네트워크는 인간의 관계, 문화, 정체성을 새롭게 조직하는 사회적 구조라는 것이다.

특히 카스텔은 『커뮤니케이션 권력』[114]에서 SNS와 같은 플랫폼에서 나타나는 새로운 현상을 '자기 커뮤니케이션'self-communication이라 명명했다. 기존의 매스 미디어가 대중을 향한 일방적 메시지였다면 자기 커뮤니케이션은 개인이 메시지를 스스로 생산하고 유통하며 해석까지 주도하는 능동적 구조다.

축구 역시 이 구조 속에서 재편되고 있다. 선수는 이제 언론의 중개 없이 자신의 계정에서 직접 발언할 수 있다. 팬 또한 중계 카메라의 시선을 그대로 따르지 않고 하이라이트를 편집해 공유하며 스스로 해석자가 된다. 이 자기 커뮤니케이션은 한 개인의 일기장이 아닌 대중을 움직이는 감정적·정치적 힘을 갖는다. 실제로 SNS는 선수의 해명과 팬의 연대, 구단의 정체성 캠페인, 나아가 선수 권리 운동과 사회적 목소리의 장으로 기능해왔다.

이를 한 걸음 더 발전시켜 사회과학자 지지 파파차리시는 디지털 공간에서의 자기 커뮤니케이션을 사적 감정과 공적 목소리가 교차하는 '감성적 공론장'으로 설명했다.[115] 팬들은 응원이나 비판에 머물지 않고 선수의 서사에 공감하며, 자신들의 감정과 윤리를 결합해 집단적 정체성을 만들어간다.

결국 오늘날 축구는 경기장에서만 '말해지는' 것이 아니다. 선수, 팬, 구단, 미디어가 연결된 네트워크 안에서 실시간으로 의미가 생성되고 재구성된다. 이것이 카스텔이 말한 네트워크 사회이며 그 안에서 '자기 커뮤니케이션'은 축구의 새로운 언어가 된다.

경기장 밖의 말들: 팬덤, 감정, 서사의 공동체

과거의 팬덤은 경기장을 중심으로 형성되었다. 응원가와 플래카드, 연호와 함성이 팬덤의 전형적인 풍경이었다. 그러나 오늘날 팬덤은 시간과 공간의 경계를 초월한다. SNS는 그 울타리를 허물었

　　　　　　　　　　　　　　　　골 때리는 인문학

고 팬덤은 더 이상 물리적 집합이 아닌 네트워크 위에서 끊임없이 움직이는 언어와 감정의 흐름이 되었다.

이제 팬은 소비자에 그치지 않는다. 이미지를 만들고 밈meme을 생산하며 응원의 이야기를 직접 유통한다. 경기 중에는 실시간으로 감정을 공유하고, 경기 후에는 하이라이트를 짜깁기해 해시태그와 함께 올린다. 분석보다 유머가, 정보보다 공감이 더 큰 반응을 얻는다. SNS는 팬이 말하고 쓰고 편집하는 새로운 언어가 되었고, 축구는 경기장의 순간보다 경기장 밖의 말들로 더 오래 기억된다.

SNS는 팬덤의 자율성과 창의성을 극대화하는 공간이다. 응원가를 편곡한 영상, 유니폼을 패러디한 이미지, 밈을 활용한 트래시 토크까지… 이는 기존 미디어로는 담아낼 수 없었던 '참여형 스토리텔링'을 가능하게 한다. 팬들은 '함께 응원한 장면'을 넘어 '함께 만든 이야기'를 공유하고, 그 안에서 축구는 기억되고 말이 되고 공동의 감정이 된다.

이 감정은 선수에게도 전해진다. 어떤 선수는 부진한 경기 후 자책의 글을 남기고 팬들은 위로의 댓글로 답한다. 또 어떤 선수는 팀을 떠나며 영상 편지로 작별을 고한다. 이는 자기 서사의 실천이자 디지털 시대의 자기 커뮤니케이션이다. SNS는 경기장의 울타리를 넘어 감정을 이어가는 서사의 장, 선수와 팬을 윤리적 공동체로 엮는 감정의 허브가 된다.

물론 항상 따뜻한 말만 오가는 것은 아니다. SNS는 논란과 충돌의 무대이기도 하다. 기성용의 "답답하면 니들이 뛰던지"라는 발언은 한때 거센 비판을 받았지만 시간이 흐르며 밈으로 재해석되었다. 팬과 선수 사이의 긴장과 유머가 공존하는 상호작용의 장이 된 것이다.

SNS는 이처럼 충돌과 갈등 속에서도 의미를 바꾸고 감정을 놀이와 연대의 방식으로 전환한다.

오늘날 팬들은 SNS를 통해 선수의 심리와 관계, 심지어 이적 가능성까지 읽어낸다. 특정 선수가 동료를 언팔로우하면 팬 커뮤니티는 즉각 해석에 나선다. 한 장의 사진—공항 풍경, 특정 도시의 배경, 낯익은 유니폼의 흔적—은 이적설의 단서가 된다. 팬들은 짧은 말, 이미지, 팔로우 목록, 표정 아이콘을 조합해 자신만의 이야기를 만들어내고 그것이 다시 여론을 형성한다.

카스텔의 개념을 빌리면 SNS는 개인의 정체성이 실시간으로 유통되고 상호 반응하는 네트워크의 심장이다. 팬은 경기장에 가지 않아도 존재감을 드러낼 수 있고, 선수는 언론의 필터 없이 자신의 언어로 스스로를 말할 수 있다. 그리고 그 말들은 공식 기록보다 더 오래 남는 이야기로 다시 쓰인다. SNS는 의미가 생성되고 정체성이 재해석되는 디지털 팬덤의 중심이 되었다.

작별은 한 편의 서사였다

2025년, 말레이시아 사바FC에서 7년간 활약한 한국인 선수 박태수는 팀을 떠나며 인스타그램@taesu28에 두 편의 장문을 남겼다. 그의 글은 하나의 이야기이자 관계의 기록이며 자신과 공동체를 잇는 감정의 언어였다. 그는 말레이어로 이렇게 시작했다.

"7년은 그냥 숫자가 아닙니다. 그것은 제 피, 땀, 눈물이었습니다. 코뼈가 부러진 채로 발목에 주사를 맞으며 뛰었습니다. 오직 이곳에 대한 사랑으로. (…) 사바는 제 집입니다. '사바, 죽을 때까지'Sabah

    골 때리는 인문학

sampai mati는 제게는 맹세입니다."

카스텔이 말한 '자기 커뮤니케이션'은 개인이 자신의 서사를 짓고 관계를 형성하며 정체성을 새롭게 정의하는 디지털 실천이다. 박태수의 글은 그 정의를 생생하게 보여준다. 그는 SNS를 통해 자신이 어디서 왔고 어떻게 싸웠으며 무엇을 느꼈는지를 직접 발화함으로써 팀과 팬의 집단 기억 속에 자신의 존재를 새겼다.

주목할 점은 그의 사바FC 생활이 기자의 인터뷰나 방송 뉴스가 아닌 자신의 계정에 남긴 글로 마무리되었다는 사실이다. 그 글은 3만 개가 넘는 '좋아요'와 수천 개의 댓글 속에서 디지털 추모비처럼 기능했고 팬들은 그를 더 이상 이방인이 아닌 '함께한 사람'으로 기억하게 되었다.

디지털 공간은 종종 가볍고 휘발적인 언어로 가득하지만 그 속에서도 가장 진심 어린 서사가 태어난다. 말레이시아의 한 지역팀에서 뛴 한국인 선수의 고백은 SNS라는 네트워크 위에서 감정과 의미를 공유하는 살아 있는 증언으로 남았다.

부상 뒤에 찾아온 문장의 힘

말은 때로 경기장 밖에서 더 또렷해진다. SNS에 사진 한 장을 올리거나 블로그에 짧은 글을 쓰는 일은 사소해 보인다. 그러나 그것은 자기 목소리를 되찾는 행위이자 삶을 다시 써 내려가는 실존의 전환일 수 있다. K리그 미드필더 정석화는 그런 선택을 한 선수다.

정석화는 언제나 팀에 없어서는 안 될 존재였다. 성실한 움직임, 정확한 킥, 조직을 묶는 연결고리. 그는 묵묵히 자신의 자리를 단단히 지켜왔다.

그러나 전성기 시절 찾아온 아킬레스건 파열은 그의 몸과 마음을 동시에 무너뜨렸다. 끝없는 재활과 자기 회의 그리고 경기장 밖에서의 '나는 누구인가'라는 질문이 그를 흔들었다. 그때 그는 책을 펼치고 펜을 들었다.

2022년, 정석화는 'Unconditional Love'라는 제목으로 블로그를 열고 삶과 생각을 기록하기 시작했다. "책을 읽고 위로를 받았다"라는 고백처럼, 그는 글을 통해 불평과 부정을 비워내며 매일 글을 쓰는 아내 곁에서 새로운 삶의 리듬을 배워갔다. 가족, 독서, 회복, 내면의 여정을 담은 글쓰기는 카스텔이 말한 자기 커뮤니케이션의 실천이었다.

카스텔에 따르면 자기 커뮤니케이션은 개인이 기존 미디어를 통하지 않고 스스로 메시지를 만들고 유통하며 정체성과 관계를 재구성하는 방식이다. 정석화의 블로그는 경기장의 전술 대신 문장의 리듬으로, 승패의 언어 대신 성찰의 언어로 삶을 이야기하는 새로운 자기 연출이었다.

지금도 그는 현역으로 뛰면서 글쓰기를 이어간다. 그의 블로그는 누군가에게는 위로의 공간이고, 또 다른 누군가에게는 성찰의 거울이다. 이는 한 개인이 네트워크 사회 속에서 어떻게 자기 존재를 표현하고 연결을 만들어갈 수 있는지를 보여주는 또 하나의 사례다.

삶의 서사는 이제 SNS 위에서 쓰인다

축구는 더 이상 경기장에서만 쓰이지 않는다. SNS라는 네트워크 안에서 말은 공유되고 이야기는 해석되며 공동체는 확장된다.

　　　　　　　　　　　　　　　　　　　　골 때리는 인문학

퍼거슨의 말과 달리 SNS는 인생의 낭비가 아니다. 오히려 그곳은 기억을 남기고 감정을 나누며 정체성을 형성하는 삶의 무대다. 그리고 그 이야기는 그라운드의 연장선에서 지금도 쓰이고 있다.

우리는 묻는다. 나는 왜 이 선수를 좋아할까? 이 장면은 왜 내 마음을 흔들었을까? 이 질문은 자기 성찰의 출발점이다. SNS는 그 질문이 떠오르는 공간이며 동시에 서로의 이야기를 통해 삶의 맥락을 확장하는 장이다.

카스텔이 말했듯 자기 커뮤니케이션은 권력의 도구이자 정체성을 구성하는 방식이며 무엇보다 삶을 재구성하는 매개체다. 축구는 이제 SNS 위에서 말해지고 해석되며 다시 살아난다. 그리고 그 속에서 우리는 나의 이야기를 넘어 '우리의 이야기'를 다시 써 내려간다.

27

언어와 해석의 경기 : 해석학적 순환

축구는 90분 휘슬과 함께 끝나지 않는다. 오히려 경기가 끝난 뒤부터 진짜 축구가 시작된다. 팬들은 곧바로 전술을 분석하고 선발 명단을 두고 토론하며 심판 판정에 대한 갑론을박을 벌인다. 같은 장면을 봤어도 해석은 제각각이다. 누군가는 교체 타이밍이 늦었다고 말하고 다른 이는 그 장면이 승부의 분수령이었다고 주장한다. 경기 밖에서 더 많은 말과 해석을 낳는다.

이처럼 축구는 필드 위에서만 벌어지는 게임이 아니다. 팬들의 대화, 언론의 분석, 커뮤니티의 댓글 속에서 끊임없이 재해석되며 다시 태어난다. 그래서 축구는 하나의 문화적 텍스트가 된다. 우리는 같은 경기를 보고도 왜 서로 다른 이야기를 하는 걸까?

대화 속에서 의미는 다시 태어난다

철학자 한스게오르크 가다머는 『진리와 방법』[116]에서 해석을 일방적인 정보 수용이 아닌 살아 있는 이해의 과정으로 설명한다. 이해는 과거와 현재, 해석자와 대상이 주고받는 대화 속에서 형성된다. 우리는 언제나 선이해, 즉 기존의 전제와 편견을 안고 세상를 바라본다. 새로운 장면과 마주할 때, 그 '선이해'는 흔들리고 다시 쓰이며 이해는 점차 깊어진다.

가다머는 이 과정을 '해석학적 순환'hermeneutic circle이라 불렀다. 전체를 알기 위해서는 부분을 읽어야 하고, 부분을 해석하려면 다시 전체 맥락이 필요하다. 두 층위가 서로를 비추며 끝없이 순환한다. 따라서 해석은 고정된 답으로 향하는 직선이 아니다. 오히려 열리고 수정되며 확장되는 나선형의 대화다. 그것은 진리를 확정하기보다 의미의 지평을 넓혀 가는 여정에 더 가깝다.

가다머의 관점에서 보면 축구는 하나의 '해석을 기다리는 텍스트'다. 같은 장면이라도 팬의 입장, 전술적 시각, 심리적 관점에 따라 전혀 다른 이야기로 읽힌다. 심판의 판정, 감독의 전술, 선수의 작은 몸짓 하나까지 모두 해석 대상이 된다.

예컨대 어떤 팬은 역습 장면을 수비수의 실책으로 보고, 다른 이는 공격수의 기민한 판단과 용기를 높이 평가한다. 누군가는 패배의 원인을 감독의 전략적 미스로 지적하지만 또 다른 이는 구단 운영의 문제로 해석한다.

이처럼 축구는 끊임없이 되묻고 대화하며, 각자의 경험과 선이해를 바탕으로 이해의 지평을 넓혀가는 과정이다. 결국 축구의 해석은 하나의 시선이 아니라 다층적인 이야기와 팬들의 목소리가 겹쳐져 만들어지는 집합적 텍스트다.

충돌 속에서 자라는 이해

축구는 언제나 함께 해석되고 이야기되는 하나의 '공동 담론의 장'을 형성한다. 팬 커뮤니티, 방송 해설, 뉴스 기사, 유튜브 영상까지… 모든 매체가 축구를 다양한 관점으로 풀어내고 때로는 서로 부딪히며 결국 조율과 합의의 과정을 거친다.

이러한 해석의 현장은 가다머가 말한 '해석 공동체'를 떠올리게 한다. 해석은 결코 혼자만의 작업이 아니다. 사회적 맥락 속에서 서로의 시선을 교환하고 관점을 맞대며 함께 빚어가는 과정이다. 그래서 축구를 둘러싼 해석은 감상의 차원을 벗어난다. 우리는 타인의 의견을 들으며 이해의 폭을 넓히고 자신의 판단을 조율하는 법을 배운다. 작은 장면 하나가 삶의 교훈처럼 마음에 남고 한 번의 판정 논쟁이 우리를 더 깊이 사고하게 만든다.

이처럼 축구는 단지 경기를 즐기는 팬을 넘어 '해석하는 시민'을 길러낸다. 이 지점에서 축구는 살아 있는 교육의 장이 된다.

기록이 만든 또 하나의 경기장

경기장 가장자리에 묵묵히 축구 이야기를 기록하는 이들이 있다. 눈앞에서 공을 차는 선수만큼이나 그 궤적에 의미를 더하는 이들 역시 경기의 일부다. 해설가나 캐스터처럼 조명을 받는 경우도 있지만 더 깊은 자리에서 축구의 맥을 이어가는 사람들, 바로 현장을 지키는 축구 전문 기자들이다. 그들은 지면과 영상, 글과 목소리로 경기장의 온도와 숨결을 대중에게 전하는 스토리 메신저다.

그중에서도 김현회 기자는 상징적인 인물이다. 독립 언론사 수준

　　　　　　　　　　　　　　　골 때리는 인문학

의 열악한 조건에서도 매주 K리그 현장을 누비며 발로 취재하는 기자다. 그는 화려한 빅매치보다 주목받지 못한 2부리그, 외면받는 WK리그, 작은 팬덤의 지역 구단 이야기를 꾸준히 기록해왔다. 그에게 축구는 결과보다 그 안에 담긴 사람들의 삶이다.

'누가 이겼는가'보다 '어떤 이야기가 있었는가'를 묻는 그의 태도는 축구를 더 깊고 인간적인 서사로 바꾼다. 조명보다 그림자가 많은 곳, 환호보다 침묵이 많은 자리를 위해 그는 펜을 든다. 그렇게 축구는 더 많은 이들의 삶 속으로 스며든다.

가다머의 시선에서 본다면 축구는 경기장에서 끝나지 않는다. 팬의 해석과 기자의 기록을 통해 끊임없이 다시 쓰이고 다시 태어난다. 그 해석과 기록이야말로 축구의 의미를 넓히고 사회 속으로 확장시키는 또 하나의 '게임'이다.

해설은 또 하나의 경기다

예전엔 국가대표팀 경기가 열리면 집집마다 '호랑이 감독'이 등장하곤 했다. 평소 점잖던 아버지들도 TV 앞에 앉으면 선수들을 향해 고성과 비난을 쏟아냈다. 가정집, 식당, 기차역을 가리지 않고 평가와 불만이 오가는 모습은 일상이었다. 마치 운전대를 잡으면 성격이 달라지는 것처럼 축구는 감정 구조를 적나라하게 드러냈다.

그러나 세월이 흐르며 이 풍경도 변했다. '국민 호랑이 감독'의 시대가 저물고 이제는 마이크 앞의 해설자가 여론을 이끄는 시대가 되었다. 특히 전직 국가대표 출신들이 대거 방송 해설자로 등장하면서 해설은 경기 분석을 넘어 사회적 담론이 되었다. 현장 경험과 국민적 신뢰를 등에 업은 이들의 한마디는 강력한 사회적 파장을 낳는다.

이 변화는 해설 내용에서도 드러난다. 과거 기술적 분석에 머물던 해설은 이제 정서적 공감과 윤리적 판단까지 포괄한다. 일부 '선출 해설자'는 선수의 태도, 감독 리더십, 협회의 운영 방식까지 날카롭게 비평한다. 실제로 2018년 러시아 월드컵 당시 방송 3사는 '독설 해설'을 마케팅 전략으로 내세웠고, 직설적 언급은 '사이다 발언'으로 소비되며 중계는 감정의 대리 표출 공간이 되었다.

해설자의 말은 커뮤니티와 SNS로 빠르게 확산되고 언론 기사로도 인용되며 여론을 형성한다. 여기서 문제는 과거 선수 시절의 경험을 현재의 기준으로 절대화하는, 이른바 '라떼는 말이야'식 접근이다. 자신의 세대에서 통용되던 훈련 방식과 경쟁 논리를 보편적 규범처럼 제시하는 순간, 현재 선수들이 놓인 제도적 환경과 노동 조건, 경기 양상의 변화는 쉽게 지워진다. 그 결과 개인의 실수와 부진은 도덕적 결함이나 노력 부족으로 해석되고, 반복된 실수는 곧바로 능력의 한계로 낙인찍힌다. 해설이 강한 언어에 의존할수록 대중의 감정은 자극될 수 있지만 동시에 그 언어는 누군가의 명예와 이미지에 장기적인 상처를 남길 수 있다.

이 변화를 두고 나는 2018년 월드컵이 끝난 뒤 SNS를 통해 "말의 권력이 전이된 사건"이라 표현했다. 발화의 위치와 여론 형성의 무대 자체가 달라졌다는 의미였다. 방송을 통해 전달되는 '선출 해설자'의 말은 이제 여론의 기준점이자 사회적 판단의 잣대가 된다.

이 흐름은 가다머의 해석학과도 맞닿아 있다. 가다머는 언어를 공동체적 이해를 구성하는 해석의 장으로 보았다. 말은 고정된 의미를

     골 때리는 인문학

전달하는 도구가 아니며, 오히려 해석자의 위치와 맥락에 따라 재구성된다.

이 관점에서 오늘날 '선출 해설자'의 언어는 사회적 의미를 재편하고 집단 감정을 조율하며, 공적 담론의 구조를 짜는 기능까지 수행한다. 따라서 우리는 해설의 역할과 무게에 대해 근본적인 질문을 던지게 된다. 해설은 공적 조언인가 아니면 소비되는 명언인가? 발언은 선수와 감독을 위한 비판인가 아니면 인기를 위한 자극인가? '선출 해설자'는 스포츠의 윤리적 책임을 지는 주체인가 아니면 과거의 권위를 앞세운 해석의 권력자인가?

축구는 그라운드에서 벌어지지만 그것을 해석하는 말은 경기장 밖에서 또 다른 경기장을 만든다. 그렇기에 우리는 이 '말의 경기'가 지닌 규칙과 책임에 대해 성찰해야 하며, 말이 만들어내는 효과를 비판적으로 인식할 필요가 있다.

경기는 끝나도 해석은 계속된다

축구를 '말한다'는 것은 곧 자신의 정체성과 감정을 표현하고 타자와 관계를 맺는 행위다. 가다머가 말했듯 이해란 곧 존재의 방식이다. 우리는 축구를 해석하며 단지 경기를 이해하는 데 그치지 않고 우리 자신과 우리가 속한 세계를 함께 다시 구성한다.

중요한 점은 이 해석이 결코 혼자 이루어지지 않는다는 것이다. 우리는 함께 보고 느끼고 이야기하며, 때로는 열정적으로 논쟁한다. 그 대화 과정에서 축구는 공동의 삶을 탐색하는 문화적 실천으로 탈바꿈한다.

철학자 리처드 키어니는 해석이 사건 자체보다 해석하는 '사람'을 바꾸는 과정이라고 말한다.[117] 이해란 진실에 접근하는 방식을 새롭게 열어주는 경험이라는 것이다. 축구를 해석하는 일도 같다. 우리는 경기를 분석하는 과정을 통해 세계를 바라보는 시선을 바꾸고 타인을 이해하는 감각을 넓히며, 결국 자기 자신을 다시 돌아보게 된다.

축구에는 하나의 정답이 없다. 다양한 시선과 끝없는 대화 속에서 의미가 확장되고 매번 새로운 이야기로 다시 태어난다. 그래서 축구는 결코 완전히 끝나지 않는다. 매 경기마다, 매 대화마다 해석은 계속 이어지며 삶처럼 흐른다.

골 때리는 인문학

축구장의 전쟁 담론: 은유 수사학

'치열한 전투였다', '선수들이 피를 흘리며 싸웠다', '최후의 승자는 누구인가' 우리는 축구를 말할 때 무심코 전쟁의 언어를 불러낸다. 감독은 전술을 '무기'라 하고, 팀은 '전차군단', 선수는 '태극전사'가 되며, 경기는 곧 '사투'의 장으로 묘사된다.

이러한 전쟁 은유는 우리가 축구를 상상하고 이해하는 방식을 규정짓는 사고의 프레임이 된다. 전쟁의 언어는 전략을 짜는 방식, 경기를 바라보는 감정의 리듬까지 지배한다. 그렇다면 축구는 본래 전쟁인가, 아니면 언어가 그렇게 믿도록 이끌어온 것인가? 우리는 어떤 언어로 축구를 이해하고 있는가?

은유는 사고의 무기다

인지언어학자 조지 레이코프는 『삶으로서의 은유』[118]에서 은유를 사고를 짜는 인지적 틀로 설명한다. 그는 "논쟁은 전쟁이다", "시간은 돈이다" 같은 표현이 보여주듯 사람들은 낯선 개념을 이해할 때 익숙한 틀을 빌려 사고를 구조화한다.

따라서 축구를 전쟁에 빗대는 표현은 강한 상징성과 사회적 의미를 지닌다. 그런 은유는 실제로 우리가 축구를 '전쟁처럼' 느끼고 행동하게 만드는 인식의 틀이 된다. 은유는 감정과 상상력의 방향을 결정하고, 언어는 우리가 세계를 해석하고 실천하는 방식을 좌우하는 창이 된다.

전쟁의 은유로 가득찬 현대 축구

윤동일은 『축구 전쟁』[119]에서 축구의 본질을 전쟁 은유로 해석한다. 그는 축구가 수천 년 전부터 전투를 닮은 신체 훈련이자 공동체 갈등의 표출 방식이었다고 말한다. 고대 그리스와 로마의 집단 축구, 중세 유럽의 골목 전투형 경기, 동양에서 군사훈련으로 쓰인 축국蹴鞠까지, 축구는 적진을 돌파하는 '볼 배틀'ball battle로서 생존의 전술이었다.

현대 축구에서도 전쟁 은유는 여전히 강력하다. 서포터즈는 전투병처럼 조직화되고 전술은 작전계획도처럼 정교하다. 더비 매치는 명예와 복수를 건 전투로 불리고, 훌리건의 폭력은 신성한 경기장을 전쟁터로 바꿔놓는다. 국가대표팀의 스타일마저 전쟁 방식과 맞닿아 있다. 독일은 '전차군단'답게 전격전처럼 빠르고 조직적이며 이탈리아는 수세적 방어에 강점을 보여왔다. 축구는 각국의 전쟁 기술과 전략을 은유적으로 반영하며 진화해온 셈이다.

윤동일은 축구가 전쟁을 흉내 낼 뿐 아니라 때로는 전쟁을 대체하거나 종식시키는 상징적 실천이 될 수 있다고 본다. 실제로 축구는 분쟁 지역에서 평화를 매개하기도 했고, 반대로 무력 충돌의 기폭제가 되기도 했다. 결국 현대 축구의 언어와 상징은 승리·전략·희생·명예라는 군사적 은유로 가득하며, 전장의 감정을 은밀히 재현하고 있다.

경기는 전쟁터, 스타디움은 격전지가 되고 감독은 전략가이자 지휘관, 선수는 병사나 용병으로 불린다. 공격은 돌격, 수비는 방어선, 골은 한 방으로 설명된다. 대표적인 표현을 정리하면 다음과 같다.

선수 역할과 전투 구도		
공격수 = 돌격대	수비수 = 방어선	미드필더 = 전술 지휘관
플레이메이커 = 전략가	포메이션 = 전열/부대 배치	

전술 및 전략		
전술 전개	라인 전진	라인 붕괴
무장 해제	전환 속도	역습
방어벽	전방 압박	후방 대기
측면 돌파	공중전	전면전

감정 및 의지 표현		
투혼	전사의 마음	패기
희생	결사항전	복수전

상황·평가·해석		
전세가 기울다	전멸시키다	적진을 뚫다
치열한 공방전	무너진 진영	

기타 군사 용어 차용		
슈팅 = 포격	중거리슛 = 장거리포	강슛 = 로켓포
감독 = 지휘관		

은유의 폭력, 축구의 언어학

이러한 은유는 팬들의 감정적 몰입을 높이고 선수와 구단을 영웅 서사로 포장하는 데 효과적이다. 그러나 동시에 승패 집착을 강화하고 패배자 낙인이나 상대에 대한 증오와 폭력을 정당화하는 틀로도 작동한다.

레이코프에 따르면 은유는 사고의 틀이며 행동과 정책에도 깊이 스며든다. 전쟁 은유는 축구를 '정복해야 할 싸움'으로 인식하게 만들고 공격적 팬덤, 무리한 선수 혹사, 폭력적 응원 문화를 부추길 수 있다.

이 왜곡된 틀은 일상의 말 속에 자연스럽게 녹아든다. "전쟁을 앞두고 있다"라는 표현은 선수에게 압박감을, 팬에게는 상대 팀에 대한 혐오와 응징 심리를 심어준다. 그 결과 축구는 전리품을 쟁취하는 전장으로 오해되기 쉽다.

실제로 언어가 현실의 폭력으로 이어진 사례도 있다. 1969년 엘살바도르와 온두라스 경기 뒤 촉발된 이른바 '축구 전쟁'이 대표적이다. 전쟁의 근본 원인은 토지 분쟁과 이민 갈등이었지만 축구 경기는 갈등을 폭발시키는 도화선이 되었고 과열된 전쟁 은유는 실제 충돌을 부추겼다.

1994년 미국 월드컵에서 콜롬비아 수비수 안드레스 에스코바르는 자책골로 팀의 조기 탈락을 불렀고, 귀국 후 괴한의 총격으로 목숨을 잃었다. 범인은 방아쇠를 당기며 "자책골 넣어줘서 고맙다"라고 조롱했다고 전해진다.[120] 이는 전쟁적 사고가 선수의 삶을 위협하는 폭력으로 번진 극단적 사례였다.

결국 이 사건은 우리가 쓰는 은유적 언어가 현실을 얼마나 깊게 규

골 때리는 인문학

정짓는지를 보여준다. 언어가 공격성과 적대감을 품는 순간 그것은 현실 속 폭력을 정당화하는 토대가 된다.

기호와 색의 전장: 디자인이 만드는 전투 감각

언어가 전쟁을 은유한다면 시각적 상징과 디자인은 전쟁을 눈앞에 재현한다. 그래픽디자이너 마쓰다 유키마사는 『전쟁과 디자인』[121]에서 전쟁을 색채와 기호, 이미지의 전략으로 분석한다. 국기의 문양, 군복의 색, 선전 포스터와 로고, 구호는 감정을 동원하고 이념을 주입하며, 때로는 전쟁을 정당화하는 도구가 된다. 나치의 하켄크로이츠, 푸틴 전쟁의 'Z' 마크가 대표적이다. 그러나 그는 말한다. "디자인에는 죄가 없다. 문제는 그것을 이용하는 사람과 사회에 있다."[122]

축구장도 예외가 아니다. 유니폼은 군복처럼 집단을 구분하고, 클럽 엠블럼은 방패 문장처럼 정체성을 드러낸다. 서포터즈의 대형 깃발과 배너는 전열기를 연상시키며, 집단 구호와 응원가는 전투가처럼 군중을 결집시킨다. 2018년 러시아 월드컵에서 크로아티아 팬들이 흔든 붉은 바둑판 깃발, 2002년 대한민국의 응원단 '붉은 악마'가 만들어낸 '붉은 물결'은 색채 전략이 집단 감정을 폭발적으로 동원한 대표적 사례다.

결국 축구장의 전쟁 담론은 언어적 은유를 넘어 색과 기호, 이미지로 확장된다. 언어가 사고를 전쟁의 틀에 가둔다면 시각적 상징은 감각을 전쟁의 현장으로 끌어들인다. 우리가 무심코 받아들이는 구호와 색, 이미지가 전쟁적 사고를 강화하고 있음을 인식할 때, 비로소 축구에서 반복되는 전쟁 은유의 힘을 경계하고 다른 언어와 감각을 모색

할 수 있다.

새로운 은유, 다른 축구

그렇다면 우리는 축구를 어떤 언어로 다시 말할 수 있을까? 레이코프는 기존 은유가 문제를 낳는다면 새로운 은유를 통해 사고의 틀을 바꿀 수 있다고 했다. 전쟁이 아닌 '춤', '연주', '공감'의 은유로 축구를 말한다면 그것은 더 이상 싸움이 아니라 조화와 소통, 창조의 공간이 된다.

이미 현장 곳곳에서 이런 감각의 언어가 발견된다. "축구는 오케스트라처럼 연주되어야 한다"는 감독의 말, "공은 나와 친구가 되어야 한다"는 선수의 표현 속에는 전혀 다른 은유 체계가 숨어 있다. 이는 축구를 관계와 리듬의 예술로 이해하려는 시도다.

철학자 마크 존슨은 인간은 사용하는 은유를 통해 사고하며, 그 은유가 무엇을 중요시하고 어떤 사회를 지향하는지를 드러낸다고 말한다.[123] 전쟁 은유는 경쟁과 적대를 강화하지만 새로운 은유는 공감과 여유, 협력의 세계관을 열어준다. 결국 은유는 곧 세계를 바라보는 방식이다. 우리가 축구를 전쟁이 아닌 삶의 언어로 다시 말할 때 비로소 더 넓고 풍요로운 축구 문화를 만들어갈 수 있다.

사커인가, 풋볼인가: 언어 게임

같은 스포츠를 두고도 우리는 서로 다른 이름을 쓴다. 미국에서는 '사커'soccer, 영국과 대부분의 나라에서는 '풋볼'football이라 부른다. 언뜻 단어 선택의 차이처럼 보이지만 이 명칭은 그리 단순하지 않다. 이름의 차이는 문화적 정체성과 세계관, 나아가 권력의 경계를 드러낸다.

예컨대 영국에서는 'sport'라는 단수형이, 미국에서는 'sports'라는 복수형이 일반적이다. 이 작은 차이도 스포츠를 바라보는 문화적 시선과 언어가 세계를 나누는 방식을 보여준다.

사커 vs. 풋볼: 단어 하나가 만든 차이

흥미롭게도 '사커'라는 말은 미국에서 만들어진 것이 아니다. 19세기 영국에서 '어소시에이션 풋볼'association football을 줄여 'assoc'이라 부르던 것이 그 뿌리다. 당시 옥스퍼드 대학에서는 단어 뒤에 '-er'를 붙여 별명을 만드는 유행이 있었는데 그 결과 'assoc'이 'soccer'

로 변신했다.[124] 즉 사커는 원래 영국 안에서도 한때 널리 쓰이던 표현이었다. 하지만 시간이 흐르며 '풋볼'이 표준 명칭으로 자리 잡았고, 영국을 포함한 대부분의 나라에서는 지금도 '풋볼'이 기본 용어다.

반면 미국은 사정이 달랐다. 이미 '풋볼'이 미식축구American football를 뜻하고 있었기에 혼란을 피하려고 '사커'를 공식 명칭으로 채택했다. 그러나 이 선택은 편의의 문제로만 볼 수 없다. 미국은 미식축구를 '풋볼'이라 부르며 세계와는 다른 스포츠 질서를 구축했다. 그 결과 '사커'라는 명칭은 혼동을 피하는 조정책인 동시에 미국식 세계관과 언어 체계가 반영된 문화적 결정이 되었다.

이 차이를 잘 보여주는 사례가 있다. 데이비드 베컴은 미국 메이저리그사커MLS로 이적한 뒤 인터뷰에서 무심코 "풋볼"이라 말했다가 곧바로 "아, 사커였죠. 미안합니다"라며 정정한 적이 있다. 손흥민 역시 로스앤젤레스 FC 입단 기자회견에서 "여기서는 풋볼이라고 해야 하나, 사커라고 해야 하나"라며 웃음을 지어 화제가 되었다.

이 짧은 순간들은 다른 언어 체계와 문화적 감수성 사이에서 미묘한 조율이 필요하다는 사실을 보여준다. 같은 축구라도 어디에서 누구에 의해 불리느냐에 따라 이름과 의미가 달라진다. 따라서 '사커냐 풋볼이냐'라는 논쟁은 누가 스포츠 세계의 중심을 정할 것인가에 관한 권력의 문제이기도 하다.

단어 하나가 드러내는 문화와 권력의 그림자

철학자 루트비히 비트겐슈타인은 『철학적 탐구』[125]에서 언어의 의미는 그 언어가 쓰이는 맥락과 상황에 따라 달라진다고 주장

　　　　　　　　　　　　　골 때리는 인문학

했다. 그는 사람들이 말하고 행동하는 다양한 삶의 양식을 '언어 게임'language game이라 불렀고, 각각의 게임은 고유한 문법과 규칙을 지닌다고 보았다.

같은 축구를 두고 '사커'와 '풋볼'로 갈라지는 현상도 결국 언어가 작동하는 방식의 차이에서 비롯된 것이다. 겉보기에는 명칭일 뿐이지만 그 속에는 각 사회가 축구를 어떻게 경험하고 어떤 의미를 부여해왔는지 응축되어 있다. 이 개념은 같은 단어라도 문화권에 따라 전혀 다른 의미로 작동할 수 있음을 보여준다. '사커'와 '풋볼'의 차이는 언어 공동체가 세계를 이해하는 방식의 차이를 반영한다.

결국 언어는 우리가 세계를 보고 조직하는 틀이며 사고방식 자체와 이어져 있다. 축구를 '사커'라 부르든 '풋볼'이라 부르든 그 속에는 각 사회의 역사와 문화, 권력의 그림자가 겹쳐져 있는 것이다.

철학자 찰스 테일러 역시 언어가 세계를 인식하고 사유하는 방식을 구조화한다고 강조했다.[126] 결국 우리가 사용하는 용어는 곧 자신이 어떤 세계에 속하고 어떤 현실을 공유하는지를 드러내는 문화적 자기소개다. 따라서 '사커냐 풋볼이냐'라는 논쟁은 우리가 어떤 삶의 틀 안에 살고 있는지를 은연중에 드러내는 사회적 행위라 할 수 있다.

'사커'가 글로벌 무대에 오른 이유

세계적으로 축구의 정식 명칭은 '풋볼'이다. 국제축구연맹FIFA, 아시아AFC, 유럽UEFA, 아프리카CAF, 잉글랜드FA, 한국KFA, 일본JFA 등 거의 모든 연맹과 협회가 '풋볼'을 채택해왔다. 반면 '사커'는 영어권 일부, 특히 미국에서만 쓰이는 주변적 표현에 가까웠다. 그러나 최근 흐름은 달라지고 있다.

리오넬 메시의 MLS 인터 마이애미 CF 이적은 글로벌 축구 질서 속 언어 게임의 규칙이 재조정되고 있음을 보여주는 상징적 사건이었다. 미국은 '사커'라는 고유 명칭을 유지하면서 그것을 지역적 표현에 머물지 않고 세계 무대의 언어로 끌어올리려 하고 있다.

2025년 손흥민의 로스앤젤레스 FC 합류는 이 흐름에 결정적 힘을 보탰다. 아시아 최고 스타이자 프리미어리그 간판선수였던 그의 선택은 '사커'가 더 이상 미국 내 대안 스포츠가 아니라 글로벌 무대의 정식 언어로 작동하고 있음을 보여주는 신호탄이었다. 동시에 그는 K-콘텐츠의 대표 얼굴이기도 하기에 그의 합류는 미국식 '사커'를 세계적 문화 감각과 결합시키는 계기가 되었다.

이러한 변화는 미국 내 위상 변화를 넘어 유럽 중심 풋볼 문화에 도전하며 새로운 언어 질서를 제안한다. MLS는 세계적 스타 영입, 애플TV와의 글로벌 스트리밍, 대중문화와의 결합을 통해 '사커'를 또 하나의 글로벌 규범으로 자리매김하려 한다.

앞으로 '사커'가 '풋볼'을 대체할까, 아니면 서로 다른 맥락에서 병렬적으로 공존할까? 비트겐슈타인이 말했듯 언어는 사용 속에서 의미가 형성되는 게임이다. 이제 '사커'와 '풋볼'은 세계 축구 헤게모니를 둘러싼 의미 투쟁의 장이 되고 있다.

단어가 만드는 세계: 언어, 정체성, 소속감

비트겐슈타인은 단어의 의미가 사용 방식 속에 있다고 말했다. 우리가 축구를 부르는 이름, 해설자가 선택하는 표현, 팬들이 만들어내는 은어는 각자의 삶의 형식을 드러낸다. '사커'인가 '풋볼'인가를 묻는 순간 우리는 어느 문화권에 속해 있는지, 어떤 세계관을 전제로 소통하는지를 드러내게 된다.

이 차이는 문화 간의 이해와 충돌, 경계 짓기와 소속감의 문제로 이어지며, 우리가 축구를 바라보는 방식 자체를 바꾼다. 같은 규칙으로 치러지는 경기라도 그것을 해석하는 언어 게임은 언제나 다르다.

나 역시 축구 언어가 문화적 정체성과 깊게 연결되어 있음을 실감한 적이 있다. 2022년, 나는 청소년 시리즈 『Why? 스포츠 축구』의 감수를 맡았다. 가장 먼저 눈에 들어온 것은 곳곳에 남아 있던 일본식 외래어 표현들이었다. '센터링'(크로스), '헤딩'(헤더), '핸드링'(핸드볼) 같은 용어는 선수 시절 현장에서 흔히 들었던 말과 크게 다르지 않았다.

우리는 오랫동안 이런 일본식 축구 용어를 무비판적으로 받아들여 왔다. 그러나 언어는 사고의 습관을 만들고, 그 습관은 곧 정체성과 세계관을 결정한다. 그래서 나는 포지션, 기술, 전술, 규칙 전반의 용어를 꼼꼼히 검토한 후 정확하고 중립적인 표기법을 제안했다. 이 작업은 표현 감수 차원에 그치지 않고 한국 축구의 문화적 자율성과 정체성을 바로 세우는 일이기도 했다.

말이 달라지면 세계가 넓어진다

언어는 고정되지 않는다. 문화가 교차하고 팬덤이 세계화되면서 축구 용어도 끊임없이 변형된다. 누군가는 '사커'라 하고, 또 누군가는 '풋볼'이라 하지만 그 안에는 각자의 역사와 정체성, 애정과 기억이 담겨 있다.

축구는 이런 다양한 언어 게임이 공존하는 드문 문화 공간이다. 그리고 말의 차이는 축구를 가르는 것이 아니라 오히려 더 풍성하게 만든다. 비트겐슈타인의 말처럼 우리가 어떤 방식으로 말하는지는 곧 우리가 어떤 세계를 살아가고 있는지를 보여준다.

축구는 하나의 규칙 안에서 수많은 세계가 교차하는 이야기의 장이다. 우리는 그 속에서 어떤 언어로 세계를 설명할지, 또 어떤 공동체의 언어를 살아낼지를 묻게 된다. 결국 '사커인가, 풋볼인가'라는 물음은 우리가 '스스로를 어떻게 규정하고 싶은가'라는 질문으로 이어진다. 축구는 언어를 통해 세계를 묻고 이해하게 만드는 살아 있는 축소판이다.

골 세리머니 : 기호학

골이 터지는 순간 선수는 말보다 먼저 몸으로 반응한다. 뛰고 외치고 무릎을 꿇고 손가락을 하늘로 향한다. 어떤 선수는 유니폼을 벗어 올리고, 어떤 선수는 관중을 향해 손을 모은다. 모두 침묵 속에서 펼쳐지는 행위지만 우리는 그 몸짓에 담긴 수많은 이야기를 읽어낸다. 그 손가락이 누구를 향하는지, 그 표정이 무엇을 말하는지 우리는 안다.

골 세리머니는 말보다 강하게 감정과 정체성, 메시지를 드러내는 상징이다. 때로는 가족을 향한 고백이고 때로는 동료에 대한 헌사이며 어떤 경우에는 정치적 주장이나 종교적 믿음의 표현이 된다. 말보다 강한, 말 없는 언어라 할 수 있다.

이 순간 축구는 '기호의 세계'가 된다. 그리고 이를 해석하기 위해 우리는 기호학자 롤랑 바르트를 소환한다. 그의 기호학은 몸짓이 사회적으로 어떻게 해석되고 신화처럼 반복되는지를 설명한다. 축구의 몸짓은 우리 삶의 태도와 가치까지 드러내는 상징의 언어다.

말이 없어도 행동 하나로 많은 것을 알 수 있다. 선수가 두 손을 하늘로 들면 대부분은 '신에게 감사한다'고 이해한다. 유니폼 속 가족사진은 곧 '이 골은 가족에게 바친다'는 메시지다.

바르트는 『현대의 신화』[127]에서 이런 현상을 기호학으로 설명했다. 그는 언어뿐 아니라 옷차림, 광고, 스포츠, 음식까지도 의미를 담는 기호로 읽을 수 있다고 보았다. 기호는 두 요소로 나뉜다. 시니피앙 signifiant은 눈에 보이는 형태이고, 시니피에 signifié는 그것이 가리키는 의미다. 예컨대 무릎 꿇기 세리머니가 시니피앙이라면 '인종차별 반대'라는 뜻은 시니피에다.

이 둘이 반복적으로 결합하면, 기호는 '신화'myth가 된다. 특정한 가치나 세계관이 자연스럽고 보편적 진리처럼 받아들여지는 것이다. 하늘을 가리키는 손가락이 종교를 믿지 않는 이에게도 '신에게 감사하는 몸짓'으로 이해되는 이유가 여기에 있다. 사회적으로 굳어진 해석이 신화처럼 작동하기 때문이다.

문화 연구자 존 피스크는 기호가 특정 이데올로기와 세계관을 자연스러운 것으로 받아들이게 만드는 힘을 지닌다고 말했다.[128] 이 관점에서 보면, 골 세리머니는 정체성과 메시지를 드러내는 하나의 사회적 기호 체계라고 할 수 있다.

골 세리머니는 왜 말보다 강한가

2018년 러시아 월드컵, 스위스의 자카와 샤키리는 세르비아전에서 골을 넣은 뒤, 양손 엄지를 교차시켜 날개 모양을 만들었다.[129]

이는 알바니아 국기의 쌍두독수리를 형상화한 것으로 코소보 출신 알바니아계 디아스포라인 두 선수에게는 강한 상징성을 지닌 몸짓이었다. 쌍두독수리는 비잔틴 제국의 문장에서 유래된 것으로 동서양을 아우르는 권위의 상징이자 알바니아 민족주주의 대표 기호이다.

세르비아와 알바니아의 역사적 긴장, 코소보 독립을 둘러싼 갈등을 생각하면 그 세리머니는 기쁨만이 아니었다. 정체성과 저항, 디아스포라의 기억까지 응축된 상징적 표현이었다. 말 한마디 없었지만 전 세계 언론이 주목했고, FIFA 징계 논란으로 번지며 축구가 민족·정치·상징이 교차하는 거대한 장이 될 수 있음을 드러냈다.

손흥민의 '카메라 프레임 세리머니' 역시 하나의 퍼포먼스 수준을 넘어선다. 팬과 시선을 공유하고 이미지를 소비하며 그 순간을 각인시키는 디지털 시대의 새로운 기호로 읽힌다. 한편 2020년 조지 플로이드 사망 사건 이후 프리미어리그에서 이어진 무릎 꿇기 세리머니는 침묵 속 항의였고 인종차별에 맞서는 공동의 선언이었다.

이처럼 골 세리머니는 규칙서에 없지만 축구장에서 해석 가능한 언어로 기능한다. 우리는 그 몸짓을 읽고 의미를 구성한다. 결국 골 세리머니는 사회적 문법의 실천이자 해석 가능한 코드다.

몸짓이 문화가 될 때

바르트는 반복된 기호가 자연스럽고 보편적 진리처럼 받아들여질 때 그것이 '신화'가 된다고 말했다. 축구의 세리머니도 마찬가지다. 반복되는 몸짓은 어느 순간 하나의 문화적 신화로 작동한다. 하늘을 가리키는 손끝, 가족사진을 꺼내 보이는 장면, 심장을 두드리며 관중석을 향해 달려가는 모습, 상대 팬 앞에서 손가락을 입에 대는 도발까지… 이 모든 동작은 시간이 흐르며 기호가 되고 관습이 되어, 설명 없이도 누구나 읽어내는 장면이 된다.

기호는 언어보다 빠르게 이해된다. 그러나 신화는 언제나 권력과 이데올로기를 동반한다. 어떤 세리머니는 감동으로 소비되지만 어떤 세리머니는 징계를 받는다. 예술로 추앙되기도, 정치적이라며 금지되기도 한다. 기호는 결코 중립적이지 않으며 해석과 규범, 권력의 장 속에서 작동한다.

이 점에서 에두아르도 갈레아노의 『축구, 그 빛과 그림자』[130]는 축구의 몸짓과 감정을 가장 시적으로 기록한 텍스트다. 그는 선수의 드리블과 팬의 함성, 심판의 제스처와 스타디움의 열기를 언어로 풀어내며 축구를 인간학이자 기억의 문화로 해석했다.

갈레아노에게 축구는 햇빛 아래의 환희이자 그림자 속 분노였다. 그는 경기장을 '모두를 위한 극장'이라 부르며, 그 안팎의 장면을 신화처럼 수집했다. 특히 골 세리머니는 바르트가 말한 신화처럼 반복되며 팬들의 감정 기억 속에 각인된다. 축구는 말보다 몸으로 쓰는 시詩이며 "침묵 속에서 가장 많은 것을 말하는 언어"라는 그의 통찰은 바르트의 기호학과 깊이 공명한다.

감정의 리듬, 몸짓의 공동체

문화비평가 크리스토프 바우젠바인은 『축구란 무엇인가』[131]에서 축구를 "감정의 리듬이자 말 없는 공동체의 언어"라고 정의한다. 그는 골 세리머니를 반복되는 감정의 형식이자 팬들과 공유하는 기억의 의례로 본다. 말보다 강한 사회적 기호라는 것이다.

그에 따르면 우리는 세리머니를 통해 그 선수가 누구이고 어떤 공동체에 속했는지를 감각적으로 받아들인다. 하늘을 향한 손짓, 가슴을 두드리는 동작, 팔을 활짝 벌려 관중을 향하는 포즈… 이 모든 몸짓이 곧 축구이며, 공동체의 이야기 구조 속에 위치한 신화적 행위다.

바르트가 말한 "기호의 반복이 곧 신화가 된다"라는 명제는 바우젠바인의 통찰과 정확히 맞닿아 있다. 특정 골 세리머니가 반복되고 사회적으로 해석되며 '설명하지 않아도 모두가 아는 장면'이 되었을 때, 그것은 기억의 구조이자 서사적 감정의 관습으로 자리 잡는다.

바우젠바인은 이를 모두가 이해하는 감정의 언어, 말보다 오래 남는 몸짓의 시詩라 부른다. 결국 축구는 문화이고 골 세리머니는 그 안에서 울리는 가장 깊고 오래된 리듬이다.

때로는 공동체의 언어가 되는 세리머니

2022년 9월 10일, 부산아이파크 소속이었던 이상헌 선수는 어머니를 떠나보낸 당일 경기에 출전했다. 전반 13분, 오른발 슛으로 결승골을 터뜨린 직후 그는 그라운드에서 눈물을 쏟았다. 동료들이 곧장 어깨를 감싸 안았고, 그 장면은 승리의 기쁨보다 상실을 공유하는 조용한 세리머니가 되었다.

아이처럼 흐느끼는 세리머니는 축구장에서 보기 드물다. 보통은 환호·자축·도발·감사의 몸짓으로 정형화되지만 이상헌의 눈물은 그 모든 공식을 벗어났다. 그는 기쁨 대신 고통을 제스처로 삼았고 그 순간 팬과 선수, 코칭스태프와 벤치까지 모두 함께했다. 짧은 침묵 속에서 고인을 기리는 집단적 애도의 세리머니가 이루어진 것이다. 슬픔은 이상헌 개인의 것이 아니었고 축구장은 공동체가 감정을 나누는 상징적 공간이 되었다.

바르트는 모든 기호가 자연스러운 듯 보이지만 사실은 문화적 산물이라고 말했다. 그런 관점에서 보면 골 세리머니는 개인의 감정과 이야기가 문화적 상징으로 번역되는 순간이다. 이상헌은 골을 통해 어머니에게 헌사를 바쳤고 팬들은 그 눈물에서 슬픔과 사랑, 용기와 헌신을 함께 읽어냈다. 그 몸짓은 말보다 깊게 감정을 전하며 한 장면을 삶의 은유로 바꾸어놓는 기호학적 순간이었다.

그날의 장면은 지금도 깊이 남아 있다. 수많은 세리머니를 보았지만 그만큼 슬프고도 아름답게 진심이 울림이 된 순간은 드물었다. 이상헌의 눈물은 그날 축구장 위에서 '기호가 된 슬픔'이자 공동체의 연대로 기억되었다.

당신의 몸짓은 무엇을 말하는가

우리는 골 세리머니를 축하 장면으로만 보지 않는다. 그 안에서 태도, 신념, 감정, 저항의 정서를 읽어낸다. 때로는 감동하고 때로는 불편해하며, 때로는 열광하고 때로는 침묵한다. 말이 없어도 우리는 읽고 느끼고 반응한다. 이것이 골 세리머니가 가진 몸의 수사학이다. 몸짓은 언어보다 빠르고 더 깊게 스며든다.

축구장 밖도 다르지 않다. 회의실에서 팔짱을 낀 동료의 자세, 지하철에서 자리를 양보하는 학생의 몸짓, 기념사진 속 손가락 하트. 모두 말보다 먼저 의미를 전달한다. 우리는 매일 무의식적인 세리머니 속

　　　　　　　　　　　　　　골 때리는 인문학

에서 살아가고 있는지도 모른다.

가족 앞에서 무심코 내쉰 한숨, 친구의 기쁨 앞에서 숙인 고개와 박수, SNS 사진 속 포즈 하나까지, 우리의 몸은 말없이 말을 건다. 그 말은 타인에게 읽히며 우리는 신념과 태도, 가치관을 드러내는 존재가 된다. 축구장의 세리머니가 기호라면 우리의 몸 역시 날마다 기호가 된다.

말하지 않아도 읽히는 삶, 말보다 먼저 전해지는 태도. 그것이 우리가 살아가는 방식이다. 그래서 이 질문은 선수만을 향하지 않는다. 당신의 몸은 오늘 어떤 이야기를 하고 있는가? 그리고 당신은 어떤 몸짓으로 세상에 말을 걸고 있는가?

31

파란색과 빨간색의 대립 : 구조주의 신화론

스페인 라리가의 엘 클라시코, 바르셀로나와 레알 마드리드의 맞대결은 평범한 경기가 아니다. 이 경기는 카탈루냐의 독립 정서와 스페인 중앙 권력의 긴장, 수백 년 역사적 갈등을 축구라는 상징 체계 속에서 풀어내는 거대한 드라마다. 선수들의 유니폼 색, 관중의 응원가, 골 세리머니 하나까지도 '기호'로 작동한다. 이러한 반복되는 상징 활용은 신화적 서사와 긴밀히 맞물린다.

바르셀로나의 푸른색과 붉은색은 지역의 자긍심을, 레알 마드리드의 순백색은 중앙 권력의 정통성을 상징한다. 가령 바르셀로나 선수가 득점 후 카탈루냐 깃발을 들어 올리는 순간은 새로운 의미를 덧입으며 다시 소비된다. 팬들은 그 상징 속에 감정과 정체성을 투사하고 상대를 타자로 설정하며, 경기를 신화적 이야기처럼 대한다.

결국 축구장은 의미가 교차하고 상징이 충돌하며 감정이 격발되는 현대판 신화의 무대가 된다.

신화는 대립에서 태어난다

축구는 원시 신화처럼 구조화된 상징과 의미 체계를 지닌다. 팀 컬러, 엠블럼, 응원가, 라이벌 관계는 반복되는 대립과 조화를 드러낸다. 이때 인류학자 클로드 레비스트로스의 구조주의적 시선은 축구를 새로운 신화의 언어로 읽게 한다.

레비스트로스는 『슬픈 열대』[132]와 『신화학』[133]시리즈에서 신화를 언어처럼 분석했다. 그는 인간이 세계를 이해하는 방식이 근본적으로 이항 대립binary opposition—빛과 어둠, 생과 죽음, 자연과 문화—에 기초한다고 보았다. 이러한 반대 개념의 긴장 속에서 의미가 형성된다는 것이다.

이 대립 구조는 신화뿐 아니라 언어·예술·문화 전반에서 반복된다. 신화는 대립을 조화하거나 중재하는 이야기 구조로 작동한다. 예컨대 원시 신화는 인간과 동물, 문명과 야만 같은 대립을 극복하려는 이야기를 끊임없이 재현한다. 레비스트로스에게 이러한 서사 구조야말로 인간 사고방식의 근본 틀이었다.

이 구조주의적 사고는 문학자 조너선 갓셸의 설명과도 통한다. 그는 『스토리텔링 애니멀』[134]에서 인간이 이야기를 통해 혼돈을 질서로 전환하며 대립 구조 속에서 세계를 이해한다고 주장했다. 축구 역시 마찬가지다. 라이벌 구도, 홈과 원정, 공격과 수비는 인간이 세상을 이야기의 틀로 이해하려는 자연스러운 욕망을 반영한다. 축구는 우리 일상의 대립과 조화를 상징적으로 반복하는 현대판 신화다.

경기장을 움직이는 보이지 않는 언어

축구에서 색은 정체성과 소속감을 드러내는 핵심 기호이며, 팬들은 그것을 통해 자신을 정의하고 라이벌을 구분한다. '레드 vs. 블루', '화이트 vs. 블랙' 같은 대비는 공격과 수비, 열정과 냉정, 전통과 혁신 같은 감정적 코드를 담아낸다. 색은 곧 팀을 이야기하는 언어다.

팀 엠블럼 역시 로고 이상의 의미를 가진다. 유벤투스의 흑백 스트라이프가 전통과 권위를 상징하고, 바르셀로나의 엠블럼이 성 게오르기우스의 십자가와 카탈루냐 깃발을 품듯, 엠블럼은 구단의 철학과 지역의 역사, 도시의 정신이 응축된 상징 체계다. 이는 "팀 = 지역 정체성"이라는 메시지를 자연스럽게 각인시킨다.

본머스 '체리스', 토트넘 '스퍼스', 맨체스터 유나이티드 '레드데빌스', FC서울의 '수호신', 수원삼성의 '트리콜로' 같은 별명은 팀의 기원과 문화, 지역 신화를 반복적으로 재현하는 언어다. 이러한 이름을 공유하는 팬들은 감정을 매개로 한 공동체를 형성한다.

이 상징의 힘은 색의 대립에서도 드러난다. 한국의 수원삼성(파란색)과 FC서울(빨간색), 잉글랜드의 리버풀과 에버턴, 이탈리아의 나폴리와 로마 등에서 색은 팀 문화를 압축하는 기호로 작동한다. 파란색은 흔히 냉정·전략·안정성을, 빨간색은 열정·공격성·도시적 에너지를 상징하며, 이 대비는 경기장마다 되풀이되는 문화적 서사가 된다.

레비스트로스의 구조주의 관점에서 보면 이러한 색과 상징의 반복은 현대 축구가 살아 있는 신화를 재현하고 있음을 보여준다. 경기장에서 터져 나오는 환호와 구호, 엠블럼과 색의 충돌은 곧 집단 무의식이 드러나는 신화적 언어다.

    골 때리는 인문학

축구의 영웅담은 라이벌에서 태어난다

맨체스터 유나이티드와 아스널, 도르트문트와 샬케04, 인터 밀란과 AC밀란, FC서울과 수원삼성, 울산HD와 포항스틸러스. 이들의 라이벌 구도는 정서적 서사의 핵심 구조다. 이 감정은 경기장을 넘어 일상으로 확장된다.

'과거의 패배'와 '복수의 기회', '전설적 승리'와 '비극적 결말'. 이런 이야기들은 고대 신화나 영웅 서사가 지닌 반복 구조와 닮아 있다. 팬들은 라이벌전을 거듭 경험하며 마치 오래된 신화를 다시 읽는 듯한 감정에 빠진다. 이 반복은 우연보다 문화적 구조에 더 가깝다. 레비스트로스에 따르면 신화적 반복은 인간 사고를 반영하는 보편적 패턴이다. 축구의 라이벌전 역시 역사와 감정이 응축된 상징의 서사이며 매년 다시 쓰이는 현대의 신화다.

축구 전문기자 홍재민은 『프리미어리그 히스토리』[135]에서 1990년대 맨체스터 유나이티드와 아스널의 치열한 맞대결을 조명하며, 당시 그 승부가 축구 경기 이상의 감정적 충돌이었음을 강조한다. 1위와 2위가 걸린 맞대결은 곧 '왕좌의 대결'로 불렸고 거친 태클과 독설, 심리전이 그라운드를 넘어 사회적 감정의 무게를 드러냈다. 이 시기의 라이벌 구도는 영국 사회에서 축구가 가지는 정서적 무게와 감정의 밀도를 잘 보여준다고 그는 말한다.

프리미어리그의 '북런던 더비'도 아스널과 토트넘 팬들의 일상적 경쟁심을 보여준다. 상대 팀 컬러조차 꺼리는 문화, 더비를 앞둔 긴장은 시간이 지나며 다소 완화되었지만 여전히 '복수'와 '자존심' 구조로 작동한다.

레비스트로스가 말한 신화의 기능은 이런 감정 대립을 구조화하고 반복하는 데 있다. 축구 라이벌전 역시 감정의 이항 대립을 재현하며 '사회적 이야기'를 만들어낸다. 경기 결과는 달라지지만 대결의 틀은 바뀌지 않는다. 그래서 팬들에게 라이벌전은 평범한 시즌 경기 이상이다. 언제나 이어져온 이야기의 다음 장, 다음 전투다. 신화적 서사는 그렇게 쓰인다.

경기장은 현대의 신화 무대다

레비스트로스는 신화를 '인간 사고의 구조'라고 했다. 오늘날 축구는 그 신화를 가장 생생하게 살아 숨 쉬게 하는 문화 장르다. 엠블럼과 유니폼의 색, 팀 간 대립 구도, 반복되는 서사와 의례는 현대인의 상상력과 정체성을 조직하는 상징 언어로 작동한다.

현대인들은 축구를 통해 '우리'라는 공동체를 만든다. 경기가 열릴 때마다 정체성을 공유하고 감정을 나누며 삶의 리듬을 새긴다. 그래서 축구는 하나의 이야기이고 그 안에서 우리는 서로를 다시 만나며 세계를 다시 구성한다.

우리는 경기를 응원하며 그 안에 깃든 이야기를 사랑하고, 그 반복 속에서 스스로의 정체성을 확인한다. 축구는 결국 우리 자신의 이야기이자 그 이야기를 잃지 않으려는 몸부림이다. 그리고 그 이야기를 붙잡는 한 우리는 언제든 다시 함께 시작할 수 있다.

　　　　　　　　　　　　　　　골 때리는 인문학

제국의 공 : 오리엔탈리즘

월드컵 무대는 겉으로는 평등해 보인다. 그러나 중계 방식, 해설의 언어, 선수 묘사를 자세히 들여다보면 균형은 쉽게 깨진다. 유럽 팀은 '세련된 전술'과 '조직력'으로 설명되지만 아프리카 팀은 '폭발적인 운동 능력'과 '열정' 같은 신체성의 언어로 묘사된다. 아시아 팀이 이기면 '이변'이라 불리고, 유럽 팀이 지면 '부상'이나 '컨디션 난조'가 원인으로 지목된다. 같은 경기라도 서술의 틀은 이렇게 다르다.

결국 축구장은 세계의 위계와 편견이 드러나는 무대다. 우리가 세계를 바라보는 방식이 고스란히 새겨져 있는 것이다. 이는 문학비평가 에드워드 사이드가 『오리엔탈리즘』[136]에서 비판한 서구의 타자화 방식과 정확히 맞닿아 있다.

탈식민 시대에도 제국의 시선은 사라지지 않았다. 축구는 여전히 서구 중심의 언어와 질서를 반복하며, '타자'를 상상하고 구분 짓는다. 우리는 축구를 통해 과연 어떤 세계를 그리고 있는가?

오리엔탈리즘: 타자의 발명

사이드는 말했다. 서구는 동양을 문명화되지 않은 존재, 미개하거나 신비로운 대상으로 상상하며 자신의 우월성을 정당화해왔다고. 그에게 타자화는 편견이 아닌 권력의 방식이었다. 오늘날 축구도 예외가 아니다. 중계 언어, 뉴스 기사, 팬들의 반응 속 오리엔탈리즘은 여전히 은밀하게 작동한다.

그는 오리엔탈리즘을 서구가 동양을 지배하고 정의하기 위해 만들어낸 담론 체계로 보았다. 서양은 동양을 감정적·비이성적·야만적인 존재로 그리는 반면 자신을 이성과 문명의 대표자로 자리매김했다. 동양은 현실이 아닌 서구의 시선 속에서 상상된 '타자'로 존재하게 된 것이다.

이 서사는 학문과 문학, 언론과 예술 등 거의 모든 문화적 장치에 스며들었다. 사이드는 이를 지식과 권력이 결합된 세계 재구성의 방식이라 강조했다. 철학자 프레드릭 제임슨은 서구가 동양을 특정한 방식으로 상상함으로써 사실은 자신의 정체성을 규정해왔다고 말한다.[137] 다시 말해 동양은 서구가 스스로를 확인하고 정의하기 위해 비춘 '거울'이었다는 것이다.

따라서 오리엔탈리즘은 차이를 제도화해 권력을 유지하는 장치다. 축구 중계에서 반복되는 아프리카 선수의 '신체성' 강조, 아시아 팀의 승리에 붙는 '의외의 선전' 같은 표현은 이 담론이 문화 속에 얼마나 깊이 뿌리내렸는지를 보여준다. 오리엔탈리즘은 여전히 작동하며 경기장의 언어와 화면 속에서도 힘을 발휘한다.

 골 때리는 인문학

경기장을 지배하는 제국의 언어

국제 스포츠 보도에서 아프리카·아시아·중남미 팀은 흔히 '열정적이다', '돌풍을 일으켰다'는 식으로 묘사된다. 반면 유럽 팀은 '전술적 완성도', '축구 철학', '기술적 우위', '예술 축구' 같은 세련되고 이성적인 언어로 평가된다. 같은 반칙이라도 어느 나라 선수가 저질렀는지에 따라 중계진의 평가는 달라진다.

이 차이는 서구의 시선을 기준으로 세계를 나누고 해석하는 방식, 곧 스포츠 안의 오리엔탈리즘을 드러낸다. 중동이나 아프리카 팀이 유럽 강호를 이기면 언론은 '이변'이라 부르고 유럽 팀의 승리는 '당연한 결과'로 처리된다.

2022년 카타르 월드컵에서도 같은 현상이 반복됐다. 아프리카 팀의 선전은 '감동적인 투혼'으로만 소비되었고 그들의 전술적 전략에 대한 분석은 거의 없었다. 같은 경기를 보더라도 누가 뛰느냐에 따라 해석 언어가 달라지는 것은 축구 속 오리엔탈리즘의 전형적 사례다.

월드컵은 '지구촌 축제'라 불리지만 그 무대가 정말 공정한지는 의문이다. 방송권, 중계, 광고, 개최지 선정까지 여전히 서구 중심의 권력 구조가 관여한다. 국제축구연맹FIFA 역시 유럽축구연맹UEFA과의 이해관계에서 자유롭지 않아 규칙과 판정, 해설 언어에서도 '중심'과 '주변'을 나누는 위계가 드러난다.

사이드는 이런 문화적 언어 구조를 '제국의 언어'라 비판했다. 그는 탈식민 시대에도 서구 중심의 시선과 담론이 일상을 지배한다고 지적했다. 축구 역시 예외가 아니다. 오늘날의 축구는 진정한 글로벌 스포츠이기 이전에 제국의 언어를 말하는 상징적 무대일지도 모른다.

안정환 사건이 말해주는 것

2002년 월드컵에서 안정환은 이탈리아를 상대로 극적인 결승골을 넣었다. 그러나 환희는 오래가지 않았다. 그의 소속팀 이탈리아 세리에A의 페루자 구단주는 곧바로 "이탈리아에서 더는 뛸 수 없다"라는 성명을 내며 계약 해지를 선언했다.[138] 국가대표로서의 활약이 클럽에서는 처벌 이유가 된 것이다.

이 사건은 구단주의 충동적 대응 정도로 볼 문제가 아니다. 이는 사이드가 말한 오리엔탈리즘, 즉 '타자화된 동양'에 대한 서구의 감정적 반응을 보여준다. '우리'를 상대로 빛난 '그들'은 환영받지 못했다. 아시아 선수는 같은 리그의 동료라기보다 민족적 감정에 따라 언제든 배제될 수 있는 조건부 존재였던 것이다.

오리엔탈리즘은 지식과 권력이 결합된 체계다. 서구는 동양을 '다르다'고 규정하면서 그 다름을 위계 속에 배치한다. 축구도 예외가 아니다. 아시아 선수는 근면함과 기술로 칭찬받지만 특정한 경계를 넘는 순간 배신자로 낙인찍힌다. 안정환은 그 골 하나로 한국의 영웅이 되었지만 동시에 이탈리아에서는 타자가 되었다. 제국은 여전히 공을 굴리지만 그라운드 위에는 보이지 않는 경계선이 남아 있었다.

제국 바깥의 왕들: 펠레와 마라도나의 유산

펠레와 마라도나는 '주변부'로 여겨지던 브라질과 아르헨티나에서 출발해 세계 축구의 중심을 흔들어버린 존재들이었다.

라틴아메리카는 서구의 시선 속에서 종종 감성적이고 야성적이며 비이성적인 이미지로 소비되었다. 그러나 펠레와 마라도나는 이 질서

골 때리는 인문학

를 거꾸로 뒤집었다. 펠레는 삼바와 축구를 결합해 브라질을 세계 문화의 무대에 올렸고, 마라도나는 군부독재와 포클랜드 전쟁의 상처 속에서 국민의 자존심을 되살린 저항의 아이콘이었다. 그들의 플레이는 국가적 기억과 탈식민 서사 그리고 세계질서를 다시 쓰는 언어였다.

이제 그들이 떠난 자리에는 숫자나 기록보다 신화가 더 깊게 남아 있다. 펠레와 마라도나는 유럽 클럽 시스템의 울타리 밖에서 등장해 스스로를 중심으로 만든, 말 그대로 '제국 바깥의 왕들'이었다. 그들의 존재는 여전히 묻는다. 세계 축구의 중심은 누구에 의해 정의되는가? 주변은 언제까지 주변으로 남아 있어야 하는가?

제국 바깥의 열기: 동남아 축구가 증명하는 또 다른 중심

동남아시아의 축구 열기는 세계 축구의 중심이 유럽과 남미라는 통념에 의문을 던진다. 태국, 베트남, 인도네시아, 말레이시아 등에서 열리는 아세안컵 축구대회는 카메라가 잘 비추지 않는 무대지만 그 열기는 더 생생하고 뜨겁다.

월드컵에서 늘 주변부로 분류되는 국가들이지만 아세안컵의 순간만큼은 그들 스스로 신화를 쓴다. 경기장은 수만 명의 함성으로 진동하고 그 감정은 국경을 넘어 퍼진다. 이곳에서 축구는 국가 정체성과 문화적 자존심을 드러내는 의례다. 사이드가 말한 오리엔탈리즘이 아시아 축구를 타자화했다면 동남아 축구는 그 시선을 자기 열정으로 되받아친다.

한국인 지도자들의 활약도 이 서사의 한 축이다. 박항서 감독은 베트남 축구의 르네상스를 열며 2018 아세안컵 우승, 동남아시안게임 금메달, 월드컵 최종예선 진출이라는 신화를 써냈고, 뒤이어 김상식 감독이 그 바통을 이어받고 있다. 인도네시아의 신태용 감독은 20세 이하부터 A대표팀까지 세대 교체를 주도하며 국가의 축구 철학을 새롭게 설계했고, 말레이시아의 김판곤 감독 역시 아세안컵 4강 진출과 아시안컵 본선행으로 팀을 재도약시켰다. 그들은 지역 사회의 꿈과 감정을 매개한 문화적 중개자였다.

동남아 축구는 더 이상 월드컵 본선 진출 여부로만 평가될 수 없다. 그것은 '우리만의 축구'를 만들려는 문화적 실천이자 세계 축구 질서 속에서 자기 위치를 새롭게 그리려는 집단적 몸짓이다. 카메라는 여전히 유럽의 잔디를 비추지만 동남아의 진흙 묻은 운동화 위에서도 축구는 똑같은 인간적 열망을 불태운다. 그래서 다시 묻게 된다. 주변부는 정말 영원히 주변으로 남아야 하는가? 동남아 축구는 그 질문에 뜨거운 열기로 답하고 있다.

정복과 유출 사이: 축구 속 오리엔탈리즘

'오리엔탈리즘'은 단지 서구가 동양을 규정하는 담론만을 뜻하지 않는다. 아시아 내부에서도 문화적 위계와 타자화의 시선은 작동하며 스포츠 역시 그 구조 속에 놓여 있다. 나는 K리그 출범 해인 1983년부터 2016년까지의 언론 보도 538건을 수집한 후 한국 사회가 선수 이주를 어떤 언어와 감정으로 재현해왔는지를 사회학적으로 탐색한 바 있다.[139]

그 결과 유럽으로의 이주는 '해외 진출', '꿈의 실현', '스타 탄생'

골 때리는 인문학

과 같은 긍정적 서사로 포장된 반면 중국·중동·동남아로의 이주는 '유출', '엑소더스', '한국 축구 위기'라는 부정적 언어가 주를 이루었다. 특히 2010년대 이후에는 아시아 내부 리그의 위상에 따라 감정적 위계가 뚜렷해졌다. 또한 1990년대 후반 일본으로의 이주는 '일본 정복', '코리안 돌풍', '한국 축구의 우수성' 같은 표현과 함께 보도되었다. 이는 한국 사회의 민족주의적 감정과 우월의식을 반영한 사례였다.

같은 '해외 이주'임에도 유럽행은 국가적 자부심의 상징이 되고 중국이나 동남아행은 걱정과 실망의 대상으로 소비된다. 이는 한국 사회가 인식하는 아시아 내부의 위계, 곧 '축구적 오리엔탈리즘'을 보여준다. 사이드가 지적했듯 오리엔탈리즘은 타인을 규정하는 동시에 '우리'를 정의하고 우월함을 상상하는 방식이다. 축구선수 이주를 둘러싼 언론 보도의 감정적 프레임은 우리가 누구를 중심에 두고 상상하며 누구를 주변으로 밀어내는지를 드러내는 문화적 거울인 셈이다.

제국의 언어를 넘어서는 법

축구는 전 세계가 함께 즐기는 공통의 언어다. 그러나 그 언어는 누가 만들고, 누구의 시선으로 재현되느냐에 따라 전혀 다른 의미를 띤다. 사이드는 "제국은 군대가 아니라 언어로 지배한다"라고 말했다. 총이 아닌 말과 이미지, 이야기로도 세계는 재편될 수 있다는 것이다. 오늘날의 축구장 역시 제국의 언어가 작동하는 무대이며 우리는 그 언어를 어떻게 사용하고 있는지 돌아볼 필요가 있다.

문제는 우리 자신도 이미 이 프레임을 내면화한 채 축구를 보고 있다는 점이다. 이는 축구만의 문제가 아니다. 학교 교과서, 뉴스 보도, 직장 회의 속에서도 우리는 여전히 누군가를 '타자'로 만들고 위계화하는 언어를 사용한다. 결국 질문은 우리 자신을 향한다. 내가 쓰는 언어는 누구의 세계를 지우고 있는가? 나는 어떤 시선으로 타인을 규정하고 있는가?

이처럼 축구는 운동경기로만 머물지 않고 우리 안에 남아 있는 제국의 잔재를 비춘다. 그 거울을 마주할 때 비로소 축구는 더 평등하고 자유로운 언어가 될 수 있다. 결국 축구를 보는 방식은 곧 우리가 세상을 이해하고 사람을 구분하는 방식과 맞닿아 있다. 그래서 경기장에서도 질문해야 한다.

"이 언어는 누구의 시선을 반영하고 있는가?"

미래

축구는 더 이상 과거의 연장선 위에 머물러 있지 않다. 전술의 패러다임, 경기 기술, 관중 경험까지 모든 것이 급격히 재편되고 있다. 경기장은 더 똑똑해졌지만 동시에 더 차가워졌고, 감동은 이제 알고리즘의 데이터 흐름 속에 기록된다. 기술과 복제, 통제와 예측의 시대 속에서 경기는 새로운 얼굴을 띠고 있다. 게다가 기후 위기의 시대, 월드컵마저 '지속 가능성'을 고민해야 한다. 더 많은 자본과 더 화려한 스펙터클이 아니라 인류가 함께 감당할 수 있는 방식으로 축구는 다시 질문받고 있다. 미래의 축구는 어떤 모습일까? 우리가 사랑해온 축구는 이 거대한 전환 속에서도 살아남을 수 있을까?

전술 혁명 : 패러다임 전환

축구 전술의 발전은 기존 질서를 무너뜨리는 패러다임 전환을 통해 이루어진다. 기술이 조금씩 쌓여 이루어지는 변화라기보다 어느 순간 판도를 뒤집는 급진적 변화에 가깝다. 과학사학자 토마스 쿤이 과학혁명을 '정상과학 → 위기 → 혁명 → 새로운 정상'의 흐름으로 설명했듯 축구 전술도 안정 속 의심, 반복 속 한계, 위기 속 창조적 파괴라는 궤적을 따른다.

전술은 경기 결과와 직결되는 실천의 언어다. 한 시대를 지배한 전략도 시간이 지나면 분석과 대응 속에서 점차 무뎌진다. 성적 부진과 한계 앞에서 필요한 것은 '조정'이 아니라 사고방식 자체를 흔드는 '전환'이다. 2000년대 중반 유럽을 휩쓴 4-4-2 포메이션이 대표적이다. 단순하고 견고한 구조 덕분에 널리 쓰였지만 예측 가능성과 중원 장악력 부족, 측면 수비의 취약점이 곧 드러났다. 상대들이 공략법에 익숙해지자 4-4-2는 위기의 공식으로 변했다. 이처럼 전술의 위기는 표면적 수정으로는 극복되지 않는다. 기존 틀을 근본부터 재검토하고 전혀 다른 방향으로 질문을 던져야 한다. 축구 전술의 혁신은 언제나 혼란의 틈에서 시작된다.

과학혁명과 축구 전술

쿤은 『과학혁명의 구조』[140]에서 과학은 기존 패러다임 붕괴와 교체를 통해 도약한다고 했다. 기존 이론이 이상현상을 설명하지 못하면 체계는 무너지고 새로운 사고 틀이 그 자리를 대신한다. 과학은 위기를 통해 진보하는 것이다.

이 구조는 축구 전술의 흐름과도 정확히 닮아 있다. 하나의 전술이 '정상'이 되는 순간부터 예외는 누적된다. 경기 환경, 선수 구성, 상대 전략이 변하면서 기존 틀은 현실을 설명하지 못하고 결국 감독은 익숙한 사고방식을 버린 채 전술적 혁명을 시도한다. 그렇게 등장한 새로운 전략은 한 시대를 지배하다가 시간이 지나 다시 표준으로 굳어진다. 축구 전술 역시 정상 → 위기 → 혁명이라는 리듬 속에서 진화해 온 것이다.

축구 전술의 패러다임 전환을 상징하는 대표적 사례가 '티키타카'다. 요한 크루이프와 바르셀로나가 주도한 이 철학은 포지션·시간·공간을 새롭게 정의하며 공을 소유하는 방식으로 경기를 지배했다. 이는 빠른 직선적 축구의 질서를 무너뜨리고 흐름 전체를 통제하는 새로운 질서를 세웠다. 그 뿌리는 1970년대 네덜란드의 '토탈사커'에 있었다. 모든 선수가 포지션을 벗어나 유기적으로 움직이며 공간을 창조하는 방식은 바르셀로나의 손에서 '티키타카'로 진화했다.

이와는 다른 궤적에서 등장한 혁신이 게겐프레싱이다. 마르셀로 비엘사와 위르겐 클롭은 공을 빼앗긴 직후 곧바로 압박해 전환을 차단하고 즉시 공격권을 되찾는 방식을 제시했다. 이는 수비 라인을 물리고 기다리던 기존 축구의 문법을 무너뜨리며, '공격적 압박'을 전술의 핵심으로 끌어올렸다. 전진 수비와 순간 탈환은 곧 경기를 선제적으로 지배하는 전략이 되었다.

티키타카와 게겐프레싱은 각각 '공의 소유'와 '공의 탈환'을 중심에 두며 축구 전술의 지형을 새롭게 그렸다. 이는 점진적 발전이 아니라 패러다임 자체를 바꾼 전환점이었다. 혁신은 언제나 익숙한 기본값을 의심하는 데서 시작되며 전술도 그 예외가 아니다.

프리미어리그, 전술의 실험실

프리미어리그는 전술이 가장 역동적으로 실험되고 패러다임이 전환되는 거대한 실험실이다. 마이클 콕스는 『더 믹서』[141]에서 1992년 리그 출범 이후 30여 년간의 변화를 분석하며 프리미어리그가 어떻게 유럽 축구의 중심이 되었는지를 전술의 언어로 서술한다.

콕스에 따르면 초창기 프리미어리그는 강한 피지컬과 롱볼 중심의 단순한 축구가 지배했다. 그러나 1990년대 후반 아르센 벵거가 아스널에 부임하며 판이 흔들렸다. 식단과 훈련의 혁신, 4-4-1-1 기반의 유기적 패싱은 기존의 문법을 뒤흔든 첫 전환이었다. 이어 무리뉴의 철저한 분석과 조직적 수비, 라니에리의 역습, 클롭의 게겐프레싱, 과르디올라의 포지셔널 플레이가 시대마다 서로 다른 '문제 해결 방식'을 제시하며 리그의 흐름을 바꾸었다.

특히 과르디올라는 점유 축구로 출발했지만 프리미어리그 특유의 속도와 피지컬에 대응하기 위해 전환 플레이, 역방향 풀백, 오버래핑 센터백 같은 새로운 전술을 실험했다. 이는 리그 환경 속에서 철학을 재구성한 사례였다. 그의 변화와 클럽의 압박 그리고 데 제르비 같은 감독의 새로운 시도는 프리미어리그를 '믹서'mixer의 장으로 만들었다.

콕스의 분석은 쿤이 말한 '패러다임 전환'과 정확히 맞닿아 있다. 하나의 전술이 정상으로 자리 잡으면 리그 전체의 기준이 되지만 시간이 지나면 유효성을 잃고 경쟁자의 혁신이나 선수 구성 변화 앞에서 위기를 맞는다. 이때 전술은 사고의 틀 자체가 뒤집힌다. 쿤이 과학을 '누적적 진보'가 아닌 '지적 혁명'의 연속으로 본 것처럼, 콕스는 축구 전술 역시 단절과 전환 속에서 진화한다고 본다.

전술은 하나의 언어다. 팀의 철학을 드러내고 시대의 흐름을 반영한다. 프리미어리그의 전술사는 해석 공동체가 형성되고 해체되는 과정이며 그 안에서 축구의 의미는 끊임없이 다시 쓰인다. 따라서 전술 변화는 축구를 어떻게 이해하고 구성할 것인가에 대한 존재론적 질문이다. 그리고 이 질문이 과거의 해석을 깨뜨리며 미래의 축구를 새롭게 열어간다.

혁명 이후의 정상과학: 적응과 수용

전술 혁명은 순간의 반짝임으로 끝나지 않고, 곧 새로운 '정상 상태'를 만들어낸다. 티키타카는 바르셀로나와 스페인 대표팀의 전성기를 이끌며 세계 축구의 교본이 되었고, 수많은 팀이 이를 모방

 골 때리는 인문학

하거나 변형해 자기 스타일로 흡수했다. 게겐프레싱도 마찬가지다. 프리미어리그를 중심으로 빠르게 확산되며 오늘날 가장 보편적인 공격 전술 중 하나가 되었다.

그러나 시간이 흐르면 어떤 전술이든 예측 가능성이 높아지고 대응 전략이 정교해진다. 결국 전술은 다시 위기에 봉착하고 또 다른 전환을 요구받는다. 쿤이 말한 '정상과학 → 위기 → 혁명 → 새로운 정상'의 순환은 축구 전술의 역사와도 정확히 겹친다. 축구는 안정과 붕괴 그리고 창조의 반복 속에서 다음 진화를 준비한다. 전술의 진보란 늘 흐름을 거슬러야 도달할 수 있는 길이다.

‘더 열심히’가 아니라 ‘더 다르게’

축구에서 전술의 변화란 새로운 사고의 언어를 발명하는 일이다. 쿤의 과학혁명 이론이 보여주듯 진보는 한 시대의 당연함을 낯설게 보고 그 전제를 다시 질문하는 데서 시작된다.

문제가 반복될 때 필요한 것은 ‘더 열심히’가 아니라 ‘더 다르게’ 생각하는 용기다. 포메이션 변형보다 근본적인 질문이 요구되는 순간 감독들은 "공간을 어떻게 점유할 것인가?", "조직과 창의성은 어떻게 조화를 이룰 것인가?"를 고민한다. 전술의 겉모습보다 그 뒤에 놓인 철학이 중요해지는 것이다.

철학자 리처드 로티는 『우연성, 아이러니, 연대』[142]에서 진보란 기존 언어를 넘어 새로운 언어를 발명할 때 비로소 가능하다고 했다. 축구 전술도 마찬가지다. 진짜 혁신은 조금씩 다듬는 데서가 아니라 전혀 다른 언어로 경기를 말하는 용기에서 비롯된다. 그리고 그 언어를 이해하고 몸으로 구현하는 선수가 있을 때 비로소 새로운 축구가 탄생한다.

이 원리는 우리 삶에도 그대로 적용된다. 익숙한 문제를 붙잡고 더 애쓰는 대신 낡은 규칙과 오래된 질문을 새롭게 쓰는 용기가 필요하다. 결국 축구는 전술의 실험장이자 사유의 전환을 연습하는 공간이다. 진짜 혁명은 지금 이 순간 내 사고를 바꾸는 일에서 시작된다.

골 때리는 인문학

낭만이 사라진 경기 : 탈마법화

언젠가부터 축구는 지나치게 효율적이고 예측 가능한 게임이 되었다. 감독은 데이터 분석가들과 함께 전술을 설계하고, 선수들은 GPS 장비를 차고 움직인다. 중계 화면에는 드리블이나 창의적 플레이보다 패스 성공률, 활동 반경, 점유율 같은 숫자가 먼저 뜬다. 한때는 한 선수의 돌발적인 영감이 경기를 뒤집곤 했지만 이제 그러한 자유와 변수는 철저히 관리된다. 이는 경기의 본질을 바라보는 시선 자체가 변하고 있음을 보여준다.

팬들은 더 많은 정보를 얻게 되었지만 그만큼 감정의 여백은 줄었다. 해설은 풍부해졌지만 상상력과 낭만의 자리는 좁아졌다. 데이터는 더 많은 것을 보여주지만 동시에 축구가 전해주던 마법 같은 감동을 빼앗아간다. 감성은 기술적 정확성과 예측 가능한 승부에 밀려나고 경기는 인간의 상상력보다 알고리즘의 산물처럼 보이기 시작했다.

축구는 점점 더 통계와 기술의 게임이 되어가며 전통적 신비와 낭

만은 설 자리를 잃는다. 그렇다면 우리는 어떤 감각으로 다시 축구의
마법을 느낄 수 있을까?

탈마법화: 감동은 어디로 갔는가

축구의 변화는 사회학자 막스 베버가 말한 '탈마법화'dis-
enchantment 현상과 맞닿아 있다. 베버는 근대 사회가 발전하면서 이성
과 과학, 계산 가능성이 중심이 되고 그 결과 세계가 신비와 마법을 잃
어간다고 보았다. 세계는 더 잘 설명되지만 동시에 경외와 감동의 순
간은 지워진다는 것이다.

오늘날의 축구는 더 이상 열정과 직관, 예측 불가능성의 마법이 작
동하는 공간이 아니다. 어느새 데이터와 통계, 규칙과 통제가 지배하
는 장으로 변했다. 팬의 마음을 흔들던 설명할 수 없는 찰나의 감동은
점점 줄어들고 있다. 이는 스포츠 전반에서 시스템이 감정을 대체하
는 흐름과도 겹친다.

베버는 『직업으로서의 학문』[143]에서 근대 사회의 특징을 설명하
면서 현대인은 더 이상 마법적 수단으로 세계를 지배할 수 있다고 믿
지 않게 되었다고 지적한다. 이제 세계는 신이나 운명이 아니라 이성
과 과학, 통계와 기술로 설명된다. 그는 이러한 변화를 '세계의 탈마법
화'Entzauberung der Welt라고 불렀다. 세계가 점점 계산 가능하고 예측
가능한 방식으로 이해될수록 신비와 초월, 감정의 여백은 줄어든다.
이는 인간의 세계 인식에서 중요한 전환점을 의미한다.

탈마법화는 세계를 더 명확히 이해하게 했다는 점에서 진보일 수
있다. 그러나 동시에 감정, 상징, 신비로움을 소거한 과정이기도 하다.

골 때리는 인문학

베버는 근대 사회의 이성 중심성과 효율 집착을 '철창'iron cage에 비유했다. 규칙과 통제가 삶 전반을 지배하면서 인간은 점점 감성의 세계와 멀어진다. 탈마법화된 세계는 분명하지만 건조하고, 효율적이지만 낭만을 잃었다. 이것은 효율이라는 이름으로 감정의 여백을 줄여온 현대 사회의 자기모순이다.

이 사유는 찰스 테일러에게로 이어진다. 그는 근대적 합리화가 인간의 내면에서 감동할 능력을 점차 지워가고 있으며, 현대인은 더 이상 세계가 신비롭고 감동적으로 자신을 부른다는 느낌을 갖지 못한다고 설명한다.[144]

베버와 테일러는 같은 경고를 던진다. 세계가 설명 가능해질수록 우리는 그 세계에 감동하는 능력, 신비를 체험하는 감각을 잃고 있다는 것이다. 축구 역시 마찬가지다. 이성화되고 통제된 축구는 더 명확하고 분석 가능해졌지만 동시에 설명할 수 없는 열광과 감동의 순간은 줄어들고 있다. 모든 것이 수치화되는 순간 감정은 뒷전으로 밀려난다.

축구의 합리화, 마법의 소멸

축구는 지금 베버가 말한 '철창' 안에 갇혀 있다. 전술은 알고리즘처럼 계산되고 선수의 체력은 수치로 환산된다. 상대 전술은 AI가 분석하고 훈련은 센서 기반 맞춤형 프로그램으로 진행된다. 움직임은 매뉴얼처럼 표준화되고 창의성마저 정해진 공식 속에서 작동한다. '예측 불가능성'이라는 축구의 매력은 점점 설 자리를 잃어가고 있다. 이는 경기의 본질을 바꾸는 전환이다.

예전에는 한순간의 영감이나 기적 같은 골이 경기의 흐름을 바꿨다. 지금도 그런 장면은 존재하지만 곧바로 데이터로 분해되고 해석된다. 팬들이 느낀 감동은 중계 화면 위의 통계 그래프와 열지도 속에서 다시 분석된다. 마법은 더 이상 신비로 남지 않고 이성의 렌즈를 거치며 색을 잃는다.

이 변화는 선수의 경험에도 깊은 흔적을 남긴다. 기술화된 축구에서 선수들은 점점 더 시스템에 종속된다. GPS 장비와 생체 데이터, 알고리즘 분석은 그들의 움직임을 정밀하게 추적하며 '관리'한다. 전술적 효율성을 위해 선수는 자유로운 결정 대신 프로그램된 행동을 선택한다. 한 선수는 경기 후 이렇게 토로했다. "스프린트 횟수와 뛴 거리, 움직임 반경이 경기 내내 신경 쓰여 경기에 집중하기 힘들었다."

이 고백은 축구가 기술과 데이터 중심으로 변하면서 선수들이 자신을 감시하고 창의적 플레이에서 멀어지고 있음을 보여준다. 이제 선수는 측정되고 조정되는 대상이 되고 있다. 이것이 마법이 사라지는 과정이다. 축구는 점점 더 통제 가능한 경기가 되어가고 우리가 사랑했던 감정의 찰나는 그 속에서 희미해지고 있다.

숫자로 해체된 낭만: 앤더슨과 샐리의 통계적 시선

오늘날 축구는 더 이상 '하는 스포츠'에만 머물지 않는다. 이제는 '계산되는 스포츠'다. 크리스 앤더슨과 데이비드 샐리는 『지금껏 축구는 왜 오류투성일까?』[145]에서 축구를 지배해온 직관과 감성의 신화를 철저히 해체한다. 그들은 팬들이 '잘했다고 믿어온 플레이'들이 실제 승리에 미치는 영향은 미미하며 오히려 단조롭고 반복적인 장면

 골 때리는 인문학

들이 승부를 좌우한다고 통계적으로 증명한다.

예컨대 팬들의 탄성을 자아내는 중거리슛이나 감각적인 발리슛은 기대득점 지표상 비효율적이다. 반대로 가장 많은 골은 혼잡한 지역에서의 짧은 패스와 크로스에서 나온다. 앤더슨과 샐리는 축구가 직관의 마법이 아닌 분석 가능한 구조임을 드러내며 "축구는 본래 복잡한 게임이 아니라 우리가 그 복잡성을 오해했을 뿐"이라고 말한다. 이는 곧 축구의 신비를 벗겨내고 수학적으로 설명할 수 있음을 선언하는 셈이다.

베버가 말한 '탈마법화'란 이런 상태다. 우리는 더 이상 한 장면의 기적에 머무르지 않고 곧바로 기대득점 수치를 검색하며 '얼마나 논리적인 선택이었는가'를 계산한다. 축구는 점점 더 예측 가능하고 설명 가능한 경기로 변해가고 있다.

그러나 설명 가능성은 동시에 낭만을 지워버린다. 한때 '기적 같은 골'이라 부르던 순간도, 이제는 '기대득점 0.04에 불과한 장면'으로 환원된다. 이성은 마법을 알기 쉽게 설명하지만 그 과정에서 감정은 메마른다. 통계는 진실에 가까워지지만 진실이 곧 감동은 아니다. 축구가 낭만의 경기라기보다 정교하게 조율된 수학적 퍼즐로 다가올 때 우리는 묻게 된다. 축구는 여전히 우리를 설레게 하는가?

기술은 마법을 대체할 수 있는가

비디오 판독 시스템VAR은 오심을 줄였지만 동시에 경기의 리듬과 감정의 흐름을 끊어놓는다. 골이 터져도 환호는 멈춘다. 감정은 '대기 모드'에 들어가고 기계적 판정이 모든 것을 재검토한다. 과학은 정의를 향한 도구지만 그 정의는 논쟁과 해석의 여지를 지우며 인간적인 드라마를 지워버린다. 축구의 낭만은 점점 '정확성'이라는 이름의 기술로 대체되고 있다.

이영표는 한 방송에서 이렇게 말했다. "VAR을 하는 건 좋은데 너무 오래 걸리니까 경기 흐름도 너무 끊는다."[146] 실제로 2025년 8월 2일, K리그2 부천과 성남의 경기에서는 잦은 VAR 판독으로 추가시간만 23분이 발생했다. 기술이 정확도를 높였지만 동시에 몰입과 감정의 리듬, 논쟁의 여백을 앗아가고 있는 것이다.

이는 베버가 우려한 '도구적 이성의 시대'를 떠올리게 한다. 이성은 세계를 정밀하게 이해하고 통제하려는 강력한 수단이지만 그 과정에서 예측 불가능성과 신비로움은 사라진다. 불확실성이 제거된 세계는 효율적이지만 감동과 서사의 여백은 점점 줄어든다.

축구 역시 완벽한 시스템으로 관리될수록 잘 설계된 프로젝트처럼 보인다. 오차는 줄고 경기는 매끄러워지며 승패는 데이터로 설명된다. 그러나 그렇게 설명되는 순간 마법은 사라진다.

결국 질문은 남는다. 우리는 많은 것을 설명할 수 있게 되었지만 그 대가로 느낄 줄 아는 마음을 잃어버린 것은 아닐까? 어쩌면 축구는 마법이라 불릴 때 가장 빛나는 스포츠인지도 모른다.

마법을 다시 호출하려면

탈마법화된 축구가 반드시 부정적인 것일까? 그렇지 않다. 문제는 세상을 오직 수치와 데이터의 눈으로만 보려는 태도다. 축구는 여전히 인간의 몸과 감정이 만들어내는 예술이자 문화이기 때문이다.

베버는 마법이 완전히 사라졌다고 말하지 않았다. 우리가 그것을 잃어가고 있다고 경고했을 뿐이다. 중요한 것은 마법을 복원하는 것이 아니라 그 가능성을 기억하고 다시 불러내는 일이다. 마법의 회복은 기술을 거부하는 데 있지 않다. 오히려 기술 속에서도 인간의 우발성, 감정 그리고 놀이의 정신을 잃지 않는 데 있다. 마법은 기술과의 공존 속에서도 다시 떠오를 수 있다.

이 지점에서 우리는 니체의 '초인'Übermensch 개념을 떠올린다. 그는 『차라투스트라는 이렇게 말했다』[147]에서 이렇게 설명한다. "그대들에게 초인을 가르치려 하노라. 인간은 극복되어야 할 그 무엇이다. 그대들은 자신을 극복하기 위해 무엇을 했는가? 지금까지 모든 존재는 자신을 넘어서 그 무엇인가를 창조해왔다. 그런데도 그대들은 이 거대한 밀물의 한가운데서 썰물이 되기를, 자신을 극복하기보다는 동물로 되돌아가기를 원하는가?"[148]

니체가 말한 초인은 기계화된 효율성의 논리를 넘어서는 존재다. 그는 스스로의 방식으로 세계를 다시 쓰는 창조자이며 축구에서도 같은 의미를 지닌다. 초인은 계산된 전술을 넘어 창의성과 감정으로 경기를 뒤흔들고, 기술로는 예측할 수 없는 '마법의 순간'을 만든다. 이는 존재 방식에 관한 선언이다.

오늘날 4차 산업혁명 시대에 경기장은 점점 더 첨단 기술의 각축장이 되어가고 있다. 축구는 더 빠르고 정확해질 것이다. 그러나 여전히 마법을 꿈꾸는 선수와 팬이 있는 한 그라운드는 감정과 낭만의 무대로 남을 수 있다. 우리가 축구를 사랑하는 이유는 결국 그 안에서 인간의 감정을 다시 확인하기 때문이다.

축구가 보여주는 진짜 마법은 기술 너머에서 인간의 창의성과 낭만이 다시 빛날 수 있다는 가능성이다. 그리고 이 감각은 축구뿐 아니라 오늘날 우리의 삶에도 절실히 필요한 능력이다.

축구 아우라의 소멸 : 기술복제 시대

오늘날 축구장은 더 이상 팬이 경기를 경험하는 유일한 공간이 아니다. TV 생중계와 모바일 스트리밍, SNS 하이라이트, 유튜브 쇼츠, 심지어 VR 경기장까지 등장하며, 팬들은 언제 어디서든 경기에 '접속'할 수 있게 되었다. 기술은 경기장 바깥의 모든 공간을 또 하나의 축구장으로 바꿔 놓았다. 그러나 이 변화가 현장의 경험을 완전히 대체할 수 있을까?

경기장에서만 느낄 수 있던 관중의 열기, 흐르는 시간, 주변의 소리와 냄새, 몸으로 전해지는 진동 같은 감각의 총체성은 점차 편집된 영상과 압축된 사운드로 치환되고 있다. 터치스크린과 해설을 거친 축구는 더 선명하고 빠르지만 어딘가 낯설고 비현실적인 가상처럼 느껴진다. 이는 기술적 변화와 함께 감각의 구조 자체가 바뀌고 있다는 신호다.

디지털 미디어는 팬들에게 더 많은 장면을 더 빠르게 소비할 기회를 주었지만 그 과정에서 '지금-여기'에서만 가능한 현장성과 집중은 희미해졌다. 결국 팬의 시선은 아우라가 제거된 이미지, 즉 기술적으로 정제되고 무한히 복제 가능한 축구로 옮겨가고 있다.

기술의 시대, 축구는 어떤 감각으로 경험되는가? 팬들이 응시하는 것은 여전히 경기인가, 아니면 복제된 이미지의 또 다른 현실인가?

기술이 감각 구조를 바꾼다

디지털 시대의 팬 경험 변화는 철학자 발터 벤야민의 '아우라'aura 개념을 통해 더욱 깊이 해석할 수 있다. 벤야민은 『기술적 복제 시대의 예술작품』[149] 에서 예술이 기술로 복제되면서 '현존의 감각', 즉 특정 시간과 공간 속에서만 느낄 수 있는 독특한 분위기가 사라진다고 보았다. 아우라는 감동을 넘어 작품과 '직접 마주한 순간'에만 피어오르는 대체 불가능한 경외감이다.

그러나 사진과 영화처럼 복제가 가능한 매체의 등장은 아우라를 급속히 희미하게 만들었다. 작품은 한 번뿐인 감상의 대상에서 언제든 재생·복제·조작할 수 있는 이미지로 전락했다. 이 변화는 예술 감상의 패러다임 자체를 흔드는 사건이었다.

벤야민은 이를 문화적 손실로만 보지 않았다. 그는 복제를 통해 예술이 더 많은 대중에게 개방되는 '감상의 민주화' 가능성을 주목했다. 하지만 동시에 중요한 경고를 남겼다. 기술이 감각 구조를 바꾸고 있다는 것이다. 예술은 더 이상 멀리서 경외의 대상으로 감상되지 않고 가까이에서 분석되고 반복 재생되는 대상으로 전환되고 있다는 점이다.

　　　　　　　　　　　　　　　　　골 때리는 인문학

이 통찰은 오늘날의 축구에도 그대로 적용된다. 팬들은 이제 경기장의 현존성을 '지금-여기'의 경험으로만 느끼지 않는다. 경기는 언제든 돌려볼 수 있고 장면은 하이라이트로 압축되며, 해설은 감정을 대신해 전략과 데이터를 전달한다. 이는 축구를 통해 감동을 체험하는 방식 자체가 전환되고 있음을 보여준다.

철학자 프레드릭 제임슨은 이를 '감각의 평준화'라고 불렀다.[150] 그는 후기 자본주의 사회에서 사람들이 감정을 직접 경험하기보다 그것이 재현된 이미지나 서사를 소비한다고 지적했다. 이는 오늘날 팬들의 축구 소비 행태와 놀라울 만큼 닮았다. 현대인은 날것의 감정 대신, 잘 포장된 장면과 서사를 소비하며 감정을 대리 체험한다.

이런 시선에서 보면 현재의 축구 감상은 벤야민이 예견한 감각 구조의 변화를 그대로 따라가고 있다. 팬은 현장의 감정을 온 몸으로 흡수하는 주체에서, 기술적으로 정제된 감동을 소비하는 존재로 변해가고 있다. 축구는 감정을 직접 경험하는 장에서 벗어나 이미 가공된 감정을 분석하고 재생산하는 관람의 장르로 전환되고 있는 것이다.

실제로 K리그는 'AI 기반 하이라이트 제작 프로그램'을 도입해 경기 영상에서 주요 장면을 자동 추출·편집하는 시스템을 구축했다. 골, 슈팅, 파울, 코너킥 등 감정을 자극할 가능성이 높은 순간은 알고리즘에 의해 인식되고 몇 분짜리 클립으로 요약된다. 이제 팬은 전체 경기를 보지 않아도 된다. 짧은 하이라이트만으로 '무엇이 중요한지'를 전달받고 그것을 소비한다. 이 과정에서 축구는 서사가 흐르는 예술이 아니라 기계가 선별한 자극적인 순간의 파편들로 전락한다. 이는 곧 벤야민이 말한 '아우라 없는 감상', 감정의 기술적 추출을 오늘날 축구 중계가 구현하고 있음을 상징적으로 보여준다.

역사학자 크리스틴 로젠은 『경험의 멸종』[151]에서 "기술로 매개된 쾌락"이 우리의 감각 구조를 바꾼다고 경고했다. 그녀에 따르면 경험은 더 이상 몸으로 체화되지 않고 데이터와 이미지, 기록물로 대체된다. 축구 감상 역시 그렇다. 팬은 경기의 흐름을 전신으로 느끼기보다 압축된 하이라이트로 즉각적 쾌락을 소비한다. 경기장의 집단적 긴장과 우연의 드라마는 사라지고 알고리즘이 추출한 흥미로운 순간만이 반복 재생된다. 축구의 경험은 '현장에서 살아낸 감정'에서 '스크린 속에서 소비하는 감정'으로 이동하며, 감각의 총체성은 잘게 쪼개진 이미지로 환원된다. 로젠의 말처럼 축구는 여전히 쾌락을 주지만 그것은 더 이상 몸의 경험이 아니라 기술이 설계한 경험이다.

디지털 미디어 시대, 감각 구조의 전환

디지털 미디어 시대의 축구 감상은 팬의 감각 구조 자체를 바꿔놓고 있다. 이제 팬은 자신의 감각에만 의존하지 않는다. 중계 카메라의 시점, 리플레이, 해설자의 분석, 드론 촬영 같은 장치가 장면을 세분화해 정보로 바꾸며 팬은 현장에 몰입하는 주체에서 정보화된 이미지를 해석하는 소비자로 변화한다.

이 변화는 유튜브를 중심으로 확산된 '숏폼 하이라이트'에서 극명하게 드러난다. 팬들은 전체 경기의 맥락보다는 몇 초짜리 골 장면이나 충돌 장면만 반복 클릭한다. 감동은 경기의 리듬 속에서 차곡차곡 쌓이지 않고 편집된 순간에 압축되어 제공된다. 팬은 그것을 클릭하고 '좋아요'를 누른 뒤 곧바로 다음 장면으로 넘어간다.

골 때리는 인문학

2025년 5월 31일, 나는 한 학술 세미나에서 대한체육회 유승민 회장과 함께 발제를 한 적이 있다. 그는 요즘 청소년들이 규칙조차 모르는 경우가 많다고 지적하며 그 원인으로 하이라이트만 편식하는 시청 습관을 꼽았다. 이는 스포츠를 감각하고 이해하는 방식 자체가 달라지고 있음을 보여주는 사례였다.

오늘날 팬의 감각은 더 짧고 강하게 자극되지만 그만큼 더 쉽게 잊히는 구조로 바뀌었다. 이는 벤야민이 말한 아우라의 소멸, 즉 시간과 공간의 고유성이 지워지고 감상의 경험이 평면화되는 현상과 맞닿아 있다. 팬은 재현된 경기를 소비하는 관찰자·분석가·알고리즘 사용자로 자리 잡는다. 축구는 감정의 대상에서 분석 가능한 데이터 콘텐츠로 전환되고 있다.

이 감각 구조의 전환은 기술 자체의 문제라기보다 그것이 작동하는 사회적 시스템의 문제다. 현대 축구 콘텐츠는 시청률과 클릭 수, 알고리즘 효율성을 중시한다. 동시에 팬의 감동은 디지털 편집과 기획을 통해 조율되고 정량화된 감정으로 제공된다.

감동은 여전히 존재하지만 더 이상 현장에서 우연히 맞닥뜨리는 마법이 아니다. 오히려 콘텐츠 산업이 설계한 감각의 상품에 가깝다. 벤야민이 경고한 감각의 전환은 오늘날 축구 중계라는 일상적 장면 속에서 이미 현실이 되고 있다.

이미지로 더 강렬했던 골키퍼: 복제 감각의 역전

나의 부산아이파크 동료이자 K리그에서 오랜 시간 묵묵히 골문을 지켜온 골키퍼 이범영은 지금도 팬들의 기억 속에 남아 있다. 큰

키와 민첩함을 겸비한 그는 국가대표로도 활약했으며, 특히 2012 런던올림픽 8강전에서 스터리지의 승부차기를 막아내며 한국 남자 축구 최초의 동메달을 이끌었다. 그날의 선방은 '현존의 감동'이었고 아우라가 응축된 순간이었다.

그러나 그가 대중적으로 더 널리 회자된 무대는 뜻밖에도 온라인 게임이었다. EA SPORTS의 축구 게임 FC온라인에서 이범영은 '가성비 괴물 골키퍼'로 불리며 인기를 끌었다. 현실에선 묵묵히 골문을 지키던 선수가, 게임 속에선 압도적인 '가성비' 덕분에 커뮤니티의 추앙받는 '레전드'로 등극했다. 팬들은 "현실보다 게임에서 더 전설"이라 말했고, 이범영은 그렇게 '디지털 이미지'로 다시 태어났다.

벤야민이 말한 '아우라의 소멸'은 여기서 역전된다. 현장의 감동은 희미해지고 복제된 이미지가 실제보다 더 강하게 소비되는 것이다. 이범영은 뛰어난 선수였지만 그의 커리어보다 게임 캐릭터로서의 존재가 더 자주 회자되고 오래 기억된다. 디지털 이미지가 현실의 위계를 전도시킨 장면이다.

기술적 이미지의 확산은 더 많은 접속을 가능하게 하지만 동시에 실제 감정의 밀도를 지운다. 런던올림픽의 선방은 일회적이고 현장 중심의 기억이지만 FC온라인 속 이범영은 반복 재생되고 밈처럼 유통되기 때문이다. 결국 '지금-여기'의 감동은 '스크린-언제'의 데이터로 대체된다.

그렇다면 축구의 아우라는 정말로 소멸한 것일까? 벤야민은 아우라의 상실을 애도의 대상으로만 바라보지 않았다. 그는 기술복제를 통해 예술이 소수의 특권에서 벗어나 대중에게 열렸다는 사실을 긍정

 골 때리는 인문학

적으로 보았다. 예술을 모두가 향유할 수 있다는 가능성은 곧 '감각의 민주화'를 의미했다.

축구도 마찬가지다. 디지털 미디어의 발전은 국경과 계층을 넘어 더 많은 팬이 경기에 접속할 수 있는 길을 열었다. 중계 기술은 축구를 눈앞으로 끌어왔고 다양한 플랫폼은 새로운 감상의 방식을 제공했다.

그러나 문제는 이 경험이 점점 '정보화된 감각'으로 축소되고 있다는 점이다. 팬은 여전히 열성적 지지자이지만 동시에 스폰서의 콘텐츠 소비자가 되었다. 감동은 브랜드와 연결되고 응원은 알고리즘 속에서 수치화된다. 감각의 민주화가 어느새 감정의 산업화로 이어진 셈이다.

우리는 더 많은 경기를 더 다양한 방식으로 본다. 하지만 그만큼 더 깊게 느끼고 있을까? 접속은 늘었지만 현존의 밀도는 옅어지고, 이미지는 풍부해졌지만 감정의 여운은 짧아졌다. 이 변화는 우리가 축구를 바라보는 태도 자체가 변하고 있음을 드러낸다.

축구의 아우라는 완전히 사라지지 않았다. 다만 그것을 감지할 수 있는 우리의 감각이 무뎌지고 있는지도 모른다. 아우라의 회복은 현장으로 돌아가는 것만으로 이루어지지 않는다. 우리는 어떤 감각으로, 어떤 거리에서 축구를 바라보고 있는가? 더 중요한 질문은 이것이다.

다시 감각하기 위하여

벤야민의 사유는 오늘날의 팬들에게 되묻는다. 우리는 지금 살아 있는 축구를 보고 있는가, 아니면 편집된 영상만을 소비하고 있는가? 감동은 현장에서 솟구치는가, 아니면 알고리즘이 추천한 장면에서만 작동하는가?

축구의 아우라를 회복하는 길은 디지털 시대의 조건을 인식하는 데서 출발한다. 팬은 여전히 감동할 수 있다. 다만 그 감각이 이미 편집되고 설계된 구조 속에 갇혀 있을 뿐이다. 따라서 우리는 더욱더 현장을 찾아야 한다. 축구장은 감각이 되살아나는 자리이기 때문이다. 이를 자각하는 순간 축구는 다시 '느끼는 경기'가 될 수 있다. 결국 자각된 감각만이 진짜 감동을 불러올 수 있는 것이다.

이 성찰은 우리의 일상으로도 이어진다. 우리는 날마다 수많은 이미지와 메시지, 감정을 복제된 형태로 접한다. 그러나 삶의 본질은 여전히 직접 부딪히고 움직이며 감각하는 순간에 있다. 축구의 아우라를 되찾는 일은 곧 삶의 감각을 회복하는 일이기도 하다. 스크린 너머의 가공된 감정이 아닌 몸과 마음이 생생히 깨어 있는 '지금, 여기'의 진정성. 그것이 바로 우리 삶이 회복해야 할 진정한 아우라다.

데이터가 된 몸: 감각의 산업화

현대 축구에서 선수는 더 이상 감각과 직관만으로 움직이지 않는다. 웨어러블 센서는 근육의 피로도를 실시간으로 측정하고, GPS는 이동 거리와 속도를 기록한다. 훈련 강도는 알고리즘이 자동으로 조정하며 부상 위험은 빅데이터 모델이 예측한다. 선수는 이제 그라운드를 달리는 존재라기보다 철저히 분석되고 관리되는 '데이터 집합체'가 되어가고 있다.

이 변화는 기술의 발전만으로 설명되지 않는다. 인간을 바라보는 근본적 관점의 전환을 드러낸다. 선수의 몸은 감각과 경험에 앞서 수치로 관리되는 대상이 되었고, 직관보다 데이터가 우선하는 시대가 열린 것이다. 그렇다면 우리는 선수의 몸을 어떻게 다시 인간적 감각으로 바라볼 수 있을까?

기술에 맡겨진 기억과 감각

철학자 베르나르 스티글레르는 기술이 인간의 삶과 인식을 어떻게 구성하는지를 탐구했다. 그는 『기술과 시간 1 *Technics and Time, 1*』[152]에서 인간은 기억하고 감각하기 위해 본래부터 기술에 의존해왔다고 말한다. 말을 잊지 않기 위해 문자를 만들고 경험을 남기기 위해 책을 쓰며 오늘날에는 디지털 장치에 일상과 감정, 움직임까지 저장하는 방식이 그 예다. 그는 이를 '보조기억'이라 불렀다.

스티글레르는 이러한 기술 의존이 인간 존재 방식 자체를 바꾸는 조건이라고 보았다. 인간의 기억과 감각은 점점 외부 시스템에 위탁되고 주체성은 기술 속으로 재편된다. 그는 이 과정을 곧 '데이터화된 인간'의 탄생으로 해석했고, 인간이 자기 경험을 잃어버릴 위험에 처한다고 경고했다.

축구선수의 몸은 그 대표적인 사례다. '살아 있는 신체'가 '작동하는 시스템'으로 전환되면서 선수의 감각과 우발성은 데이터 관리 체계로 흡수된다. 스티글레르의 기술 철학은 이 지점을 성찰하게 한다. 현대 축구에서 우리는 무엇을 기록하며 동시에 무엇을 잃고 있는가?

마찬가지로 인간의 기억은 더 이상 뇌 속에만 머무르지 않는다. 우리는 외부 장치에 의존해 삶을 기록하고 구성하며 그 과정에서 새로운 감각 구조가 형성되고 있다. 스티글레르는 기억이 외주화되면 감각은 접근 가능한 정보로 환원되고 판단 또한 경험에 근거하기보다 계산된 결과로 대체된다고 경고했다.

이 경고는 그저 철학적 추상이 아니다. 오늘날 축구선수는 이런 기술 환경 속에서 살아가고 있다. 움직임은 웨어러블 장치에 기록되고

골 때리는 인문학

경기 중 선택은 직관보다 시스템의 권고로 조정된다. 피로는 느낌에서 '수치'로 전환되고, 감각은 몸의 떨림에서 '데이터의 신호'로 대체된다.

스티글레르는 이러한 흐름을 '감각의 산업화'라고 불렀다. 인간은 기술을 통해 능력을 확장하지만 동시에 자신의 감각과 판단을 기술에 양도하게 된다. 우리는 몸으로 기억하지 않고 수치로 판단하며, 감정은 정량화된 데이터로 치환된다. 이는 인간 경험의 구조 자체가 재편되는 과정이다.

사회학자 크리스 쉴링도 『몸의 사회학』[153]에서 이렇게 지적한다. "우리는 이제 전례 없이 몸을 통제할 수 있는 수단을 갖게 되었지만 몸의 의미와 그것을 통제하는 방식에 대해 우리가 지녔던 지식은 근본적으로 의문시되는 시대에 살고 있다. 생물학적 복제, 유전공학, 성형수술, 스포츠과학의 발전으로 몸은 점점 취사선택의 결과물이 되어 가고 있다."[154]

축구장 위에서도 비극은 반복된다. 선수의 몸은 땀 흘리는 주체에서 알고리즘이 설계하고 예측하는 객체로 전락한다. 움직임은 저장되고 감각은 측정되며, 판단은 체험보다 시스템의 명령에 더 가까워진다. 결국 인간의 신체는 점점 더 통제 가능한 시스템으로 재구성된다.

스티글레르의 기술철학은 우리에게 묻는다. 이 변화는 진보인가, 아니면 인간 주체성이 서서히 침식되는 과정인가?

기록되는 몸, 통제되는 플레이

4차 산업 시대, 축구선수는 하나의 '데이터 단위'로 구성된다.

경기 중 움직임은 실시간으로 추적되고 슈팅의 각도와 속도는 정밀하게 수치화된다. 심박수, 호흡률, 땀의 수분 함량까지 기록되고 훈련 성과는 그래프로 환산되며, 영양과 수면의 질조차 알고리즘이 관리한다.

그 결과 선수의 몸은 외부 시스템이 최적화하는 대상이자 조정 가능한 객체로 전환된다. 창의성은 번뜩이는 영감이 아니라 '통계적 예외값'으로 처리되고 예술성은 불확실하다는 이유로 제거해야 할 '비표준 오차'로 분류된다.

데이터화된 몸은 곧 예측 가능하고 통제 가능한 몸이다. 이는 성과를 보장할 수 있지만 동시에 감각의 자율성과 주체적 판단의 여지를 줄여간다. 결국 스티글레르가 말한 문제—기술이 인간의 감각과 기억을 외부로 이전시킴으로써 존재 방식 자체를 바꾸는 과정—가 축구선수의 신체 위에서 구체적 현실로 드러나고 있는 것이다.

스티글레르는 이렇게 묻는다. "기술은 인간을 주체로 만드는가, 아니면 객체로 만드는가?" 이는 기술에 대한 찬반의 문제가 아니다. 기술이 인간의 판단을 보완하고 감각을 풍부하게 하며 자율성을 확장한다면 그것은 인간 중심의 기술이다.

그러나 기술이 신체를 통제하고 행동을 최적화하며 인간을 예측 가능한 데이터 덩어리로 환원할 때, 우리는 자신의 고유한 경험과 감각으로부터 유배당한다. 이 긴장은 교육, 노동, 예술 등 삶의 거의 모든 영역에서 되풀이되는 문제다.

우리는 묻는다. 알고리즘은 학습을 돕는 도구인가, 아니면 학생을 점수로 환원하는 장치인가? AI는 노동자를 지원하는가, 아니면 그들

  골 때리는 인문학

을 대체하는가? 예술은 창조를 자극하는가, 아니면 패턴에 따라 반복적으로 재생산되는가? 이러한 물음은 이제 인간 존재 방식에 대한 근본적 질문이 되었다.

축구로 돌아와보자. 기술은 선수의 플레이 감각을 확장하는가, 아니면 표준화된 움직임만을 강요하는가? 이 질문이야말로 기술과 인간 사이의 긴장을 성찰하는 출발점이다.

데이터를 사람에게 돌려주다

스티글레르가 말했듯, 기술은 인간을 객체화할 수도 있고, 역으로 인간의 능력을 확장하는 수단이 될 수도 있다. 이 물음을 가장 현실적으로 끌어안고 새로운 길을 찾은 인물이 있다. 스포츠 데이터 플랫폼 '플코'PLCO를 만든 QMIT의 이상기 대표다.

이상기는 K리그 무대에서 8시즌을 활약한 골키퍼 출신이다. 그는 묵묵한 성실함으로 골문 앞을 지키던 '언성 히어로'였다. 그러나 은퇴 후 그는 아쉬움을 털어놓았다. "보다 체계적이고 과학적으로 몸을 관리할 수 있었다면내 커리어는 달라졌을지도 모른다." 이 회한이 곧 기술 창업의 씨앗이 되었다.

2018년 그는 스포츠 데이터 기반 경기력 향상 플랫폼 '플코'를 개발했다.[155] 그의 접근은 선수에게 진짜 필요한 정보가 무엇인지, 그리고 그것을 수치가 아닌 감각과 연결된 피드백으로 바꾸는 방법을 탐구하는 데 있었다. "우리는 선수가 데이터를 이해할 수 있도록 도와야 합니다. 숫자가 선수를 통제해서는 안 되고 선수가 스스로 데이터를 해석할 수 있어야 하죠."

이상기의 철학은 경기력 향상만을 추구하지 않는다. 데이터는 선수 개개인의 리듬과 감각을 회복시키는 도구가 되어야 한다는 것이다. 플코는 신체 컨디션, 운동 부하, 훈련 패턴, 회복 속도를 분석하고, 이를 선수의 언어로 번역해주는 인터페이스를 제공한다. 즉 '효율을 쥐어짜는 데이터'가 아니라 '감각을 깨우는 데이터'를 지향하는 것이다. 이때 데이터는 선수가 자기 몸과 대화하는 언어가 된다.

플코는 현재 국내 프로팀뿐 아니라 호주, 일본, 동남아시아 클럽들에서도 도입되고 있다. 4명으로 시작한 QMIT는 40명 규모로 성장했지만 이상기의 철학은 성과와 확장보다 더 근본적인 데 있다. "데이터는 선수를 효율화하는 수단이 아니라 선수를 사람답게 만드는 길이 되어야 합니다." 그의 길은 우리에게 다시 묻는다. 기술은 인간의 감각을 대체해야 하는가, 아니면 그 감각을 회복시키는 도구가 되어야 하는가? 이 질문은 곧 이 책이 끝까지 붙들고 있는 문제의식과 맞닿아 있다.

표준화된 선수 vs. 예외를 창조하는 선수

미래의 선수는 데이터를 거부할 수 없다. 그러나 중요한 것은 그가 데이터의 '도구'가 아닌 데이터를 재해석하고 창조하는 '감각의 주체'가 되어야 한다는 점이다. 스티글레르가 강조했듯 기술은 인간을 확장시킬 수도, 소외시킬 수도 있다. 방향은 기술 그 자체보다 그것을 대하는 철학적 자각과 윤리적 태도에 달려 있다. 이 책이 현대 축구를 사유하려는 이유도 여기에 있다. 축구는 몸의 기억, 감각의 표현, 창조적 선택이 펼쳐지는 무대이기 때문이다.

우리가 진정 박수를 보내야 할 대상은 숫자의 홍수 속에서도 자기 몸의 야성적 리듬과 감각을 잃지 않는 이들이다. 1부에서 살펴본 것처럼, 눈이 아닌 몸으로 공간을 느끼는 '노 룩 패스'의 감각, 흐름에 몸을 맡기는 '마르세유 턴'의 리듬, 순간에 깊이 몰입하는 존재의 태도에서 축구의 본질이 드러난다. 그라운드는 결국 숫자가 아니라 사람이 움직이는 공간이어야 한다.

그리고 이 질문은 우리 삶으로 확장된다. 오늘날 우리는 모두 데이터를 기반으로 기록·관리·평가되는 시대를 살아간다. 건강은 수치로 확인되고 관계는 통계로 해석되며, 감정조차 알고리즘의 권고에 따라 소비된다. 그러나 삶은 결코 표준화될 수 없다. 인간은 언제나 예측을 빗나가는 예외를 창조하는 존재다. 숫자를 넘어 전율하고, 실패를 딛고 다시 몸을 던지는 감각. 그 야성이 회복될 때 축구와 삶은 비로소 살아 숨 쉬는 경험의 장이 된다.

메시의 아디다스 vs. 호날두의 나이키 : 시뮬라크르

2022년 카타르 월드컵을 앞두고 전 세계 팬들의 이목을 끈 두 개의 광고가 있었다. 하나는 나이키의 '나이키 멀티버스'였다. 수많은 시공간이 교차하는 다차원 우주에서 호나우두, 다비즈, 호나우지뉴, 호날두, 음바페, 반다이크가 가상의 시뮬레이션 경기에서 맞붙는다. 이는 실재와 가상을 교묘히 뒤섞어 브랜드가 현실 자체를 창조하는 듯한 감각을 만들어냈다.

다른 하나는 아디다스의 광고였다. 메시, 벨링엄, 페드리, 벤제마, 손흥민, 하키미, 나브리가 한 팀을 이루어 '이상적인 축구'를 구현한다. 이는 팬들이 꿈꾸는 판타지를 시각화하며 우리가 응원하고 싶은 축구의 像을 직접적으로 보여줬다.

이 광고들은 더 이상 마케팅 영상에만 머무르지 않는다. 팬의 심장을 정조준하며 '누가 더 잘하는가'가 아니라 '누구에게 더 끌리는가'를 묻는다. 이제 경기력보다 이미지가 먼저 감각을 장악한다. 결국 선수의 기량보다 이미지 설계가 팬의 인식을 선점하는 구조가 형성되었다. 축구는 이제 광고, 유니폼, SNS 콘텐츠, 브랜드 협찬, 심지어 헤어스타일과 골 세리머니까지 아우르는 이미지의 종합예술이 된 것이다.

▌시뮬라크르: 브랜드가 점령한 경기장

오늘날 축구장은 이미지와 욕망이 끝없이 복제되고 충돌하는, 거대한 '시뮬라크르'의 전쟁터다. 아디다스와 나이키 같은 글로벌 브랜드는 이제 욕망을 설계하고 판매하는 기호 체계로 기능한다.

사회철학자 장 보드리야르는 『시뮬라시옹』[156]에서 현대 사회를 "복제된 이미지가 실제보다 더 진짜처럼 소비되는 세계"라 설명했다. 그는 이를 '시뮬라크르'simulacrum라고 불렀다. 축구 역시 예외가 아니다. 과거에는 사람들이 경기장에 가서 직접 경기를 보고, 현장에서 감동과 실망을 온몸으로 체험했다. 그러나 지금은 다르다. 팬은 경기를 보기 전부터 이미 광고 속 이미지, SNS 하이라이트, 브랜드 콘텐츠를 통해 선수에 대한 감정과 기대를 형성한다. 경기는 나중에 오고 이미지가 먼저 도착한다. 이제 축구는 점점 더 이미지로 기억되고 기호로 소비되는 세계가 되고 있다.

보드리야르는 시뮬라크르를 모방이나 흉내로만 보지 않았다. 이미지란 원래 현실을 재현하는 데서 출발하지만 어느 순간부터는 오히려 그 복제가 원본을 밀어내고 대체해버린다는 것이 핵심 주장이다. 그는 이 과정을 네 단계로 설명한다.

첫 번째는 현실을 충실히 반영하는 단계다. 거울처럼 현실을 있는 그대로 비추려는 이미지다. 두 번째는 현실을 약간 각색하고 꾸민 단계다. 실제보다 더 보기 좋게, 더 극적으로 구성된 표현이 여기에 속한다. 세 번째 단계에서는 이미지가 더 이상 현실을 참조하지 않는다. 이때 이미지는 자율성을 획득하며 현실과의 연결고리를 끊어낸다. 마지막 네 번째가 하이퍼리얼리티다. 가짜가 진짜를 압도하고, 복제된 이미지가 원본보다 더 강렬한 단계다. 사람들은 이제 무엇이 진짜인지 굳이 구분하려 하지 않는다.

특히 네 번째 단계에서 이미지는 현실을 초월한다. 팬들이 경기를 보기 전에 이미 광고 장면, 인터뷰 클립, 브랜드 서사를 통해 선수를 기억하는 이유가 여기에 있다. 현실보다 앞서 이미지가 감각을 지배하는 것이다. "메시는 신이야"라는 말은 그의 모든 경기를 분석한 결론이 아니라 광고 속 표정과 상징화된 서사로 각인된 이미지다.

철학자 기 드보르는 『스펙타클의 사회』[157]에서 현대 자본주의가 삶의 실질적 경험을 대체하는 이미지 체계를 구축했다고 지적한다. 그에 따르면 스펙타클은 사람들이 서로 관계를 맺고 세상을 이해하는 방식을 이미지가 대신하는 구조였다. 우리는 삶을 직접 살아가기보다 이미지화된 삶을 소비하는 데 점점 더 익숙해졌다. 축구 역시 다르지 않다. 경기를 보기도 전에 우리는 이미 광고, 하이라이트, 브랜드 서사로 편집된 '이미지로서의 축구'를 먼저 소비한다. 이러한 경험 방식은 일상생활 전반에서 감각과 현실의 경계를 재편한다.

나이키 vs. 아디다스: 상징의 마케팅 전략

축구의 경쟁은 더 이상 경기장 안에서만 벌어지지 않는다. 글로벌 브랜드의 이미지 전쟁은 경기력과 무관하게 팬들의 감각을 지배

　　　　　　　　　　　　　　　　　　　골 때리는 인문학

한다. 나이키는 "Just Do It"이라는 슬로건 아래 호날두, 음바페, 홀란드 같은 강인함과 속도, 도전 정신을 상징하는 선수들을 전면에 세운다. 그들은 하나의 세계관과 가치 체계를 대표하는 얼굴이다. 나이키의 광고는 언제나 영웅 서사를 담고 있다. 평범한 소년이 고된 훈련 끝에 스타가 되는 이야기, 운명을 거스르는 인간 의지를 강조하며, 팬들에게 "너도 할 수 있다"는 자기계발의 환상을 심어준다.

반대로 아디다스는 메시, 살라흐, 이강인처럼 기술적 완성도와 집중력을 상징하는 선수들과 함께 전통, 유산, 팀워크를 강조한다. 나이키가 개인 영웅의 서사를 앞세운다면 아디다스는 공동체적 이상과 유산을 강조한다. "Impossible is Nothing"이라는 문구는 한계에 도전하고 불가능을 현실로 바꾸는 이상주의적 메시지를 전하며, 각 선수는 더 큰 유산에 속한 팀 플레이어로 그려진다.

이 두 브랜드의 전략은 팬의 정체성과 감각을 형성하는 하나의 문화 서사다. 나이키는 '개인의 신화'를, 아디다스는 '공동체의 이상'을 팔고 있는 셈이다. 팬들의 선택은 자신이 어떤 세계관을 지지하는지 보여주는 무의식적 선언이 된다.

오늘날 축구는 브랜드 서사가 충돌하는 거대한 문화적 전쟁터다. 이제 중요한 것은 경기의 승패보다 누가 더 강렬한 상징을 만들어내는가다. 축구의 감각은 브랜드가 설계한 신화 속에서 소비되고 있다.

브랜드 다극화와 시뮬라크르의 다중화

이제 축구화 시장은 나이키와 아디다스의 전유물이 아니다. 푸마, 언더아머, 스케쳐스, 뉴발란스, 미즈노 같은 브랜드들이 합류하며 경쟁 구도는 다극화되었다. 이들은 시장 점유율만을 두고 다투지 않고 각자의 서사와 감각, 정체성을 무기로 또 다른 층위의 시뮬라크르를 구축한다.

대표적인 예가 스케쳐스다. 2023년, 이들은 해리 케인과 계약을 맺으며 축구화 시장에 본격적으로 뛰어들었다. '편안함'과 '일상의 안정감'을 내세우던 운동화 브랜드가 스타 선수를 앞세워 '최고 무대에서 검증된 기능성'을 강조한 것이다. 스케쳐스는 기술적 완성도보다 '믿을 수 있는 일상성'에 집중하며, 비주류에서 주류로의 전환 가능성을 상징적으로 보여주었다.

푸마는 보다 감각적이고 개성적인 전략을 택했다. 네이마르와의 파트너십을 통해 브랜드를 '스타일'과 '정체성'의 확장된 공간으로 만들었다. 축구장을 패션 런웨이처럼 뒤바꾸며 개인의 감성과 거리 문화를 결합한다. 그들은 묻는다. "당신은 어떤 태도로 삶을 드리블할 것인가?"

언더아머는 철저히 퍼포먼스 중심의 세계를 구축한다. '기능성'을 자기 극복과 훈련의 서사로 풀어내며 피지컬 경쟁과 체력, 근육의 잠재력을 강조한다. 이는 자기계발과 성취를 중시하는 젊은 세대와 강하게 결합된다. 언더아머는 축구화를 '당신의 한계를 넘어서는 무기'로 제시하며 강인한 시뮬라크르를 설계한다.

뉴발란스는 조용하지만 뚜렷한 길을 걷는다. 스털링, 사카, 마네 등 개성 강한 선수들을 내세우며 '균형 잡힌 퍼포먼스'와 '도시적 세련미'를 결합한다. 과시보다 절제, 화려함보다 정체성의 깊이를 강조하며 '고요한 자신감'이라는 이미지를 구축했다. 뉴발란스의 시뮬라크르는 과잉된 주목보다 '소수의 선택'이라는 자기 확신의 미학에 가깝다.

미즈노는 또 다른 결의 시뮬라크르를 제시한다. 미즈노 '모렐리아' 는 내가 선수 시절 가장 애정했던 축구화 모델이었다. 과장된 색채나 기능을 앞세우지 않고 오직 착용감과 기술적 완성도로 승부하는 이 축구화는 절제 속에서 압도적 신뢰를 주었다. 미즈노는 '말 없는 장인 정신'을 핵심 이미지로 삼아 화려한 광고 대신 현장 중심의 사용자 경험으로 브랜드 가치를 전파했다. 화려한 포장 없이 오직 기술과 진정성으로, '진짜 기술은 설명하지 않아도 몸이 먼저 안다'는 사실을 묵묵히 증명한다.

이처럼 브랜드의 세계는 하나의 중심 신화에 묶이지 않는다. 각기 다른 철학과 감각이 충돌하며 다중 시뮬라크르의 장을 만들어낸다. 보드리야르의 말처럼 복제가 반복될수록 현실과의 거리는 멀어지고 결국 독립적인 세계가 형성된다. 축구 브랜드 시장에서도 나이키와 아디다스의 '원본 신화'는 해체되고 각 브랜드가 자신만의 우주를 구축하는 흐름이 자리 잡았다.

오늘날 팬들은 더 이상 어느 브랜드가 진짜인가를 묻지 않는다. 오히려 각자의 감각에 맞는 서사와 이미지를 선택해 그 속으로 자발적으로 들어간다. 브랜드는 매혹적인 환상을 설계하는 세계이고 팬은 그 환상 속에서 자신을 발견하며 기꺼이 속는다. 진짜보다 더 진짜 같은 브랜드의 세계, 그것이 현대 축구가 존재하는 또 다른 차원이다.

팬의 정체성과 욕망은 어떻게 소비되는가

보드리야르가 말한 시뮬라크르의 핵심은 욕망이 실현되지

않은 채 반복된 이미지 속에서 소비된다는 데 있다. 팬들은 유니폼, 광고, SNS 콘텐츠 같은 '축구적 이미지'를 거듭 접하며 어느 순간 자신이 그 이미지 안에 속해 있다고 느낀다. 이때 그의 선택은 자신이 누구이며 어디에 속하는지를 결정짓는 감정적 행위가 된다.

한 팬은 말한다. "나이키 유니폼을 입어야 진짜 축구하는 느낌이 난다." 또 다른 팬은 말한다. "아디다스는 클래식한 감성이 있어서 축구 본연의 느낌을 지켜주는 것 같아요." 이 고백은 브랜드라는 거울에 비추어 스스로를 설명하고 증명하려는 무의식적 욕망이다. 팬들은 어떤 세계관에 자신을 동일시할지를 고르고, 그 선택이 곧 정체성을 형성하는 방식이 된다.

오늘날 브랜드는 정체성의 기호이자 라이프스타일의 언어다. 유니폼은 내가 누구인지를 드러내는 표식이고, SNS 콘텐츠는 브랜드가 창조한 감정의 세계에 참여하는 행위다.

브랜드의 영향은 패션, 음악, 게임, 청소년 문화와 결합하며 삶 전반으로 확장된다. 결국 팬은 경기를 보기도 전에 이미 브랜드의 세계관에 들어서 있으며, 그 감각 속에서 선수와 팀을 바라보게 된다.

얼굴의 소유권: 초상권과 이미지의 상품화

보드리야르가 말한 시뮬라크르는 원본이 더 이상 존재하지 않는 복제 이미지의 세계다. 축구에서 이는 '선수의 이미지'가 거래되고 소비된다는 뜻이다. 인간으로서의 인격은 증발하고 유니폼 입은 얼굴과 연출된 몸짓만이 상품으로 유통된다. 이것이 스포츠 자본주의의 서늘한 민낯이다.

  골 때리는 인문학

이 과정에서 가장 첨예한 쟁점이 초상권이다. 초상권은 '나'라는 존재가 사회에 어떻게 드러나고 어떤 방식으로 소비되는지를 규정하는 문화적 소유권이다. 오늘날 축구선수의 얼굴은 팬에게는 감정의 대상이고 기업에는 브랜드 자산이며 구단에는 비즈니스 모델이다.

프랑스의 음바페는 대표팀 상업 촬영을 거부하며 축구협회와 대립했고, 네이마르는 구단·스폰서와 갈등을 겪으며 광고 이미지에 대한 통제권을 직접 주장했다. 이제 선수는 하나의 '이미지 자산'으로 간주된다. 심지어 어떤 선수는 자신이 SNS에 올리는 사진조차 구단의 승인 없이는 게시할 수 없는 계약에 묶인다. 얼굴이 구단 소속의 시뮬라크르가 되는 셈이다.

복제된 얼굴은 이제 가상세계에서도 떠돈다. EA SPORTS의 FIFA 온라인(현 FC 온라인의 전신)은 선수 얼굴과 이름을 게임 아이템으로 구현해 판매했다. 메시, 호날두는 실제 인물이라기보다 '등급'과 '강화 수치'로 거래되는 캐릭터다. 이때 게임 속 이미지는 실존 인물을 흉내내는 수준을 넘어, 원본을 집어삼키고 더 강력한 '현실 같은 가상'으로 군림한다.

우리는 어느새 실제 경기보다 유튜브와 게임 속 '가상 선수'를 더 자주 만난다. 팬들은 플레이스테이션에서 메시를 조작하며, 경기장 밖에서 '리얼 축구'를 소비한다. 현장보다 스크린에서 더 생생한 감각을 느끼는 역전 현상이 벌어진 것이다. 중요한 것은 팬들이 소비하는 대상이 '메시'라는 이름의 이미지, 아이템, 브랜드라는 점이다.

이를 보여주는 대표적 사건이 있다. 2020년, 즐라탄 이브라히모비치는 트위터에 이렇게 적었다. "나는 EA SPORTS와 어떤 계약도 맺은 적이 없으며, 누가 내 얼굴과 이름을 FIFA에서 쓰도록 허락했는지 알고 싶다."[158] 이 문제제기는 축구선수의 정체성과 이미지가 구단, 리그, 에이전시, 게임사 간 계약망 속에서 어떻게 사유화되고 있는지를 드러낸 사례였다.

보드리야르의 언어로 보자면, 초상권 논쟁은 축구선수가 더 이상 '실재하는 인물'로 인식되지 않고 복제 가능한 상징으로만 존재하는 시대적 징후다. 팬들은 선수의 플레이보다 인스타그램 광고와 유튜브 하이라이트를 통해 그를 소비한다. 선수의 몸은 브랜드와 마케팅의 표식으로 전환된 시뮬라크르다.

결국 다음과 같은 질문이 나올 수밖에 없다. 우리는 메시를 응원하는가, 아니면 메시가 입은 아디다스를 소비하는가? 우리는 호날두를 기억하는가, 아니면 광고 속 이미지로 편집된 호날두를 떠올리는가? 축구는 더 이상 경기장의 진실을 말하지 않는다. 복제되고 편집된 이미지의 세계 속에서 누구의 소유도 아닌 얼굴들이 서로 경쟁하는 광고 전쟁의 장이 되었다.

시뮬라크르의 시대, 우리는 무엇을 보고 있는가

보드리야르의 시선에서 오늘날 축구는 경기장 안팎에서 끊임없이 이미지가 생산되고 소비되는 거대한 축제의 공간이다. 나이키와 아디다스는 이제 '누가 더 매혹적인 세계관을 설계하느냐'를 두고 경쟁한다. 중요한 것은 팬의 감각을 사로잡는 서사의 힘이다.

여기서 질문이 생긴다. 지금 우리가 보고 있는 '진짜'는 무엇인가? 우리는 경기 그 자체를 보는가, 아니면 브랜드가 연출한 이미지 위를 떠도는가? SNS 속 꾸며진 일상, 광고가 그려낸 이상적인 가족, 유튜브 편집본으로 소비되는 감동, 브랜드가 조율한 선수의 말과 제스처… 이 모든 것은 현실과 복제의 경계를 흐리게 만든다.

우리는 지금 무엇을 보고, 무엇을 믿고 있는가? 축구는 이 질문을 던지는 하나의 거울이다. 시뮬라크르의 시대, 우리가 되찾아야 할 것은 '진짜 경험'이다. 진짜 감각과 연결은 외부에서 주입되지 않는다. 그것은 "나는 지금 무엇을 보고 있는가"라는 스스로를 향한 치열한 물음 속에서만 발견된다.

나는 지금 무엇을 소비하고 있는가? 그것은 진짜인가, 아니면 복제된 진짜인가? 이 질문은 더 이상 스포츠만의 문제가 아니다. 우리가 어떤 방식으로 이 세계를 살아가고 있는가에 대한 근본적인 물음이다.

38

알고리즘과 함께 뛰는 사람들: 인간과 기술의 공진화

오늘날 축구 팬은 더 이상 경기장에 가지 않아도 끊임없이 경기에 '참여'할 수 있다. 스마트폰 앱으로 실시간 데이터를 분석하고 SNS에서 선수와 직접 소통하며, 유튜브나 다양한 디지털 플랫폼을 통해 하이라이트를 소비한다. 팬은 이제 관중석에 머무는 구경꾼이 아니다. 데이터를 해석하고 콘텐츠를 퍼 나르며, 알고리즘의 파도 속에서 경기를 함께 써 내려가는 참여자다.

선수도 마찬가지다. 디지털 장비를 통해 팬의 반응을 실시간으로 확인하고 SNS에서 스스로의 이미지를 관리하며, 팬들과의 소통을 바탕으로 경기 밖에서의 주체성까지 조율한다. 기술은 이제 선수의 움직임뿐 아니라 감정과 태도, 언어까지 포착하는 새로운 시선을 제공한다. 오늘날 축구는 기술 없이는 설명할 수 없는 거대한 사회적 관계망이 되었다.

그렇다면 기술은 단지 팬과 선수를 연결하는 도구일 뿐일까? 기술은 연결하는 동시에 그들의 존재를 다시 구성한다. 축구의 주체는 시스템 안에서 끊임없이 새롭게 만들어진다. 우리는 지금, 디지털 축구 속에서 어떤 인간을 그리고 있는가?

팬과 선수, 기술로 연결된 주체

철학자 질베르 시몽동에 따르면, 기술은 인간을 둘러싸고 작동하면서 인간의 정체성과 관계, 감각과 판단의 방식을 재구성하는 체계다. 다시 말해 기술은 인간을 돕는 도구에 그치지 않고 인간이라는 존재를 새롭게 정의하고 다시 쓰는 거대한 서사다. 인간은 기술과의 상호작용 속에서 새로운 존재 방식으로 끊임없이 형성된다.

이 관점은 디지털 시대의 축구에도 그대로 적용된다. 팬과 선수라는 주체는 기술을 통과하면서 다시 만들어진다. 축구는 이제 인간이 기술을 사용하는 것에서 기술이 인간을 재편하며 형성되는 문화적 공간으로 전환되고 있다.

시몽동은 『기술적 대상들의 존재 양식에 대하여』[159]에서 기술을 인간과 분리된 외부의 사물로 보지않고, 오히려 인간과 함께 진화하는 존재로 보았다. 그에게 기술은 인간이 만든 도구이자 동시에 인간을 다시 빚어내는 힘이었다. 우리는 기술을 발명하고 사용하지만 그 과정에서 기술 역시 우리의 감각, 사고방식, 욕망을 재구성하며 '인간이란 무엇인가'를 끊임없이 다시 쓰게 만든다. 시몽동은 이 관계를 '공진화'co-evolution, 즉 인간과 기술이 함께 변하는 과정이라 불렀다.

따라서 기술은 인간의 욕망을 구성하고 정체성을 재배치하는 능동적 주체로 작동한다. 이 관점에서 보면 오늘날 축구 환경은 기술을 통해 팬과 선수가 새로운 방식으로 '다시 쓰이는' 현장이다. 팬은 데이터를 통해 '더 알고 싶어 하는 존재'로 재구성되고 선수는 디지털 플랫폼 속에서 '더 보여지고 싶어 하는 존재'로 형성된다. 기술은 인간을 이어주는 다리에 만족하지 않고, 우리가 서로를 바라보고 욕망하는 방식 자체를 재설계한다.

사회학자 안드리안 맥켄지도 시몽동의 사유를 이어받아, 기술이 인간의 능력을 보조하거나 확장하는 수준을 넘어 인간의 욕망과 인식을 구성하고 세계에 참여하는 방식을 근본적으로 바꾼다고 분석했다.[160]

이처럼 기술은 인간의 정체성을 구성하는 조건이며 사회적 관계를 적극 설계한다. 시몽동과 맥켄지의 통찰은 오늘날 축구를 새롭게 이해하는 틀을 제공한다. 축구에서 기술은 팬과 선수의 위치를 재배치하고 그들의 역할과 정체성을 다시 쓰는 새로운 언어다.

추천 알고리즘의 정치학: 팬의 욕망은 어떻게 설계되는가

현대 축구팬의 욕망은 기술에 의해 점점 더 정교하게 빚어진다. 팬은 실시간 데이터를 통해 선수의 움직임을 추적하고 전술적 결정을 분석하며, SNS 댓글 창에서 즉각적으로 의견을 나눈다. 팬의 열광 역시 수치와 피드백 사이에서 끊임없이 조정된다. 그렇게 팬은 데이터를 매개로 '더 알고 싶어 하는 주체'가 된다.

그러나 이 '앎의 욕망'은 결코 중립적이지 않다. 추천 알고리즘과 맞춤형 콘텐츠는 팬이 원하는 것을 보여주는 듯하지만 실제로는 그가

　　　　　　　　　　　　　　골 때리는 인문학

무엇을 원하게 될지를 설계한다. 팬은 자신이 선택한다고 믿지만 그 선택의 구조는 이미 기술이 짜놓은 틀 속에 놓여 있다.

예를 들어 유튜브 알고리즘은 팬이 특정 선수나 클럽의 영상을 몇 번 클릭하기만 해도 '이강인의 천재성', '손흥민의 훈련 루틴', '메시 vs. 호날두 비교' 같은 유사한 콘텐츠를 끝없이 추천한다. 팬은 자신이 자율적으로 흥미를 확장한다고 믿지만 사실은 알고리즘이 예측한 각본 안으로 더 깊숙이 걸어 들어가는 중이다. 추천은 선택지를 넓히는 것 같지만 실제로는 감정과 해석을 특정 방향으로 이끄는 장치다.

이 반복적 구조는 팬덤 내 경쟁 구도와 지역적·국가적 감정을 자극한다. '더 알고 싶다'는 욕망은 어느새 '더 확신하고 싶다'는 집착으로 바뀌고, 내 선수는 무결점이어야 하며, 지지하는 팀의 승리는 반드시 정당해야 한다는 집착으로 번져간다. 결국 기술은 팬의 판단을 배열하고 취향을 정치화하는 권력 기제로 작동한다.

시몽동의 관점에서 보면, 이러한 경험은 정체성 형성과 재구성 과정이다. 팬은 기술 시스템 안에서 자신이 어떤 존재인지, 무엇을 원하는지를 끊임없이 다시 써 내려가는 주체가 된다. 다시 말해 그는 기술이 설계한 시선 속에서 '보고 있는 나'를 끊임없이 만들어간다. 요컨대 팬은 정보를 소비하면서도 동시에 플랫폼이 짠 내러티브에서 살아가고 있는 것이다.

기술 시대의 선수, 디지털로 구성된 주체

선수도 기술 속에서 정체성을 새로 만든다. 웨어러블은 뜨거운 육체를 차가운 숫자로 치환하고 SNS는 이미지를 브랜드로 포장하며, 플랫폼은 선수의 삶을 '팔리는 콘텐츠'로 편집한다. 그는 '보여지는 존재'로 살아가며 감시받는 자아를 받아들인다.

SNS에서 팬과 소통하며 구축되는 친근한 이미지, 인터뷰와 브이로그를 통해 전달되는 사적 서사… 과연 이들은 현실을 투명하게 드러내고 있을까? 사실 그것은 알고리즘이 선택하고 배치한 '상품화된 나'라는 새로운 구성물이다. 자유로운 자기표현처럼 보이지만 실상은 플랫폼의 상업적 논리 속에서 기획된 '상품화된 자아'인 셈이다.

시몽동의 시선으로 보면 이는 곧 기술이 선수의 정체성을 '창조'하는 과정이다. 선수는 팬의 반응, 플랫폼 알고리즘, 미디어의 시선 속에서 끊임없이 갱신되고 재조립되는 존재다. 기술은 그의 몸을 측정하고 감시하는 데 그치지 않는다. 감정, 인격, 존재 방식까지 재구성하며, 선수는 그라운드 위와 디지털 세계를 동시에 살아내는 가변적 주체가 된다.

축구와 기술의 관계를 다시 생각하다

시몽동의 철학은 축구를 통해 인간과 기술의 관계를 새롭게 성찰하게 한다. 기술은 인간을 더 자유롭고 창의적인 존재로 이끌 수 있지만 동시에 인간을 수동적인 데이터 소비자로 전락시킬 위험도 품고 있다. 팬과 선수가 진정한 주체로 남으려면 기술을 "자신의 정체성을 능동적으로 구성하는 방식"으로 사용해야 한다.

디지털 시대의 축구는 기술과 인간의 관계가 '공진화'임을 보여주는 대표적 사례다. 팬은 주어진 정보를 삼키는 소비자에 머물지 않고 데이터를 해석하고 욕망을 조율하며 자신만의 시선으로 축구를 재구

골 때리는 인문학

성하는 '주체적 해석자'다. 선수 역시 기술 속에서 이미지를 구축하고 정체성을 재배치하며, 훈련된 육체를 넘어 '디지털 시대의 표현자'로 변화한다.

오늘날 축구장은 데이터와 욕망, 기술과 감각이 교차하는 장場이며 인간이 자신을 새롭게 구성하는 무대다. 이 풍경은 축구에만 머물지 않는다. 기술은 우리의 일상과 감정을 어떻게 바꾸고 있는가로 확장되며, 이는 더 넓은 현실을 향한 근본적인 물음으로 이어진다.

알고리즘 시대의 나를 묻다

오늘날 알고리즘은 일상의 거의 모든 영역에서 우리의 선택을 유도하고 감정을 배열하며 정체성을 형성한다. 유튜브와 SNS의 추천 시스템은 겉으로는 보고 싶은 것을 반영하는 듯 보이지만 실제로는 우리가 '믿고 싶어하게 될 것'을 설계한다. 그 결과 우리는 점점 한 방향으로 미끄러진다. 낯선 관점과 부딪히는 대신 거울처럼 닮은 생각만 반복해 마주하고, 그 속에서 우리의 확신은 기술이 배치한 구조에 의해 강화된다.

이 알고리즘적 감정 구조는 사회 전체를 점점 더 극단적인 진영으로 몰아넣는다. '더 알고 싶다'는 욕망은 쉽게 '더 확신하고 싶다'는 태도로 바뀌고, 이는 곧 '나만 옳다'는 분노로 이어진다. 분열과 대립은 기술이 설계한 서사 구조 속에서 증폭된 감정의 결과다. 우리는 점점 더 기술이 짠 내러티브 안에서 살아가고 있는 셈이다.

시몽동은 기술을 인간과 함께 진화하는 존재 조건이자 삶을 구성하는 질서로 보았다. 그렇다면 우리는 다시 물어야 한다. 나는 지금 어떤 기술 속에서 살고 있는가? 그리고 그 기술은 나를 어떤 인간으로 만들고 있는가?

기술은 우리의 삶을 더욱 풍요롭고 창의적으로 만들 수 있다. 그러나 욕망을 조율하고 감정을 설계하며 관계와 정체성까지 통제하는 구조로 작동할 때, 기술은 더 이상 중립적 매개체가 아니다.

그렇다면 우리는 기술에 의해 만들어진 존재로 남을 것인가, 아니면 기술과 함께 스스로를 다시 창조하는 존재로 나아갈 것인가. 이 물음은 축구장에만 머물지 않는다.

골 때리는 인문학

사이보그 선수:
정체성과 경계의 유동성

요즘 선수들은 훈련할 때 몸에 온갖 센서를 달고 뛴다. 심박수, 근육 피로도, 스프린트 속도, 회복 시간까지, 모든 것이 숫자로 기록된다. 이제 몸은 끊임없이 읽히고 해석되는 '데이터 집합'으로 보인다.

웨어러블 기기와 인공지능 분석은 경기력 향상을 위한 필수 장비가 되었다. 직관이나 느낌은 점점 설 자리를 잃는다. 대표적인 예가 2015년 맨체스터 시티가 도입한 'SAP 경기력 분석 시스템'이다. 이 팀은 경기 중에도 태블릿을 통해 선수들의 히트맵, 패스 방향, 속도를 실시간으로 분석했고, 감독은 그 데이터를 근거로 교체 타이밍과 전술을 결정했다. 감독의 '직관'은 데이터 앞에서 침묵하고, 선수의 '감각'은 수치 앞에서 신뢰를 잃는다.

결국 웨어러블을 입은 선수는 자기 몸을 느끼기보다 측정된 수치를 통해 몸을 인식한다. 자기 몸을 가장 잘 알만 한 존재가 이제는 역설적이게도 숫자를 거쳐서야 자기 자신을 알게 된 것이다.

사이보그 선언

"기계가 우리를 닮아갈수록, 우리는 기계가 되어간다."[161] 이 말처럼 오늘날 우리는 이미 인간과 기술의 경계가 희미해진 세상에 살고 있다. 이 변화를 철학적으로 가장 먼저 제시한 인물이 과학자 도나 해러웨이다.

해러웨이는 『해러웨이 선언문』[162]에서 사이보그cyborg라는 개념을 제시했다. 사이보그는 인간·동물·기술·정보가 뒤섞여 형성된 새로운 존재를 뜻한다. 그녀가 말한 사이보그는 인간과 기계, 자연과 문명의 경계가 허물어진 존재이자, 고정되지 않고 끊임없이 다시 태어나는 유동적 인간이다. 인간과 기계, 남성과 여성, 현실과 허구 같은 전통적 구분은 사이보그 앞에서 힘을 잃는다.

즉 사이보그는 이분법적 세계관을 초월한다. 특정 정체성에 묶이지 않고, 기술과 함께 진화하며 살아가는 인간이 오늘날의 사이보그다. 그리고 그 경계 위에서 새로운 서사 주체들이 등장한다.

이와 관련해 사회학자 데보라 럽튼은, 현대인은 이미 기술과 긴밀히 결합된 존재라고 지적한다. 스마트워치 같은 기기를 통해 걸음 수, 심박수, 칼로리 소모량을 확인하며 몸과 정체성을 기술적으로 관리하는 순간 우리는 모두 사이보그적 인간으로 살아가고 있다는 것이다.[163]

예를 들어보자. 당신이 스마트워치를 차고 신체 활동량과 생체리듬 변화를 확인한다고 하자. 그 데이터를 바탕으로 운동량을 조절하고 컨디션을 판단한다면 이미 당신은 자신의 몸을 기술과 연결해 살아가는 '사이보그적 인간'이다. 이런 변화는 자연스럽지만 동시에 우

　　　　　　　　　　　　골 때리는 인문학

리 삶을 근본적으로 바꾸고 있다.

축구선수도 다르지 않다. 웨어러블 기기로 데이터를 수집하고 인 공지능 분석에 따라 훈련하며, 회복 과정까지 센서와 앱으로 관리받는다. 이제 선수는 기술과 결합된 존재, 곧 해러웨이가 말한 사이보그다. 그래서 기술은 경기력뿐 아니라 선수의 정체성을 규정하는 핵심 조건이다.

결국 해러웨이가 말한 사이보그는 미래에 나타날 인간상이 아니다. 이미 우리가 된 존재다. 그리고 축구는 그 변화를 가장 선명하게 드러내는 무대 중 하나다.

대표적인 예가 스마트 유니폼과 웨어러블 트래커다. 선수는 조끼 하나만 입어도 움직임, 심박수, 속도, 스프린트 횟수를 실시간으로 피드백 받을 수 있다. 감독은 이를 분석해 훈련 강도를 조절하고, 특정 구간에서 떨어지는 집중력이나 회복력을 수치로 확인한다.

인공지능 코칭 플랫폼은 선수의 패턴을 학습해 상대 분석과 전술적 피드백을 자동으로 제공한다. 어떤 선수는 AI가 추천한 슈팅 위치에서 골 성공률을 높였고, 또 다른 선수는 데이터 분석 덕분에 부상 위험을 미리 피했다.

하지만 중요한 질문이 남는다. 과연 이 기술이 선수의 감각을 확장하기만 하는가, 아니면 인간적인 직관과 불확실성을 밀어내는 것은 아닌가? 선수는 점점 더 기계처럼 움직인다. 일정한 속도, 예측 가능한 패턴, 프로그램된 피드백 속에서 말이다. 반면 실수, 감정, 리듬, 흐름 같은 비정형적 요소들은 시스템 밖으로 밀려난다. 역설적이게도 기술은 완벽을 추구한다는 명목 아래 가장 먼저 '인간다움'을 제물로 바치고 있는지도 모른다.

퍼포먼스 데이터의 시대

이제 선수의 몸은 데이터로 구성되고 알고리즘으로 해석되는 정보의 집합체다. 이러한 변화를 주도하는 것은 스포츠 테크놀로지 기업들이다. 그들은 경기 중 움직임을 추적하고 체력 소모를 분석하며, 회복을 설계하고 전술적 판단까지 예측한다.

대표적 사례가 AI 기반의 리커버리·부상 예측 플랫폼인 'Zone7'이다. 유럽의 여러 구단이 도입한 이 시스템은 선수의 운동 부하, 심박수, 훈련 패턴을 분석해 부상 위험도를 예측하고 회복 시기와 훈련 강도까지 조정한다. 리버풀, 퀸즈 파크 레인저스, 나폴리, 로스앤젤레스FC 선수들은 이를 통해 부상을 줄이고 일정 관리까지 도움을 받는다.

'Catapult Sports'는 웨어러블 장비로 GPS 위치, 충돌 강도, 스프린트 속도를 실시간 수집한다. 이 데이터는 체력 분석에 그치지 않고 포지션별 움직임의 효율성, 전술 실행 정확도, 집중력 유지 시간 등 경기력 평가 전반에 활용된다.

'STAT Sports'는 잉글랜드 대표팀과 프리미어리그 구단에 널리 쓰인다. 선수별 로딩 밸런스와 부하 분산, 경기 중 핫존 활동량을 분석해 기술 코치와 전략 코치 모두에게 필요한 정보를 제공한다.

한국에서도 이 흐름은 빠르게 확산 중이다. '핏투게더'Fitogether는 GPS 웨어러블 '오코치'OHCOACH로 선수 움직임을 수집해 훈련 강도와 부상 가능성을 관리한다. '비프로컴퍼니'Bepro Company는 영상 기반

골 때리는 인문학

분석으로 패스 연결, 드리블 빈도, 볼 터치 위치 등을 자동 추출해 K리그뿐 아니라 해외 클럽과도 협업을 늘려가고 있다.

현대 축구에서 선수는 철저히 측정되고 해부되며, 오직 효율을 위해 최적화되는 관리 대상이다. 신체 컨디셔닝과 경기력 분석은 더 이상 분리되지 않는다. 감각과 판단, 움직임과 전략은 하나의 데이터 흐름 속에서 설계되고 해석된다. 결국 기술은 선수라는 존재 자체를 재구성하고 있다.

기술은 진보일까, 경계의 재설정일까

해러웨이가 말한 사이보그는 기술과 결합해 새로운 방식으로 살아가는 존재, 곧 정체성과 경계의 유동성을 상징하는 은유다. 사이보그는 경계 밖의 괴물이 아니다. 오히려 인간과 비인간을 나누던 그 경계선 위에서 우리를 흔들고 있는 존재다. 우리는 인간에게는 직관이 있고 감정이 있으며, 실수하기도 하고 예측 불가능하며, 때로는 감동을 만들어낸다고 규정해왔다.

그러나 사이보그화된 축구선수는 이 정의를 흔든다. 몸은 기술에 의해 재조직되고 감정은 수치화되며, 판단은 알고리즘으로 대체된다. 기술은 선수의 정체성 내부로 스며들어 하나의 언어처럼 작동한다. 그리고 그것은 중립적이지 않다. 오히려 '무엇을 인간이라 부를 것인가'라는 정의 자체를 바꾸기 시작했다.

오늘날 축구는 더 정밀해지고 더 과학적이며 더 효율적인 경기로 변했다. 하지만 동시에 더 예측 가능하고 평준화되며, 감정이 얇아진 경기로 변해가고 있다. 정량화 논리가 극적인 순간의 감정을 점점 밀어내고 있는 것이다.

기계의 수치가 아닌 나의 감각으로

현대 축구는 기술과 함께 달리고 있다. 웨어러블을 착용하고 피드백을 받고 감정 표현 방식까지 학습한다. 그 과정에서 선수는 인간일까, 아니면 데이터화된 기계일까? 이 질문은 점점 더 기계와 결합해가는 우리의 일상으로 확장된다.

오늘날 우리는 언제 쉬고 움직일지를 시계가 알려주는 세상에 살고 있다. '잘 살고 있는가?'라는 질문에 스스로 답하기보다 기기의 수치와 그래프를 확인하며 안심하거나 불안해한다. 몸의 감각은 점점 둔화되고 대신 숫자와 알림이 내 몸을 느끼는 방식이 된다.

저널리스트 린지 크라우스는 어느 날 스마트워치를 벗고 아날로그 시계를 찼다. 자신의 몸과 감각을 믿는 삶으로 다시 돌아간 것이다. 그녀는 기계에 안녕을 맡기기보다 스스로의 리듬에 귀 기울이겠다는 전환을 택했다. '자기 감시'self-surveillance에서 '자기 인식'self-awareness으로의 전환이었다.

그녀는 이렇게 말한다. "우리의 안녕을 기계에 맡기고 숫자로 환산하는 순간 그것은 더 이상 우리 것이 아니다. 데이터가 자각을 대신하고 우리는 언제 움직이고 쉬어야 하는지를 기계의 지시에 따르게 된다."164 기계는 감각을 측정할 뿐 감각을 대신 느낄 수는 없다. 숫자를 맹신하는 순간 내 몸의 주인인 '나'는 사라지고 데이터만 남는다. 기술은 더 빠르고 더 정확하게 우리를 돕지만 인간의 감각과 존엄을 대체하는 순간 우리는 '인간'이라는 정체성 자체를 잃을 위험에 놓인다.

그러니 질문을 바꿔야 한다.

기술에 둘러싸인 우리는 여전히 뜨겁게 느끼고 있는가?

우리는 미래에도 '인간'으로 남을 수 있는가?

뜨거운 지구 위의 월드컵 :
위험사회

2022년 11월, 카타르 도하 사막 위에 세워진 루사일 스타디움은 세계의 시선을 사로잡았다. 40도에 가까운 폭염 속에서도 첨단 냉방 기술을 갖춘 이 경기장은 '탄소 중립 월드컵'이라는 슬로건을 내걸었다.

하지만 화려한 구호 뒤에는 막대한 에너지와 자원 소모 그리고 수많은 이주 노동자의 희생이 있었다. 국제 NGO의 보고서에 따르면 수천 명의 노동자가 고온의 건설 현장에서 열사병과 과로로 사망했다는 의혹이 제기되었다.[165] 즉 기술은 문제를 해결하는 동시에 또 다른 문제를 은폐하는 수단이 되었다.

월드컵은 세계인의 축제이자 동시에 위험사회의 전형적인 장면이다. 사회학자 울리히 벡이 말한 '위험사회'란 현대 문명이 스스로 만들어낸 위험을 더 이상 통제할 수 없는 상태를 뜻한다. 기술은 뜨거운 태양을 식혀주는 구원자인 척했지만 실상은 또 다른 비극을 가리는 차가운 가면이었다. 카타르 월드컵은 대표 사례였다. 기술이 연출

   골 때리는 인문학

한 환호의 무대는 사막 위에서 울리는 지구의 비명을 잠시 가렸을 뿐이다. 축제의 환호 속에서 우리는 문명의 이중적 진실을 마주한다.

축구도 기후 위기를 피할 수는 없다. 월드컵 같은 메가 스포츠 이벤트는 생태적 지속 가능성을 위협한다. 이제 우리는 물어야 한다. 지속 가능한 인류와 축구를 위해 우리는 무엇을 선택할 것인가?

위험사회: 축구에도 적용되는 개념인가

벡은 『위험사회』[166]에서 현대 사회를 '제조된 위험'manufactured risk의 시대로 규정했다. 산업화와 기술 발전은 자연의 위험을 줄이는 듯 보였지만 인간은 동시에 핵사고·기후변화·전염병·생태 붕괴 같은 새로운 위험을 만들어냈다. 문제 해결의 이름으로 등장한 기술이 또 다른 불확실성을 낳은 것이다. 이 위험은 눈에 보이지 않고 통제하기 어려우며, 국경과 계층을 넘어 확산된다.

벡은 이를 '근대성의 자기 붕괴'라고 불렀다. 근대 사회가 약속한 안전과 진보가 오히려 불확실성과 위협을 양산한다는 역설이다. 이제 문명이 잉태한 위험은 자연재해보다 더 두려운 괴물이 되어, 국경을 넘고 계층을 뚫으며, 우리 모두의 목을 겨눈다.

축구도 예외가 아니다. 현대 축구는 자본·기술·권력·정보가 얽힌 복합 시스템이 되었고, 그 안에서 사회적·생태적 위험이 동시에 만들어지고 은폐된다. 열광은 이러한 위험을 가리는 가장 효과적인 장치가 되기도 한다.

월드컵은 국가 이미지와 산업 이익을 위한 메가 이벤트로 자리 잡았지만 그 이면에는 기후 위기·이주 노동 착취·자원 낭비라는 위협이 존재한다. 그러나 '축제'라는 이름 아래 이 위험은 종종 보이지 않게 처리된다.

사회학자 앤서니 기든스 역시 『기후변화의 정치학』[167] 에서 이렇게 지적한다. "기후변화는 현대 산업사회에서의 온실가스 배출로 지구의 기온이 상승하고 있으며 그로 인해 미래에는 잠재적으로 엄청난 결과가 초래될 수 있다는 사실에 근거한다. 그런데 대다수 사람들은 자신들의 생활방식이 코앞에 닥친 거대한 위험의 원인인데도 그런 잘못된 습관을 바꾸는 데 대단히 인색하다."[168]

축구 역시 이제 '위험을 생산하고 소비하는 시스템'으로 변하고 있다. 벡의 이론은 오늘날 축구를 새롭게 성찰할 수 있는 틀을 제공한다. 축구는 열광의 무대이면서 동시에 위험이 구성되고 은폐되는 공간이기도 한 것이다.

메가 스포츠 이벤트와 기후 위기: 월드컵의 그늘

축구계에서 기후 위기는 이제 추상적인 우려가 아니라 구조적이고 구체적인 현실로 다가오고 있다. 대표적 사례가 '탄소로 만든 축제'라는 오명을 안은 월드컵이다. FIFA는 2022년 카타르 월드컵을 '사상 최초의 탄소중립 월드컵'이라 선전했지만 대규모 냉방 시스템, 7개 도시 간 항공 이동, 단기 기반시설 건설 등으로 약 363만 톤 이상의 탄소가 배출되었다는 보고가 뒤따랐다.[169] 이는 일부 국가의 연간 배출량과 맞먹는 규모로 '탄소중립'이라는 수사가 현실과 얼마나 동떨어져 있는지를 잘 보여준다.

벡이 말한 '제조된 위험'이 이런 것이다. 기술과 자본으로 연출된 축제는 지구 기후 시스템에 장기적 손상을 남기고, 화려한 스펙터클 속에 그 비용을 감춘다. 축구의 환호 뒤에는 보이지 않는 생태적 부담이 켜켜이 쌓인다.

또 다른 그늘은 '기후 불평등과 축구 산업'이다. 기후 위기는 모두에게 영향을 주지만 그 피해는 결코 평등하게 분배되지 않는다. 카타르 스타디움 건설에 동원된 남아시아 출신 이주 노동자들은 혹서 속에서 보호 장비조차 없이 일했고, 열사병과 탈진으로 수천 명이 목숨을 잃거나 다쳤다는 보고가 이어졌다. 벡이 지적했듯 위험은 민주화된 듯 보이나 실제로는 계층적으로 분배된다.

축구 산업 역시 이 구조에서 벗어나지 못한다. 생태적 위험에 대한 책임은 자본이 지지 않고 그 피해는 사회적 약자에게 집중된다. 기후 위기와 축구 산업이 만나는 지점은 불평등을 증폭시키는 메커니즘이며 이는 곧 현대 문명이 스스로 만들어낸 위험의 사회적 얼굴이다.

기후 위기의 또 다른 주범: 리그의 일상과 팬의 무관심

월드컵 같은 메가 이벤트는 기후 재앙의 축소판이다. 그러나 진짜 위협은 우리의 일상에 스며든 '작은 반복' 속에 있다. 매주 열리는 각국의 프로축구 리그와 클럽대항전 그리고 이를 소비하는 팬들의 이동과 관람이 그것이다.

특히 유럽 프로축구 리그는 상당한 탄소 배출의 주체로 지목된다. 프리미어리그 구단들은 팬 이동, 스트리밍 시청, 굿즈 소비 등을 추적하며 경기장 안팎에서 발생하는 '스코프 3' 배출량을 공개하고 있다. 토트넘은 전체 배출량의 절반 이상이 팬들의 교통수단 이용에서 비롯되었고, 리버풀은 경기 시청 시 발생하는 전력 사용량까지 포함해 연간 15만 톤이 넘는 배출량을 기록했다.[170] 이는 축구가 더 이상 '깨끗한 스포츠'가 아님을 보여주며 팬들의 일상적 소비마저 기후 위기의 주요 원인임을 드러낸다.

그렇다면 팬들은 이 문제에 얼마나 민감할까? 나는 2024년, 프로축구 팬들이 인식하는 ESG 경영 가치에 대해 분석한 바 있다.[171] 그 결과는 의외였다. 팬들은 지역사회 기여나 안전 같은 '사회적 가치'에는 높은 관심을 보였지만 탄소 저감·재활용·친환경 소재 사용 등 '환경 가치'는 모든 유형에서 가장 낮게 평가했다. 환경 문제를 스포츠 소비자의 책임으로 인식하지 않는 간극이 여전히 크다는 뜻이다.

이러한 인식은 관심 부족으로만 끝나지 않고 행동의 결여로 이어진다. 경기장까지 오가는 교통수단, 일회용 응원도구, 굿즈 생산과 소비, 음식물 쓰레기와 플라스틱 사용이 지구 온도를 끌어올리고 있어도 팬들은 체감하지 못한다. "축구는 즐기면 그만"이라는 태도는 우리를 기후 위기의 방관자이자 공범으로 만든다.

국내 리그도 예외는 아니다. 김형준과 이승엽은 『K리그를 읽는 시간』[172]에서 2019년 K리그의 관중 증가와 함께 급증한 쓰레기 문제를 언급한다. "K리그가 2019년 시즌 '역대급' 흥행 돌풍을 일으키면서 관중이 늘어난 것에 비례해 쓰레기의 양도 많아졌다. (한 경기에서) 관중이 버리고 간 쓰레기는 1톤 트럭 5대 분량, 즉 5톤이 넘었다. 1인당 0.3킬로그램가량의 쓰레기를 배출한 셈이다. (…) 일회용품 과다 사용뿐 아니라 팬들의 부족한 시민의식도 문제로 지적된다."[173] 관중석의 함성이 커질수록 그 그림자 속에는 무관심이 만들어낸 쓰레기 산이 묵

골 때리는 인문학

묵히 쌓여갔다.

벡은 위험사회의 특징으로 '위험의 비가시성'을 꼽았다. 축구장의 탄소 배출 역시 눈에 보이지 않기에 쉽게 책임지지 않는다. 그러나 위험은 사라지지 않고 축적된다. 축구의 열기만큼 지구는 점점 뜨거워지고 있다.

탄소중립의 그라운드: 새로운 축구의 윤리학

포레스트 그린 로버스 FC는 '세계에서 가장 친환경적인 축구 클럽'으로 불린다. 영국의 글로스터셔주 작은 마을에 자리한 이 구단은 태양광 발전으로 경기장을 운영하고 모든 식단을 비건으로 바꾸며 선수단 이동 수단을 전기차로 전환했다. 인조 잔디 대신 화학비료를 쓰지 않는 천연 잔디를 사용하고, 팬에게 제공하는 음료 컵까지 생분해 소재로 제작한다. 구단주 데일 빈스는 재생에너지 기업인 '에코트리시티'의 창립자이자 환경운동가로, 축구를 '지속 가능한 삶의 실험장'으로 재정의했다.

포레스트 그린의 모든 운영 원리는 탄소중립과 지역공동체 회복이라는 두 축 위에서 작동한다. 이 구단은 유엔과 유럽연합로부터 세계 최초로 '친환경 축구 클럽' 인증을 받았다. 구단은 지금도 목재를 주요 구조재로 사용한 새로운 스타디움 건립을 추진 중이다. 그들의 경영 방식은 승리나 성적을 넘어 축구가 '어떻게 지구의 내일을 지킬 수 있는가'라는 질문을 던진다.

역사학자 라몬 우살은 『풋볼리티카』에서 이렇게 말했다. "포레스트 그린 로버스는 축구가 기후 위기 대응이라는 전 지구적 투쟁에 어떻게 기여할 수 있는지를 보여주는 상징적 사례다. 이는 단지 한 구단의 성공을 넘어 미래를 위한 싸움이다."[174] 우살의 말처럼, 포레스트 그린은 '축구적 시민성'을 실험하는 공동체다. 벡이 말한 '위험사회'에서 시민은 더 이상 국가가 만들어주는 안전망에 의존하지 않는다. 위험은 세계화되고 책임은 분산된다. 그 속에서 이 구단은 스스로 책임지는 축구를 실천하고 있다.

축구는 여전히 전 세계에서 가장 많은 사람의 감정을 움직이는 문화이자 산업이다. 그러나 카타르 월드컵이 보여주었듯, 거대한 에너지 소비와 항공 이동, 인공 냉방 경기장은 기후위기의 역설을 드러낸다. 이런 시대에 포레스트 그린이 제시하는 메시지는 단호하다. "지속 가능한 방식으로 뛰는 것도 승리의 한 형태다."

결국 그들의 실험은 살아가는 방식을 바꾸려는 시도다. 그라운드의 초록빛은 지구와 함께 뛰려는 윤리의 색이다. 축구가 더 이상 산업의 일부가 아닌 생태적 전환의 상징이 될 수 있음을 보여주는 사례, 그것이 포레스트 그린이 남긴 가장 뜨거운 메시지다.

위험 위의 경기 그리고 선택의 시간

축구는 감동을 주는 예술이자 공동체를 연결하는 언어다. 그러나 동시에 위험을 가린 채 열광을 소비하게 만드는 체제이기도 하다. 벡이 말했듯 오늘날의 위기는 체계적 선택의 결과다. 위험은 피할 수 없는 운명이 아니며, 우리가 어떤 미래를 지향하느냐에 따라 조정 가능한 사회적 결정이다.

축구 역시 기로에 서 있다. 기술과 자본에 휩쓸려 '통제된 열광'으

골 때리는 인문학

로 남을 것인가, 아니면 위험사회 속에서도 인간성과 연대, 생태적 지속 가능성을 지키는 문화적 실천의 장이 될 것인가?

뜨거워지는 지구 위에서 축구는 계속될 수 있는가? 그렇다면 어떤 방식으로 가능할까? 이 질문은 축구만의 것이 아니다. 인간은 어떻게 살아갈 것인가, 우리는 어떤 열광과 어떤 시스템을 받아들이고 무엇을 바꾸려 하는가?

축구는 언제나 인간과 사회를 비추는 거울이었다. 그리고 지금 그 거울 앞에서 답해야 할 존재는 우리 자신이다.

—

호모 사커엔스:
차는 인간, 사유하는 공동체

축구는 그저 공 하나를 두고 벌이는 게임일까, 아니면 전 세계를 사로잡은 거대한 자본의 무대일까? 『골 때리는 인문학』은 이 질문과 함께, 축구라는 렌즈를 통해 인간과 공동체를 다시 바라보고자 했다. 존재, 기억, 품격, 상징, 미래에 이르기까지, 축구는 인간 삶의 문제들을 고스란히 담아내고 있었다. 놀랍게도 이 투박한 공놀이 속에는 인간의 수만 가지 표정과 공동체가 엮어낸 거대한 서사가 숨 쉬고 있었다. 그래서 축구는 더 이상 '그들만의 경기'가 아닌 우리 모두의 이야기로 확장된다.

이제 우리는 알게 되었다. 축구는 '하는 것'이자 '보는 것'이며, 동시에 '사유'의 대상이 될 수 있다는 사실을. 축구의 이야기는 경기장에서 멈추지 않는다. 그것은 살아 있는 인문학의 언어이며 삶을 되돌아보게 하는 사유의 공간이다. 우리는 경기장 안팎에서 하나의 문화를 넘어 하나의 철학을 경험하고 있음을 깨닫는다.

축구를 '아름다운 경기'라 부르는 이유는 화려한 개인기나 그림 같은 골 장면에만 있지 않다. 축구는 자유와 질서, 경쟁과 연대, 정의와 아름다움이라는 철학적 가치들이 맞부딪히는 살아 있는 공간이다. 테드 리처즈는 『축구와 철학 *Soccer and Philosophy*』[175]에서 플라톤, 아리스토텔레스, 칸트, 니체, 사르트르 등 고전 철학자들의 개념을 축구라는 일상적 장면에 비추며 축구가 철학의 장이 될 수 있음을 보여주었다.

예컨대 미드필더의 순간적인 패스 한 줄기에서 아리스토텔레스의 지혜를 읽고, 페어플레이의 룰 안에서 칸트의 차가운 윤리를 마주한다. 팬의 열정, 심판의 판정, 선수의 한순간의 선택이 모두 철학적 질문이 될 수 있다는 통찰은, 우리가 왜 축구에 열광하며 왜 축구를 통해 인간을 이해하려 하는지를 묻는다.

『골 때리는 인문학』이 축구를 통해 인간과 공동체를 질문했다면 리처즈는 축구를 통해 철학 자체를 다시 묻는다. 축구는 경기 규칙을 뛰어넘는 삶의 은유이며 철학이 결코 추상 속에만 머무르지 않는다는 것을 증명하는 현장이다. 철학은 그라운드 위에서도 살아 숨 쉰다.

축구장을 인생의 교실이라 말한 철학자가 있다. 1957년 노벨문학상을 받은 알베르 카뮈는 "극장과 축구장이 나의 진정한 두 대학이었다"[176]라고 회고하며 자신이 아는 도덕과 의무의 대부분을 축구를 통해 배웠다고 말했다. 청년 시절 골키퍼였던 그는 골문 앞에서의 실수 하나가 팀 전체의 패배로 이어지는 순간을 경험하며 책임감과 자기절제, 동료에 대한 배려 그리고 규칙 속의 자유를 배웠다. 그에게 축구는 실천의 장이었고 윤리의 언어였으며, 철학이 몸을 얻는 공간이었다.

그러나 철학을 배우는 사람은 선수만이 아니다. 관중석에 앉은 이들도 마찬가지다. 보는 행위 역시 하나의 참여다. 우리는 질주하는 드리블에 숨을 멈추고, 발끝을 떠난 패스에서 연대를 느끼며, 오심에 분노하고 골에 환호하며 '나'라는 사람의 뜨거움을 확인한다. 축구를 본다는 것은 삶의 축소판을 목격하는 일이자 우리 자신의 감정과 태도를 돌아보는 일이 된다.

그렇기에 우리는 더 자주 축구장에 가야 한다. 아이든 어른이든, 선수든 관중이든, 그라운드를 함께 바라보는 일은 곧 삶을 배우는 일이다. 축구장은 사유하고 공감하는 또 하나의 교실이다. "생각하기 위해 공을 찬 것이 아니라, 공을 차며 생각하게 되었다"는 카뮈의 말처럼 축구장은 철학의 무대이자 우리가 살아가는 방식을 배우는 살아 있는 인문학의 장이다.

인간은 생각하는 존재Homo sapiens이자 노는 존재Homo ludens였다. 그리고 이제 우리는 공을 차며 사유하는 존재, 곧 '사커'soccer와 '사피엔스'sapiens를 결합한 '호모 사커엔스'Homo soccerens로 다시 태어난다. 이 새로운 인간형은 경기장의 경계를 넘어 공동체 전체로 확장된다.

호모 사커엔스는 드리블하며 질문하고, 팀플레이 속에서 관계를 배우며, 실패 속에서 삶을 다시 설계한다. 규칙과 자유, 경쟁과 연대, 감정과 이성, 기술과 철학을 동시에 체험하는 존재다. 축구는 이 새로운 인간형을 통해 우리 시대의 윤리와 존재 그리고 사회를 다시 쓰게 한다.

이처럼 축구는 기술과 승부의 무대에 머물지 않고 인간 조건의 총체를 비추는 거울이 된다. 우리는 '존재'를 묻는 드리블 속에서 인간다

골 때리는 인문학

움의 본질을 마주했고, '기억'의 골대 앞에서 과거와 현재가 교차하는 순간을 경험했다. '품격'을 지키는 규칙과 태도 속에서는 삶의 윤리를 배웠다.

골대 앞 찰나의 순간은 두꺼운 철학책보다 더 깊은 깨달음을 주었다. 우리는 응원가와 몸짓이라는 '상징' 속에서 말로 다 할 수 없는 벅찬 의미를 읽어냈고 '미래'를 향한 질문 속에서 끝나지 않는 사유의 여정을 이어갔다. 축구는 우리가 잊고 있던 질문들을 다시 불러내고 낡은 해석을 다시 쓰게 한다.

이 책은 축구라는 익숙한 장면 속에서 인간과 공동체를 다시 묻는 시도였다. 우리는 그라운드 위에서 철학자와 나란히 걷고 관중석에서 자신을 되돌아보았으며, 경기장 한가운데서 세계를 마주했다. 축구는 인간과 사회, 세계를 탐구하는 하나의 사유 방식이었다. 결국 우리는 축구를 통해 인간을 그리고 더 나은 사회를 스스로에게 물어온 셈이다. 그 사유는 지금 이 순간에도 새로운 경기장을 향해 계속 달려가고 있다.

이제 후반전을 알리는 휘슬이 울린다.

축구는 아직 끝나지 않았다.

호모 사커엔스의 시대, 인문학과 함께 또 다른 킥오프가 시작된다.

1. 요한 하위징아 지음, 이종인 옮김(2018).『호모 루덴스: 놀이하는 인간』. 연암서가.

2. 로제 카이와 지음, 이상률 옮김(2018, p. 29).『놀이와 인간』. 문예출판사.

3. 질병관리청 지음(2024).「Trends in the Proportion of Adolescents Engaged in Physical Activities, 2014 – 2023」. *Public Health Weekly Report*, 제17권 44호, pp. 1925-1926.

4. 경제협력개발기구(OECD) 지음(2024).「Society at a Glance 2024: OECD Social Indicators」. OECD Publishing.

5. 김정운 지음(2005).『노는만큼 성공한다: 김정운 교수가 제안하는 주5일시대 일과 놀이의 심리학』. 21세기북스.

6. 허태균 지음(2015).『어쩌다 한국인: 대한민국 사춘기 심리학』. 중앙북스.

7. 2022년 6월 시행된「스포츠기본법」은 스포츠의 가치를 신체활동을 넘어 사회 전반으로 확장하려는 취지를 담고 있다. 법의 기본이념은 국가와 지방자치단체가 교육, 문화, 환경, 인권, 복지, 정치, 경제, 여가 등 다양한 영역에서 스포츠의 역할을 적극적으로 수행해야 한다는 점을 강조한다. 나아가 모든 개인이 차별 없이 자유롭고 평등하게 스포츠에 참여할 수 있어야 하며 그 과정에서 다양성, 자율성, 민주성의 원리가 조화롭게 실현되어야 한다는 철학을 담고 있다.

8. 손흥민 지음(2020, p. 20).『축구를 하며 생각한 것들』. 브레인스토어.

9. 모리스 메를로퐁티 지음, 류의근 옮김(2002).『지각의 현상학』. 문학과지성사.

10. 르 브르통 지음, 홍성민 옮김(2003, p. 9).『근대성과 육체의 정치학』. 동문선.

11. 김혼비 지음(2018).『우아하고 호쾌한 여자 축구』. 민음사.

골 때리는 인문학

12. 이지은 지음(2023).『취미로 축구해요, 일주일에 여덟 번요』. 북트리거.

13. 나오미 배런 지음, 배동근 옮김(2025).『쓰기의 미래: AI라는 유혹적 글쓰기 도구의 등장, 그 이후』. 북트리거.

14. 앞의 책, 113쪽.

15. 김난도 외 지음(2024).『트렌드 코리아 2025: 2025 대한민국 소비트렌드 전망』. 미래의 창.

16. 김남도 외 지음(2025).『트렌드 코리아 2026: 2026 대한민국 소비트렌드 전망』. 미래의 창.

17. 장자 지음, 김원중 옮김(2023).『장자: 자유로운 삶을 위한 고전』. 휴머니스트.

18. 미하이 칙센트미하이 지음, 이희재 옮김(2008, p. 140).『몰입: 미치도록 행복한 나를 만난다』. 한울림.

19. 마르틴 하이데거 지음, 이기상 옮김(2025).『존재와 시간』. 까치.

20. 찰스 테일러 지음, 권기돈 옮김(2015).『자아의 원천들: 현대적 정체성의 형성』. 새물결.

21. 데이비드 위너 지음(2001).『*Brilliant Orange: The Neurotic Genius of Dutch Football*』. Overlook Pr.

22. 이현호 기자(2020. 10. 28).〔이동국 은퇴〕'23년간 344골' 이동국, "최고의 골? 독일전 터닝 발리슛". 인터풋볼.

23. 페터 한트케 지음, 윤용호 옮김(2009).『페널티킥 앞에 선 골키퍼의 불안』. 민음사.

24. 쇠렌 키르케고르 지음, 박병덕 옮김(2020, p. 47).『죽음에 이르는 병』. 세창출판사.

25. 고든 마리노 지음, 강주헌 옮김(2019, p. 60~61).『키르케고르, 나로 존재하는 용기: 진실한 삶을 위한 실존주의적 처방』. 김영사.

26. 프리츠 지몬 지음, 박현용 옮김(2010).『축구의 미학: 인문학과 사회학, 심리학과 경영학을 넘나드는 종횡무진 축구이야기』. 초록물고기.

27. 윤기백 기자(2021. 12. 4). 이신기, '2021 그리메상' 신인연기상…"소통하는 배우될 것". 이데일리.

28. 장 폴 사르트르 지음, 임호경 역 옮김(2020).『구토』. 문예출판사.

29. 장 폴 사르트르 지음, 변광배 옮김(2024).『존재와 무: 현상학적 존재론 시론』. 민음사.

30. 금윤호 기자(2025. 4. 12). '인천 역사의 일부' 김준엽, 15년 현역 생활 마무리… 팬들과 마지막 인사. MHN스포츠.

31. 김희준 기자(2025. 9. 8).〔케현장〕'암을 이겨낸 기적의 사나이' 유병수, 팬 사인회로 '시즌 내 복귀 목표' 의지 다져. 풋볼리스트.

32. 김경일, 류한욱 지음(2025).『적절한 좌절: 애착 과잉 시대를 지나는 부모와 자녀를 위한 삶의 지혜』. 저녁달.

33. 노자 지음, 소준섭 옮김(2019).『도덕경』. 현대지성.

34. 리처드 세넷 지음, 김홍식 옮김(2021).『장인: 현대문명이 잃어버린 생각하는 손』. 아르테.

35. 말콤 글래드웰 지음, 노정태 옮김(2019).『아웃라이어: 성공의 기회를 발견한 사람들』. 김영사.

36. 김대식 기자(2022. 1. 11). '프로 21년 차' 김영광의 롱런 비결…"하루하루 후회 없이, 안 되면 될 때까지". 인터풋볼.

37. 마르셀 프루스트 지음, 김창석 옮김(2019, p. 67). 『잃어버린 시간을 찾아서1』. 민음사.

38. 에릭 캔델 지음, 전대호 옮김(2014, p. 66). 『기억을 찾아서: 뇌과학의 살아 있는 역사 에릭 캔델 자서전』. 알에이치코리아.

39. 앞의 책, 21쪽.

40. 프리드리히 니체 지음, 이남석 옮김(2023). 『비극의 탄생: 시민을 위한 예술을 말하다 세트』. 평사리.

41. 아리스토텔레스 지음, 김한식 옮김(2022). 『시학: 뒤퐁록과 랄로가 주해한 현대적 시학』. 그린비.

42. 한류경 기자(2023. 3. 10). 135명 숨진 인도네시아 축구장 압사 참사…관계자들 실형 선고. JTBC.

43. 크리스티앙 브롬베르제 지음(1995, p. 295). 「Football as World-view and as Ritual」. *French Cultural Studies*, 제6권 18호, 293–311쪽.

44. 자크 데리다 지음, 김성도 옮김(2010). 『그라마톨로지』. 민음사.

45. 존 카푸토 지음, 이윤일 옮김(2000, p. 17). 『포스트모던 해석학』. 도서출판 b.

46. 장 폴 사르트르 지음, 박정태 옮김(2008). 『실존주의는 휴머니즘이다』. 이학사.

47. 폴 리쾨르 지음, 김한식 옮김(1999). 『시간과 이야기 1: 줄거리와 역사 이야기』. 문학과지성사.

48. 박재현 기자(2019). 프랑스풋볼, '골키퍼 발롱도르' 레프 야신상 신설. 연합뉴스.

49. 한나 모니어, 마르틴 게스만 지음, 전대호 옮김(2017, p. 15). 『기억은 미래를 향한다: 뇌과학과 철학으로 보는 기억에 대한 새로운 이야기』. 문예출판사.

50. 앙리 르페브르 지음, 양영란 옮김(2011). 『공간의 생산』. 에코리브르.

51. 에드워드 소자 지음, 이무용 외 옮김(1997). 『공간의 생산』. 시각과 언어.

52. 백진 지음(2025). 『정의와 도시(상): 아테네에서 프렌치 카페까지 모여 살기의 풍경』. 효형출판.

53. 김성진 지음(2019, p. 71). 『축구 성지의 계보: 효창운동장에서 서울월드컵경기장까지』. 마이너리티 프레스.

54. 앞의 책, 74쪽.

55. 빌렘 플루서 지음, 윤종석 옮김(2004). 『사진의 철학을 위하여』. 커뮤니케이션북스.

56. 앞의 책, 2쪽.

57. 마르틴 졸리 지음, 김웅권 옮김(2009). 『이미지와 해석』. 동문선.

58. 존 턴불, 톰 새터리, 알론 라브 지음(2008). 『*The Global Game: Writers on Soccer*』. University of Nebraska Press.

59. 이창용 지음(2023). 『이 세상은 마인드 차이다』. 유페이퍼.

골 때리는 인문학

60. 우충원 기자(2019. 10. 30). 2019 내셔널리그 x 아프리카TV 축구 해설자 오디션 '남윤성' 우승. OSEN.

61. 류청 지음(2014).『축구는 사람을 공부하게 만든다: 보석 같은 축구도시들로 떠나는 축구인문학 답사기』. 브레인스토어.

62. 류청 지음(2014).『유럽 축구 엠블럼 사전: 상징과 기록으로 보는 명문 클럽의 역사와 문화』. 보누스.

63. 리처드 도킨스 지음, 홍영남, 이상임 옮김(2023).『이기적 유전자』. 을유문화사.

64. 수전 블랙모어 지음, 김명남 옮김(2010, p. 73).『밈: 문화를 창조하는 새로운 복제자』. 바다출판사.

65. 장민석 기자(2025. 5. 26).〔여긴 빌바오〕 트럼펫으로 토트넘 팬들 사로잡은 '리틀 소니'. 조선일보.

66. 르네 지라르 지음, 김진식 옮김(2019).『폭력과 성스러움』. 민음사.

67. 조너선 하이트 지음, 왕수민 옮김(2014, p. 20).『바른 마음: 나의 옳음과 그들의 옳음은 왜 다른가』. 웅진지식하우스.

68. 손웅정 지음(2024, p. 35).『모든 것은 기본에서 시작한다』. 수오서재.

69. 공자 지음, 소준섭 옮김(2018).『논어』. 현대지성.

70. 윌리엄 모건 지음(2006, p. 132).『*Why Sports Morally Matter*』. Routledge.

71. 장하준 기자(2025. 9. 29). "품격, 또 품격! '한국 축구 전체를 감동시킨 승자의 예의' 나왔다. … 상대 팬들에게 다가가 직접 사과→사그라든 분노". 스포티비뉴스.

72. 플라톤 지음, 박문재 옮김(2023).『플라톤 국가』. 현대지성.

73. 김창금 기자(2014. 10. 27). "이걸 또 부네요"…K리그 오심 '얼룩'. 한겨레.

74. 이상필 기자(2023. 1. 14). 오심 논란에 휘말린 맨체스터 더비…맨유, 맨시티에 역전승. 스포츠투데이.

75. 파브리지오 소스, 미셸 그라시, 티지아노 아고스티니, 마우로 무르지아 지음(2021).「The Sound of Silence in Association Football: Home Advantage and Referee Bias Decrease in Matches Played without Spectators」. *European Journal of Sport Science*, 제21권 12호, pp. 1597~1605.

76. 마사 누스바움 지음, 박용준 옮김(2024).『시적 정의: 문학적 상상력과 공적인 삶』. 궁리.

77. 마키아벨리 지음, 강정인, 김경희 옮김(2015).『군주론』. 까치.

78. 앞의 책, 133쪽.

79. 한만성 기자(2018. 6. 29). 日 니시노 감독 "내가 시간끌기 지시했다". 골닷컴.

80. 김귀혁 기자(2025. 4. 19). 광주 이정효 "막판 아사니와 김경민 시간 지연? 이기고 싶어서 내가 시켰어". 스포츠니어스.

81. 니시베 겐지 지음, 이지호 옮김(2016).『좌익 축구 우익 축구: 감독의 철학을 통해 살펴보는 좌파와 우파의 축구 사상사』. 한스미디어.

82. BBC(2018. 10. 2). Adrian Mutu: Former Chelsea striker loses latest appeal against damages for breach of contract.

83. 토머스 홉스 지음, 최공웅, 최진원 옮김(2016).『리바이어던』. 동서문화사.

84. 알래스터 매킨타이어 지음, 이진우 옮김(1997).『덕의 상실』. 문예출판사.

85. 앞의 책, 278쪽.

86. 앞의 책, 281쪽.

87. 최의창 지음(2012).「전인적 선수 발달과 인문적 코칭: 교육활동으로서 스포츠 코칭의 목적과 방법 재개념화」. 한국스포츠교육학회지, 제19권 2호, pp. 1~25.

88. 앞의 논문, 9쪽.

89. 명왕성, 박광호 지음(2021, p. 98).「여성 생활체육 참여자의 코칭 경험에 대한 주관성 연구: Q방법론적 접근」. 체육과학연구, 제32권 1호, pp. 97~111.

90. 한만성 기자(2018. 7. 4). 탈락한 일본, 라커룸 청소 후 감사 편지까지. 골닷컴.

91. 마이클 샌델 지음, 이창신 옮김(2014).『정의란 무엇인가』. 김영사.

92. 앞의 책, 327쪽.

93. 앞의 책, 220~223쪽.

94. 마이클 왈쩌 지음, 정원섭 외 옮김(1999).『정의와 다원적 평등』. 철학과현실사.

95. 마이클 샌델 지음, 이창신 옮김(2014), 같은 책, 36쪽.

96. 오윤주 기자(2023. 4. 9). '임영웅 효과'…프로축구 K리그에 45007명. 한겨레.

97. 이마누엘 칸트 지음, 백종현 옮김(2019).『실천이성비판』. 아카넷.

98. 이마누엘 칸트 지음, 이원봉 옮김(2019).『도덕 형이상학을 위한 기초 놓기』. 책세상.

99. 주자 지음, 최석기 옮김(2014).『대학』. 한길사.

100. 주자 지음, 김동구 옮김(2010).『대학 중용 장구집주』. 명문당.

101. 우충원 기자(2022. 5. 7). 부천 이영민 감독, "우리 선수들이 점점 좋은 팀이 되어가고 있다". OSEN.

102. 김태석 기자(2013. 9. 1). 조용히 빛난 전남 중원의 언성 히어로 이승희. 베스트일레븐.

103. 가동민 기자(2019. 6. 29). 공격수에서 최고의 측면 수비로 거듭난 연세대 최준. 한국대학스포츠협의회.

104. 필립 아이반호 지음, 신정근 옮김(2008).『유학, 우리 삶의 철학: 진정한 나를 찾아가는 7가지 길』. 동아시아.

105. 존 롤스 지음, 황경식 옮김(2003).『정의론』. 이학사.

106. 마이클 샌델 지음, 이창신 옮김(2014).『정의란 무엇인가』. 김영사.

107. 미셸 드 세르토 지음, 신지은 옮김(2023).『일상의 발명』. 문학동네.

108. 쿠팡플레이 다큐멘터리《옐로 스피릿》.

109. 데이비드 프렌티스 기자(2015. 10. 9). "We Must Turn from Doubters to Believers" Says Jurgen Klopp. *Liverpool Echo*.

　　　　골 때리는 인문학

110. 데이브 프레이저 기자(2016. 4. 12). Defender's Dream Paolo Maldini: The Defender So Good, He Didn't Even Need to Make a Tackle. *The Sun*.

111. 브레네 브라운 지음(2021). 『*Atlas of the Heart: Mapping Meaningful Connection and the Language of Human Experience*』. Random House.

112. 양승남 기자(2024. 9. 13). 호날두, 인류 최초 SNS 팔로워 10억명 돌파…"함께라면 한계 없다" 감격. 스포츠경향.

113. 마누엘 카스텔 지음, 박행웅 옮김(2009). 『네트워크 사회: 비교문화 관점』. 한울아카데미.

114. 마누엘 카스텔 지음, 박행웅 옮김(2014). 『커뮤니케이션 권력: 커뮤니케이션 네트워크의 공유지를 보존하라!』. 한울아카데미.

115. 지지 파파차리시 지음(2010). 『*A Private Sphere: Democracy in a Digital Age*』. Polity Press.

116. 한스게오르크 가다머 지음, 이길우, 이선관, 임호일 옮김(2012). 『진리와 방법 1: 철학적 해석학의 기본 특징들』. 문학동네.

117. 리처드 키어니 지음(2004). 『*On Paul Ricoeur: The Owl of Minerva*』. Routledge.

118. 조지 레이코프 지음, 노양진, 나익주 옮김(2006). 『삶으로서의 은유』. 박이정.

119. 윤동일 지음(2018). 『축구 전쟁: 축구의 또 다른 이름 전쟁』. 아테.

120. 필 데이비슨 기자(1994. 7. 3). Colombia's own-goal star shot dead. Independent.

121. 마쓰다 유키마사 지음, 조지혜 옮김(2025). 『전쟁과 디자인: 디자인의 선과 악, 다크 디자인 투어리즘』. 교유서가.

122. 앞의 책, 9쪽.

123. 마크 존슨 지음, 김동환, 최영호 옮김(2012). 『몸의 의미: 인간 이해의 미학』. 동문선.

124. 스테판 지만스키, 질케 바이네크 지음(2018). 『*It's Football, Not Soccer (and Vice Versa): On the History, Emotion, and Ideology Behind One of the Internet's Most Ferocious Debates*』. Self Published.

125. 루트비히 비트겐슈타인 지음, 이영철 옮김(2019). 『철학적 탐구』. 책세상.

126. 찰스 테일러 지음(2008). 『*Human Agency and Language: Philosophical Papers 1*』. Cambridge University Press.

127. 롤랑 바르트 지음, 이화여자대학교 기호학연구소 옮김(2002). 『현대의 신화』. 동문선.

128. 존 피스크 지음, 곽한주 옮김(2017). 『텔레비전 문화』. 컬처룩.

129. 서재원 기자(2018. 6. 24). 〔월드컵 이슈〕 FIFA, '독수리 세리머니' 샤키리-자카 징계 절차. 스포탈코리아.

130. 에두아르도 갈레아노 지음, 유왕무 옮김(2006). 『축구, 그 빛과 그림자』. 예림기획.

131. 크리스토프 바우젠바인 지음, 김태희 옮김(2010). 『축구란 무엇인가』. 민음인.

132. 클로드 레비스트로스 지음, 박옥줄 옮김(2022). 『슬픈 열대』. 한길사.

133. 클로드 레비스트로스 지음, 임봉길 옮김(2005). 『신화학 1』. 한길사.

134. 조너선 갓셸 지음, 노승영 옮김(2014).『스토리텔링 애니멀: 인간은 왜 그토록 이야기에 빠져드는가』. 민음사.

135. 홍재민 지음(2022).『프리미어리그 히스토리: 가장 화려한 축구, 그 무자비한 역사』. 북콤마.

136. 에드워드 사이드 지음, 박홍규 옮김(2015).『오리엔탈리즘』. 교보문고.

137. 프레드릭 제임슨 지음, 임경규 옮김(2022).『포스트모더니즘 혹은 후기자본주의 문화논리』. 문학과지성사.

138. 배극인 기자(2002. 6. 20). 골든골 보복?⋯伊 페루자 "안정환 방출" 발언 파문. 동아일보.

139. 명왕성, 이주연 지음(2018).「스포츠 노동 이주의 패러다임 변화와 그 의의」. 한국체육학회지, 제57권 5호, pp. 105~123.

140. 토마스 쿤 지음, 김명자, 홍성욱 옮김(2013).『과학혁명의 구조』. 까치(까치글방).

141. 마이클 콕스 지음, 이성모, 한만성 옮김(2025).『더 믹서: 프리미어리그 역사와 전술의 모든 것』. 한스미디어.

142. 리처드 로티 지음, 김동식, 이유선 옮김(2020).『우연성, 아이러니, 연대』. 사월의책.

143. 막스 베버 지음, 이상률 옮김(2017).『직업으로서의 학문』. 문예출판사.

144. 찰스 테일러 지음(2007).『*A Secular Age*』. Harvard University Press.

145. 크리스 앤더슨, 데이비드 샐리 지음, 이성모, 신우리 옮김(2016).『지금껏 축구는 왜 오류투성일까?』. 브레인스토어.

146. KBS스포츠(2025. 7. 30).《HOT다리! 영표: 전술의 재발견》.

147. 프리드리히 니체 지음, 장희창 옮김(2004).『차라투스트라는 이렇게 말했다』. 민음사.

148. 앞의 책, 15쪽.

149. 발터 벤야민 지음, 심철민 옮김(2017).『기술적 복제시대의 예술작품』. 도서출판 b.

150. 프레드릭 제임슨 지음, 임경규 옮김(2022).『포스트모더니즘 혹은 후기자본주의 문화논리』. 문학과지성사.

151. 크리스틴 로젠 지음, 이영래 옮김(2025).『경험의 멸종: 기술이 경험을 대체하는 시대, 인간은 계속 인간일 수 있을까』. 어크로스.

152. 베르나르 스티글레르 지음(1998).『*Technics and Time 1: The Fault of Epimetheus*』. Stanford University Press.

153. 크리스 쉴링 지음, 임인숙 옮김(1999).『몸의 사회학』. 나남출판.

154. 앞의 책, 22쪽.

155. 송지훈 기자(2024. 2. 20). K리그 누볐던 축구선수, 이젠 잘나가는 벤처 사업가. 중앙일보.

156. 장 보드리야르 지음, 하태환 옮김(2012).『시뮬라시옹』. 민음사.

157. 기 드보르 지음, 유재홍 옮김(2014).『스펙타클의 사회』. 울력.

158. 조용운 기자(2020. 11. 27). '피파 게임과 법적 대응' 즐라탄, 300명 넘는 선수도 초상권

　　　　　　　　　　　　　　　　　골 때리는 인문학

주장. 스포탈코리아.

159. 질베르 시몽동 지음, 김재희 옮김(2011). 『기술적 대상들의 존재 양식에 대하여』. 그린비.

160. 안드리안 맥켄지 지음(2002). 『*Transductions: Bodies and Machines at Speed*』. Continuum.

161. 마크 그레이엄, 제임스 멀둔, 캘럼 캔트 지음, 김두완 옮김(2025, p. 39). 『AI는 인간을 먹고 자란다: 인공지능 신화에 가려진 보이지 않는 노동자들』. 흐름출판.

162. 도나 해러웨이 지음, 황희선 옮김(2019). 『해러웨이 선언문』. 책세상.

163. 데보라 럽튼 지음(2016). 『*The Quantified Self: A Sociology of Self-tracking*』. Polity Press.

164. 린지 크라우스 기자(2022. 1. 28). I Ditched My Smart Watch, and I Don't Regret It. *The New York Times*.

165. 이상서 기자(2022). "카타르월드컵 공사중 이주노동자 6천여명 사망⋯대책 마련해야". 연합뉴스.

166. 울리히 벡 지음, 홍성태 옮김(2014). 『위험사회: 새로운 근대성을 향하여』. 새물결.

167. 앤서니 기든스 지음, 홍욱희 옮김(2009). 『기후변화의 정치학』. 에코리브르.

168. 앞의 책, 10쪽.

169. 김표향 기자(2022. 11. 23). 카타르월드컵이 친환경적이라고?... 사실은 '그린 워싱'이다. 한국일보.

170. 김수연 기자(2023. 6. 7). 탄소추적 나선 EPL 구단들⋯ 직관 팬 교통수단부터 TV 시청 전력량까지 측정. 더나은미래.

171. 명왕성 지음(2024). 『Conceptualization of ESG Management Values of Professional Sports Clubs: From Consumers' Perspective』. *Sustainability*, 제16권 17호, 7257.

172. 김형준, 이승엽 지음(2020). 『K리그를 읽는 시간』. 북콤마.

173. 앞의 책, 140~141쪽.

174. 라몬 우살 지음, 조진희 옮김(2025, p. 43). 『풋볼리티카: 세계를 흔든 55가지 축구 이야기』. 나름북스.

175. 테드 리처즈 지음(2010). 『*Soccer and Philosophy: Beautiful Thoughts on the Beautiful Game*』. Open Court.

176. Scottish Sport History(2020. 1. 4). The Morality of Football and the Philosophy of Albert Camus.

골 때리는 인문학

축구로 읽는 40가지 삶의 지혜

초판 1쇄 발행 | 2026년 3월 20일

지은이 | 명왕성

펴낸이 | 공태훈
펴낸곳 | 글의온도
출판등록 | 2021년 1월 26일(제2021-000050호)
주소 | 서울시 강동구 천중로 213, 621호
전화 | 02-739-8950
팩스 | 02-739-8951
메일 | ondopubl@naver.com
인스타그램 | @ondopubl